〔新版〕

Causal Explanation
and Political Analysis

久米郁男 著

原因を推論する

政治分析方法論のすゝめ 量的方法と質的方法

有斐閣

新版まえがき

『原因を推論する──政治分析方法論のすゝめ』を出版して十年を超える年月がたった。今回、ようやく新版を出すことになった。

背中を押してくれたのは、二〇二一年に有斐閣のＰＲ誌『書斎の窓』に巻頭言を一年間（全六回）にわたって連載する依頼を受けたことである。そのときには、自分がそのような依頼を受ける年齢になっていることに改めて驚いたが、客観的には還暦も過ぎそういう年回りである。この歳になると多くの研究者が自分はこの道一筋という自信に満ちた風貌を示される。行政組織の研究からスタートした筆者は、労働政治、地方分権と政策、金融危機の政治過程、政治エリートのサーベイ調査、貿易自由化と国内政治、そして江戸の大名と、知的好奇心のままに研究対象を選んできた。分析方法も、研究テーマに応じて質的研究を行ったり計量分析を採用したりしてきた。いささか「食い散らかした」感を持ってもいる。しかし、対象をさまざまに変えたが、それにどうアプローチするか、すなわち方法論的な意識は一貫していたと思う。

『原因を推論する』は、筆者のそのような研究遍歴の副産物であったと言えるのかもしれない。社会科学の分析方法論は、ジョン・スチュアート・ミルの論理学の伝統をふまえ、統計学の方法にも影響されつつ発展してきた。一九七九年に出版され、いまだに読み継がれる高根正昭の『創造の方法学』は一般書として書かれた方法論入門書の金字塔である。その顰《ひそ》みに倣《なら》おうとしたのが拙著である。高根本がさすがに古くなっていた（キーパンチ・マシンで穴を開けた紙のコンピュータカードで入力する話が出てくる！）のと、拙著が近年の研究の実例も用いて毒のある（？）論評をしたこともあってか、概して評判はよかった。

しかし、統計的因果推論という急速に広まってきた手法を用いる人たちからは批判の声も聞こえてきた。拙著では、ある現象の原因を探るためには、その現象と原因の共変関係、原因の時間的先行、他の要因の影響を統制しても共変関係が確認できるかという三条件をチェックする必要があるという伝統的なスタンスで説明を行っている。これに対して、統計的因果推論では、因果関係の存在を反実仮想的に定義する。ある原因があった場合となかった場合の結果の違いを因果効果ととらえ、その存在が因果関係を認定する条件となる。しかし、これを確認することはタイムトリップでもしない限り不可能である。現実的な策として実験が行われる。ランダム化比較試験（RCT）であるが、このような実験がいつもできるわけではない。そこで、この実験状況に近いケースを現実の世界を観察して見つけ出し、因果効果を測定しようというのである。自然実験、操作変数法、回帰不連続デザインなどさまざまな手法が生み出されている。拙著への批判は、このような最先端の因果推論手法の意義を論じず、昔ながらの方法論の紹介にとどまっているということにあった。

拙著の出版と前後して、新しい手法を紹介する『「原因」と「結果」の経済学』や『データ分析の力』といった一般書が続々と現れたことも、拙著が古色蒼然《こしょくそうぜん》としているという批判につながったのだろう。しかし、拙著と統計的因果推論本とは狙いが異なる。統計的因果推論とか言う前にまずは原因を探るという行為の作法について考えようというのが狙いであった。

上記連載では、この点を整理して本書の意義を主張することにした。そのような作業を続ける中で、新版を出す踏ん切りをつけることができた。新版では、統計的因果推論を含むより広い文脈で、原因を推論する作法について整理して論じた。また、新版化にあたっては、いくつかのコラムを新たに加えるとともに、「原因を推論するトレーニング」と名づけて、メディアやネット上にある論考を取り上げて、本書の推奨する作法の観点からどのような改善がなされるべきかを論じる補章を新たに設けた。その作業に際して、京都大学の建林正彦、曽我謙悟、待鳥聡史各教授、東京大学の東島雅昌准教授、弘前大学の安中進助教（二〇二五年四月より早稲田大学准教授）から有益なコメントをいただいた。有斐閣の岡山義信さんには、今回も編集作業で大変お世話になった。記して感謝申し上げる。

本書は上記のように原因を推論する作法について事例研究などの質的研究から統計的因果推論までを広く扱い、いわば方法論的多元主義の立場に立って書いたものである。上記連載の最後では、「統計的因果推論本よりマーケットは広いはずなのに、売り上げにおいて大きく負けていることの原因は、連載最終回にいたるも解明できなかった。心残りではあるがここで筆を擱くこととしよう」と書いている。

今回、新版化によって、そのような原因解明が不要になることを心から祈っている。

目　次

目　次

目　次

※　引用文献は、巻末の「引用参考文献」欄に一括して掲げ、本文中には著者名または編者名と刊行年、必要に応じ頁数を（　）に入れて記した。

《例》

（久米　一九九八）

久米郁男、一九九八年『日本型労使関係の成功――戦後和解の政治経済学』有斐閣。

また、直接引用部分で引用者が補った注記は〔　〕でくくって示した。

序章

説明という試み

本書は、政治学とりわけ実証的・経験的な政治学における分析方法を考える書である。さまざまな政治現象が生じる原因を説明する際に、どのような作法に従うべきかを論じるのが目的である。

今生じている政治問題について政治家やコメンテーターが熱く論じ合うテレビ番組が、けっこうある。時には同業者も出演していたりして、ついつい見入ってしまうこともある。そういう番組への需要がかなりあるのだろう。パーティーなどで、政治学者であることが知られると、日本の政治に関して議論を挑まれたりすることもある。政治的無関心ということが言われながらも、かなりの人が政治について実は関心を持っているということであろう。

政治をめぐる二つの議論

政治を話題として議論がなされるとき、そこには二種類の議論のなされ方がある。一つは何が正しいかをめぐる規範的な議論であり、もう一つは、実際にはどうなっており、なぜそうなっているかをめぐる経験的・実証的な議論である。たとえば、富の再分配の問題を考えてみよう。政府は、安全保障や治安の維持などの公共財を提供する。しかし、そのためには費用を捻出《ねんしゅつ》する必要がある。では、その費用はすべての国民が平等に負担すべきであろうか。それとも所得に応じて豊かな人は多くを負担すべきであろうか。後者の立場に立つとき、所得の高い人は高い税率で、貧しい人は低い税率で負担をするという累進税制がとられることになる（全員が同じ税率で負担をするフラット税制でも、お金持ちが高い税額を支払うことになる点では、後者の立場に近い）。これに対して、前者の発想は、いわば「割り勘」である。かつてイギリスのサッチャー首相が導入を考えた人頭税がこの例となる。全員が同じ税額を支払うのである。

さて、現在では多くの国が累進税制を採用している。ここから、二種類の議論が生まれてくる。第一は、税を通じた再分配ははたして公正で正義にかなっているのか、というものである。この答えは一見明らかに思える。講義などで学生に質問すると、圧倒的多数の学生が、公正だと答える。アメリカの大学で教えたときも発展途上国の官僚を集めた研修でも、結果は同じであった。では、あなたが今大金持ちになった友人と再会したとして、その友人に「お金をください」とおねだりをしますかと聞くと、これもほとんどの人が、それはしないと答えている。しかし、いずれの場合でも、富は裕福な人から貧しい人へと移転される。富の再分配がなされるのである。おねだりはしないのに、なぜ税による再分配は公正だというのかと問い掛けるところから、議論は盛り上がっていく。

直接お金をもらうのではなく、間に政府が入っているからという答えが出る。それって、自分でお金をもらうのは恥ずかしいということ？ 再分配をしないと社会が安定しないから？ それって、カネ払わないと暴れるぞって脅かしてるの？ よく勉強している学生からは、社会的厚生関数であるとか、ジョン・C・ハルサニやジョン・ロールズが用いた「無知のヴェール」といった言葉も出てくる。ここでは、まさに何が正しいか、なぜ正しいかという規範的な議論がなされているのである（久米ほか二〇一一、第2章・第3章）。

もう一つは、どのような税制がいかなる国で採用されているのか。国ごとに累進税による再分配の度合いに差があるのはなぜか、といった議論である。これは、何が正しいかということではなく、現状に対する客観的な記述と、なぜそうなっているのかという説明、すなわち現状をもたらした原因を探る経験的・実証的な作業を通してなされる。本書が対象とするのは、この後者の議論の仕方である。

フォアボールと安打

大谷翔平選手のメジャーリーグでの活躍や国内プロ野球球団の努力にもかかわらず、野球人気の凋落が言われて久しい。しかし、コアな野球ファンは今も多い。著者もその一人である。贔屓《ひいき》のチームの負け試合の後には、今日の敗因は何だったのかと考える。やはり、先発投手の立ち上がりが悪かった。先頭打者にフォアボールを出して崩れていったのが大きかったなと素人ながら考える。

そういえば野球解説者が、「先頭打者を四球《フォアボール》で出すくらいなら打たれた方がまだまし」というコメントをすることがよくある。まさに今日の負けゲームの説明は説得力があると納得する。

ところで、解説者のこのコメントは先の二つの議論のどちらに当てはまるだろうか。ここでのポイントは、「まし」の理解にかかっている。「まし」が、正義にかなっているとか、正しいということを意味していないのは明らかである。ここでの「まし」とは、勝負への影響のことを意味している。これは経験的・実証的な議論である。どのような状況がましで、どのような状況がましでないかをふまえた上で、その違いを生じる原因が考察される。

このコメントを図式的に分解すれば、**図序-1**のようになろう。

図序-1　先頭打者に四球を出すか，打たれるか

原　因		結　果
先頭打者に打たれる	⟶	まし
先頭打者に四球を出す	⟶	ましでない

主張されていることは、先頭打者に四球を出すか、打たれるかによって、「まし」の度合いが異なるということである。ここでは、原因と結果の関係が論じられている。投手が弱気になって先頭打者に四球を出すような逃げのピッチングをすると、ますます弱気になって後の打者に打たれてしまい、「ましでない」結果になる。逃げずに真っ向勝負をして打たれた方が、後の打者を抑えられる可能性が高く、結果は「まし」

である。投手の精神状態が試合に影響する、というところだろう。では、このコメントの真偽を実証的に検討できるだろうか。

これを試みた経済学者（加藤英明神戸大学教授〔当時〕）の分析が、『朝日新聞』に紹介されている（二〇〇五年九月十七日付）。「プロ野球ファンの加藤教授は、数ある通説が本当なのかどうかに関心をも」って分析を試み、まずは、二〇〇四（平成十六）年と二〇〇五年前半の公式戦二二五試合について、「先頭打者に四死球を与えた回」と「〔先頭打者に〕安打（単打）を打たれた回」で、失点がどのように異なるかを調べた。コメントが正しければ、同じように一塁に走者を背負ったとしても、後者の平均失点が前者より低くなるだろう。この検証方法で工夫されている点は、評論家の言うところの「まし」が失点で測られているところである。原因の方は、四死球かヒットのいずれかであり、これは簡単に調べられる。しかし、結果である「まし」の度合いは、そのままでは測れない。そこで、失点をいわば物差しとして測る工夫がなされたのである。

さて、その分析によると、「先頭打者に四死球を与えた回は262回あり、このうち失点したのは100回（失点確率は38・2％）、平均失点は0・81点だった。これに対し、安打（単打）を打たれた回は730回あり、失点したのは334回（失点確率は45・8％）、平均失点は0・97点で、それぞれ7・6ポイント、0・16点高かった。統計上は、先頭打者を安打で出した方が、四死球で出すよりも多く失点していた」という。検証結果は、評論家の「通説」とは逆の結果となったのである。野球評論家はどうも信用できない、という印象を持つかもしれない。

この結果に対して『朝日新聞』にコメントを求められたのが、現役監督時代に「理論野球」で知られた野球評論家の広岡達朗である。彼は、「先頭打者に四球を出すと『投手が精神的に弱い』と思い、バックの守備陣やベンチの監督、選手がマイナス思考になる。勝負に出て打たれた方が全体的にはまだプラス思考になれるということだ。スポーツは精神的な面が大事だ」と話したそうである。どうやらこの分析に不満のようである。

先の検証では、因果関係のメカニズム、すなわち原因が結果に影響するプロセスは、投手の心理を中心に考えられていた。しかし広岡は、投手の弱気はチーム全体に影響する、という因果メカニズムを想定している。そうであれば、次の回の攻撃にも影響が及ぶだろう。そう考えるならば、「まし」は失点で測られるだけでは不充分であり、その回表裏の得失点差などで測られなければならないかもしれない。

さて、野球解説者のコメントをめぐる考察は、なぜそうなっているかという因果関係に関する議論、すなわち説明をする上でのいくつかのヒントを含んでいる。第一に、「先頭打者を四球で出すくらいなら打たれた方がまだまし」という言明の中に、いかなる因果関係に関する主張が含まれているかを明らかにすることが、その後の検証のスタートラインであった。さまざまになされる議論の中にどのような因果関係に関する主張が含まれているか、あるいは自分の行う主張がいかなる因果関係を含んだものかを明確にすることが、まず重要である。何が原因であり、何が結果なのかという、いわばフローチャート（流れ図）を描けなければならない。

第二に、この原因から結果へのフローチャートは、どのような経路を経て流れていくのかを考える必要がある。この例では、投手個人の心理を通して結果が生じるのか、あるいはチーム全体への影響を通して結果が生じるのかを考えなければならなかった。因果関係のメカニズムはいかなるものを想定しているのかを、論理的に明確にすることが必要なのである。

第三に、原因と結果それぞれを、具体的にどのように測るのかを考えることである。「まし」であると言っただけでは、具体的に何を指しているのかはわからない。そして、それがわからなければ、その因果関係が嘘か本当か調べようがないのである。

第四に、加藤教授の分析では、先頭打者に四死球を出したか単打を打たれたかで、その回の失点がどう影響されるか、両者の関連を調べて四死球の失点への効果を検討している。両者の間の因果関係を検討しているのである。しかし、ここで考えないといけないことがもう一つある。対戦相手の属性である。相手チームの状態が良ければ慎重になって四球が増える一方で、そこまでなければ冷静に投球ができて四球になりにくいかもしれない。そうすると、失点の大小は四球かどうかだけではなく、相手チームの状況の影響も受けているのかもしれない。相手チームの属性が同じときに、四球が与える影響を見ないといけないだろう。後に詳しく見る他の変数の統制の問題であり、近年、注目を集める統計的因果推論の考え方にもかかわってくる。

この野球の例には、本書で論じる原因の推論方法の重要なポイントの多くが含まれている。その意味では、ここでの考察は本書の予告編と言える。

規範的評価と説明

さて、先の野球の例での分析結果は、評論家のコメントと異なり、「先頭打者にヒットを打たれるよりも四球で出した方がまし」という結論を示した。これに対して広岡元監督は、分析が想定している因果関係のメカニズムが妥当ではないのではないかという経験的・実証的な観点からの疑義を呈した。しかし、四球を出すというのは「正しい」ことでないのに、その方がヒットよりも良い結果になるなどという主張をするのは正しくないと規範的な観点から批判する人はほとんどいないだろう。野球では、真っ向勝負こそが正しく、卑怯《ひきょう》な敬遠など認めないといった極端な考えでも持たない限り、四球の効果を分析する際には、規範的判断はかかわってこないのである。

しかし、分析の対象が現実の政治や社会で生じている現象となると、話は少し違ってくる。現在進行形の政治や社会現象に対してわれわれは、さまざまな意見を持っている。そのため客観的であるはずの分析に、自身の規範的意見が影響を与えることがあるかもしれない。

たとえば、市場競争が生み出す格差を問題だと思っている人が、日本における所得格差について研究を始めたところ、案に相違してそれほど格差は拡大していないことを示すデータが出てきたとする。しかし、格差解消こそが今の日本に必要だと考えている人は、格差は本当はもっと拡大しているはずだと考えて、格差拡大の結果が出るまでさまざまに指標を「改善」しようとしてしまうかもしれない。あるいは、自由な競争こそ望ましいと思っている人は、格差が実はそれほど拡大していないという結果の出る指標を探して提示するということがないとも言えない。野球の世界のさまざまな「通説」を検証しようという、いわば能天気な話とは異ならざるをえない。しかし、このような価値判断と分かち難く結び付く政治や社会現象を説明する際には、だからこそよりいっそう注意深く価値判断と独立した形での説明を心掛けなければならない。

本書では、価値判断とは中立的に政治現象を分析する方法について考えていく。実証的・経験的な政治学の方法論がテーマである。ただし、政治学が説明しようとする政治現象の分析方法の多くは、政治学に固有のものというよりも、社会科学、場合によっては自然科学も含む科学的研究方法と共通のものである。そこで、本書では、まず、より身近で一般的な社会現象を題材として説明の方法に関する論点を考えた上で、その論点を政治学の具体的な研究テーマに当てはめてさらに考察する、という構成をとることにする。なお、本書の性質上多くの引用をする。その際、読者の便宜を考えて、適宜ふりがなを付すことにした。

説明の方法論の扉を開くことにしよう。

第1部

説明の世界

第1章 説明の枠組み 原因を明らかにするとはどういうことか

世の中にはさまざまな政治現象が存在し、その現象がなぜ生じているのかについて議論がなされる。戦後の日本で投票率が低下してきたのはなぜだろうか。日本で議員による立法が少ないのはなぜだろうか。なぜ日本の首相は短い任期でころころ替わることが多かったのだろうか。そこで求められるのは、問いに対する答えである。すなわち原因の探求である。ある現象がなぜ生じているのかを説明するということは、因果関係の推論を行うということである。本章では、どのような場合に因果関係が存在すると言えるのかを考えるところからスタートしよう。本書でこれから論じていく、因果関係推論の基本的なフレームワーク（枠組み）を示すことが本章の目的である。

肥満と出世

アメリカのビジネスの世界では、肥満や喫煙習慣は出世にとって不利だとよく言われる。太っていることは、喫煙をやめられないことと同様、自分をコントロールできないことの証拠であり、エリート・ビジネスマンに必要な自己管理能力の欠如を示しているとみなされ昇進する上で不利になる、ということらしい（Kwoh 2013）。そこまで言わなくてもよいではないかとも思ってしまう。身体的特徴に基づく不当な差別である、という批判が出てくるのも当然かもしれない（Roehling 2002）。しかし、これについての当否はともかく、身体上の特徴が原因となって出世や所得に影響が出るという因果関係は、はたして現実に存在しているのか。

歴史を遡ると、社会的身分が体格に影響するという逆の因果関係の方がむしろふつうに存在していた。どの国でも、昔は身分の高い人ほど体格が良かった。彼らの栄養状態が良かったからである。たとえば、昔はイギリスの上流階級の人は、庶民より優に頭一つぶん背が高かったから簡単に見分けがついた（ヒース 二〇一二、二六二頁）。十九世紀初め、イギリスの王立士官学校に入学した平均十四歳の上流階級の少年たちは、同年齢で海軍に入隊した労働者階級出身の新兵に比べて二五センチメートルは背が高かったという（Tilly 1998, p. 1）。ずいぶんな違いである。

現代のアメリカで、肥満への差別ということが問題になっているということは、庶民階級が食べるに困るほど貧しかった時代は少なくとも先進国では過去のものとなった、ということを意味するのだろう（リドレー 二〇一〇）。それはそれで、喜ばしいことである。

高身長は得か？

身体的特徴と所得の関係は、人々の関心と興味を引き付けてきた。中でも、身長と所得や出世の関係については、ずいぶん昔から関心が寄せられてきた。身長と労働市場での成功の間の関係についての実証研究には、百年近い歴史がある。一九一五年には、ゴウィンが身長の高い人ほど出世しているという調査結果を報告している（Gowin 1915）。その後も同種の調査結果は、繰り返し報告されてきた。イギリスでは、三十歳の男性管理職・専門職の人は、同年齢の男性一般労働者よりも平均して一・五センチメートル背が高いという。さらに、イギリスとアメリカの男性のデータでは、一インチ（二・五四センチメートル）背が高いと、平均して時給が一パーセントから二・三パーセント高いことも確認されている（Case & Paxson 2008, p. 500）。このように、身長が高いことによって「得られる」所得増加分を身長プレミアム（身長による賃金格差）という。身長プレミアムは、いかにして生じるのだろうか。身長が原因となって所得が決まる、などということが本当にあるのだろうか。因果関係に関する問いが生まれてくる。

独立変数と従属変数の共変

ところで、計量分析の世界では、原因を「独立変数」や「説明変数」、結果を「従属変数」や「被説明変数」と呼ぶ。本書では、便宜上「独立変数」と「従属変数」という用語のみを用いることにする。確認しておきたいことは、「身長」という独立変数の変数値が大きいほど「所得」という従属変数の変数値が大きくなるという「共変関係」が、この因果関係の問いを生む前提になっているということである。因果関係の推論は、この共変関係の確認から通常はスタートする。

原因の時間的先行

さて、今、日本人の四十歳男性を調査した結果、実は身長ではなく体重と所得との間に共変関係があったと仮定しよう。すなわち、体重が重い人ほど所得も高いという関係が観察されたとする。はたして、ここでわれわれは、体重が所得に影響していると考えてよいだろうか。考えなければならない問題は、因果関係の向きである。身長の場合は、二十代を過ぎればそれ以上伸びることは考えにくい。しかし、体重は年齢を重ねても増減する。所得の高い人は美味《おい》しいものをたくさん食べるので太ってしまうという可能性もある。因果関係は、どちらに向かっているか、このデータからだけではわからないのである。因果関係が成立するためには、原因すなわち独立変数の変化が、結果すなわち従属変数の変化に時間的に先行していなければならない。

他の変数の影響をそろえる

身長と所得に戻って考察を続けよう。なぜこのような共変関係が観察されるのだろうか。背が高いと周りから信頼感を得やすく、仕事上のパフォーマンス（実績）も自ずとよくなるからだろうか。あるいは、自分に自信を持つために仕事にも積極的になって成功するからだろうか。このような推論は、実際に身長が所得に影響を及ぼしていることを想定している。しかし、もしかすると身長が高いとい

図1-1　身長と所得の二つの関係

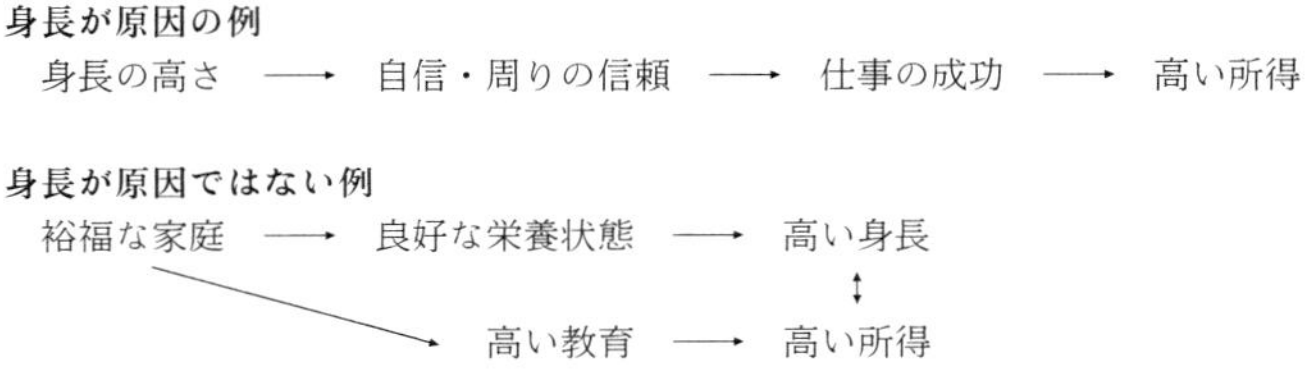

うことは、子どものころから裕福な家庭に育って栄養状態が良かった結果であり、また裕福な家庭であったから高い教育を受けることができて、現在の所得も高くなっているのかもしれない。それならば、背の高さは所得を決める本当の原因ではないことになる。この二つの因果関係を図示しておこう（**図1-1**）。

後者の例では、本当に所得に影響しているのはその人が裕福な家庭に生まれたことである。つまり、親の所得が原因であり、観察された身長と所得の共変関係は単に見かけ上のものということになる。親の所得が「交絡変数」として身長と所得の間に「見かけ上の相関」を生み出していると説明される。因果関係があると言えるためには、親の所得のような他の変数が同じ値をとったとしても、なおかつ独立変数である身長が従属変数である本人の所得に影響を及ぼしていることが必要である。他の変数の影響をそろえる、すなわち統制（コントロール）した上でも、共変関係が確認できなければならない。

はたして身長と所得の間に本当の因果関係があるのだろうか。アメリカでの最近の研究は、この点について対立している。ニコラ・ペルシコたちは、白人男性を対象として、親の所得や本人の教育程度などをコントロールした上で、本人の十六歳時点での身長が後の所得に影響しているという結果を*Journal of Political Economy*誌に発表している。アメリカでは、十六歳時点で背が高い子どもは高校のスポーツクラブなどに参加することが多くなり、そこでコミュニケーション能力といった「人的資本」を身に付ける。この結果、将来の所得が高くなるという因果関係を、彼らは推論している（Persico et al. 2004）。これに対して、アン・ケースとクリスティナ・パクソンは、同誌において、背の高い子どもほど高い認知能力を持っているという関係を強調し、身長が原因ではなく認知能力が真の原因であることを主張している（Case & Paxson 2008）。ここでは、まさに身長と所得との間の「共変関係」が、真の因果関係を示しているのか、単なる見かけ上の相関であるのかが争われているのである。

なお、この身長プレミアム研究を簡潔に紹介している大竹文雄の『経済学的思考のセンス』には、大阪大学二一世紀COEプログラムアンケート調査を利用した日本での研究結果が紹介されている。それによれば、日本における身長プレミアムは、学歴、勤続年数、企業規模に加えて、親の学歴や育った家庭の生活水準までコントロールした上で、一センチメートル身長が高くなることによって〇・五パーセント時給が高くなる程度だという。ただし、「統計的にはこの〇・五という数字は、本当はゼロかもしれないという可能性を棄てきれない」（大竹 二〇〇五a、八―九頁）。第5章で説明する統計的有意性という基準に従って考えると、この調査結果は日本では、身長自体が所得に影響している可能性は低いということを示している。悔しい思いをしながら、ここまで読んでくれた背の低い読者には朗報であろう。

因果関係が成立するための三条件

高根正昭は、研究方法論教科書の古典として今も読まれることの多い名著『創造の方法学』において、以上見てきた三つを、因果関係が成立するための条件としてあげている。すなわち、

① 独立変数と従属変数の間に共変関係がある
② 独立変数の変化は、従属変数の変化の前に生じている（時間的先行）
③ 他の変数を統制（コントロール）しても（他の変数の値を固定しても）共変関係が観察される

の三つである。

光合成の実験

小学校の理科の授業で行われる、朝顔の葉を用いた光合成実験を見てみよう（図1-2）。ふつうに生育している朝顔の葉は太陽の照っている日中に光合成を行い、葉の中にデンプンを生成している。今、朝顔の鉢を暗室の中に丸一日入れる。こうすると、朝顔の葉の中にデンプンがない状態になる。この朝顔から一枚の葉を選んで、その一部分を光を通さないアルミ箔で覆う。そして、数時間太陽光の下に置く。その後、その葉を採取して熱湯に浸し、温めたエタノールに入れた後、ヨウ素液に浸す。その結果、葉のアルミ箔で覆っていなかった部分のみが紫色に変色する。これが標準的な実験手続きである。デンプンはヨウ素液に反応して紫色になることが知られているので、このことによって、光合成には光が必要であることが確認できるのである。

図 1-2　朝顔の光合成実験

ここでは、光が当たる場合にデンプンが生成され、当たらない場合にはデンプンが生成されないという共変関係がまず確認される。さらに、この実験では光が当たらない状況を人為的に作り出した後に、デンプンが生成されたかを確認している。独立変数の従属変数に対する時間的先行関係も満たされている。そして、実験対象の朝顔の葉では、光が当たるか否か以外の条件、すなわち他の変数（温度や湿度など）は同一に保たれている。因果関係が成立するための三条件を満たすように実験が設計されていることがわかる。

他の変数を統制する難しさ

しかし、よく考えるとこの実験といえども問題を抱えていることがわかる。確かに、さまざまな環境条件はそろえられている。しかし、実験対象となる朝顔の葉のアルミ箔で覆われた部分とそうでない部分は同じではない。デンプンの生成は葉の部位によって異なるのではないかという疑問には答えていない。他の変数は完全に統制されていないのである。身長と所得の例でも、家庭環境やそれ以外のさまざまな他の変数が統制されてはいる。しかし、統制すべき変数はそれ以外にもあって見過ごしているかもしれない。

反実仮想と統計的因果推論

この問題を別の角度から取り上げて考えるのが、因果関係に関する反実仮想モデルと言われるものである。第7章で詳しく見ることになるが、そのさわりをここで見ておこう。世の中は健康ブームで、身体に良いとされる健康食品が販売されている。国の定めるルールに基づいて、事業者が食品の安全性と機能性に関する科学的根拠などの必要な事項を、販売前に消費者庁長官に届け出ることで、健康への効果をうたうことのできる機能性表示食品というものがある。深刻な健康被害を出した紅麹サプリもその一つである。機能性表示食品が本当に有益な効果を持つのかを検証するときに、そのような食品をとっている人たちの「喜びの声」を証拠とすることはできない。それらの食品をとっていた人たちが、その食品をとっていなかった場合と比較して効果があれば、食品を原因として健康への効果があったと言える。もし飲んでいなかったらどうだったかを考えるので「反実仮想」というのである。ここでは、他の変数はすべて完全に統制されていることになる。しかし、これはタイムマシーンでもなければ、確認できない。そこで、工夫を凝らしてこの確認に近いことをやろうというのがランダム化比較試験や統計的因果推論である。残念なことに、機能性表示食品の世界では、このような工夫に基づく検証に多くの問題があることも示されている（Someko et al. 2024）。それはともかく、まじめにやっても因果効果を正確に測ることはなかなか困難であることを実感できるだろう。

原因はどこに？——仮説構築

さて、ここまでは、原因となる独立変数を想定して、それが結果としての従属変数に与える効果をいかに知るかという観点で話を進めてきた。しかし、さまざまな社会現象を説明しようとするときには、しばしば、何を原因として想定するかが、まず問題となる。因果関係の仮説の導出である。それができてはじめて、厳密な因果効果の推定へと向かうことができる。

このことは、コロナ禍を思い出せばよく理解できる。パンデミックの初期において日本を含むアジアの国々は感染者数や死者数が欧米に比べて少なかったため、その原因の探索が大きな関心を集めた。ファクターＸと呼ばれる未知の要因を探る研究が熱心になされた。これはまさに、原因を推論する疫学分野におけるチャレンジであり、地域的な免疫の違い、社会的価値観からＢＣＧ接種、遺伝子型までさまざまな原因が仮説的に提示された。

ファクターＸについては、確定的な結論は得られていないが、この種の疫学研究で大きな歴史的貢献を果たしたのが、十九世紀のロンドンにおけるコレラ禍を研究したジョン・スノウである。当時は、病気の伝染は「悪い空気」によって引き起こされるとする瘴気説が通説であった。しかし、スノウはロンドンのソーホー地区におけるコレラ症例を地図上にプロットして、ブロード・ストリート（Broad Street）の水汲みポンプ周辺に症例が集中していることを示した（**図1-3**）。それは、汚染された水を介して感染が生じているという推論を支えるデータであった。スノウは、そのポンプを使用できないようにすることで症例の発生を抑えたのである。汚染の正体がコレラ菌であることがわかる

図 1-3　ソーホー地区におけるコレラ症例のプロット

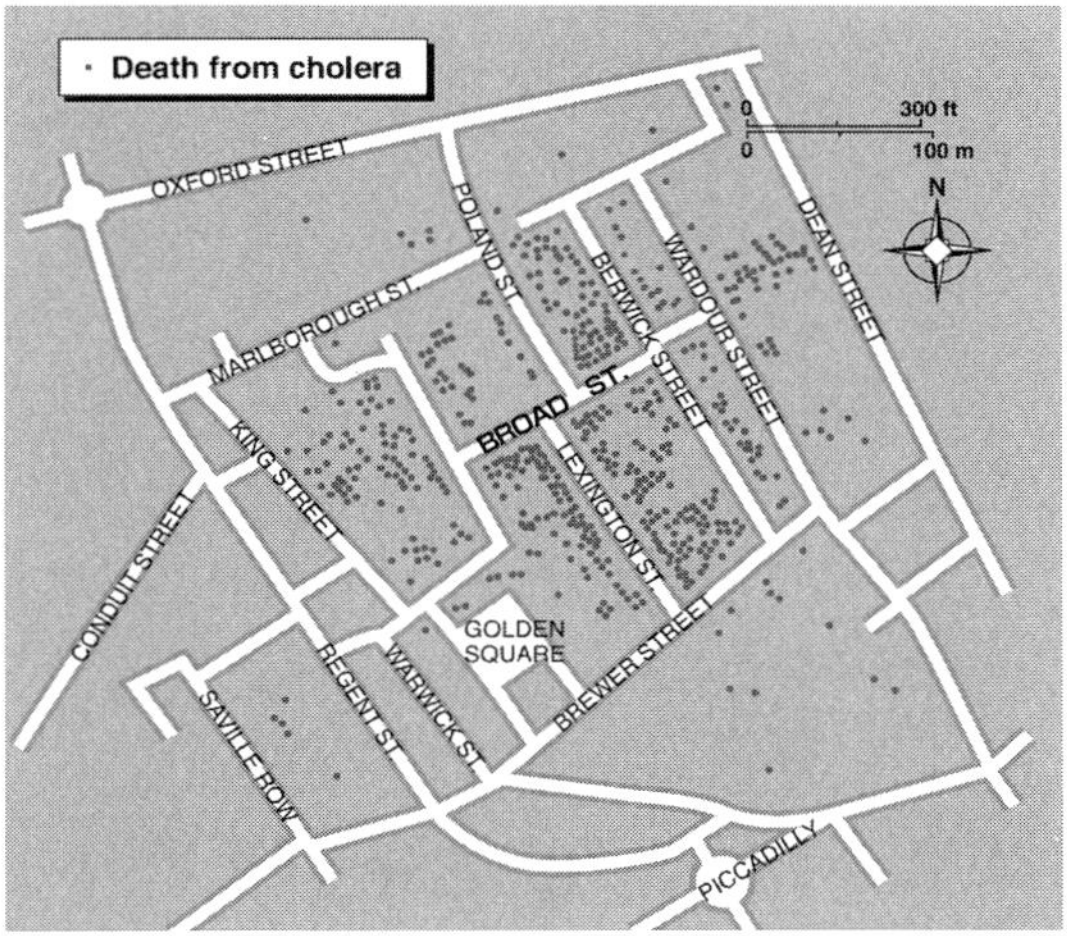

のはその後のことであるが、スノウはまさに原因を探索するこの仕事により「近代疫学の父」と呼ばれる（Begum 2016）。

仮説構築と三条件

この仮説構築の作業においては、まさに原因を推論する三条件の確認という作業が逐次的になされる。経験的な観察をふまえて、そこに規則性や法則性を探究した上で、一般理論を構築しようとするジョン・スチュアート・ミル流の帰納的な推論が生きる世界である。この作業においては、反実仮想モデルに基礎づけられた因果推論はまだ出番とはなりえない。

ところで、この三条件は、小学校レベルの理科実験で学ぶことであり、あえて注意を喚起するまでもないように思えるかもしれない。しかし、後に見ていくように、この三条件を無視した形で因果関係に関する主張がなされることも多い。本書では、この三条件についてそれぞれ詳しく論じ、それらを意識することの重要性を繰り返し指摘していく。

仮説構築の試み――投票率を説明する

計量分析の技法を駆使して興味深い政治分析を行っている気鋭の政治学者福元健太郎と堀内勇作が、一般向けに書いたエッセイ「ヤバい政治学――「政治不信が高まると投票率が低くなる」は本当か」をのぞいてみよう（福元・堀内 二〇一二）。彼らは、国政選挙、地方選挙を問わず、投票率が低くなると、「低い投票率は政治不信の表れ」と報道される傾向がある一方、小泉内閣における郵政選挙のように投票率が上がっても政治不信が低下したと報道されないことを取り上げて、きちんとした因果推論がなされていない点を批判する。そして、このように因果関係を真剣に検討しない結果、さらなる不思議な議論が横行するとして、著者の一人である堀内の研究に基づいてさらに議論を展開する。

欧米諸国では、国政選挙における投票率の方が地方選挙の投票率より高いことが通例である。しかし、日本ではこれが逆転していることに彼らは注目する。「日本の人口規模が小さい自治体（町村）では、衆議院議員選挙の投票率は七〇―八〇パーセントである一方、町村議会議員選挙の投票率は八〇―九〇パーセントとなることがある。中には九八パーセントという記録もある」。このような現象に対して、日本の小さい町村には伝統的な共同体意識が残っており、みんなで一緒に投票するという文化がある、という説明がなされることがある。しかし、もし政治文化が本当に原因なら、その同じ

図1-4　伝統的共同体意識と投票率

独立変数		従属変数
伝統的共同体意識	⟶	投票率（小さい地方自治体における地方議会選挙）
強い		80%〜90%　「高い」
伝統的共同体意識	⟶	投票率（同じ自治体における国政選挙）
強い		70%〜80%　「低い」

村での国政選挙の投票率が七〇—八〇パーセントにとどまっているのはなぜかを説明できないと彼らは批判する。この批判は、まさに政治文化に注目する議論が、**図1-4**から明らかなように、因果関係を推論する際の第一条件である独立変数と従属変数の「共変関係」を確認していないことに向けられていると言えよう。

福元・堀内はこれに対して、人が投票するか否かは、「自分が投票した候補者が当選した場合に得られる便益」×「自分が投票するか否かが、投票した候補者の当落を左右する（と思う）確率」マイナス「投票するコスト」という値がゼロより大きいか否かで決まるという「合理的選択モデル」に立って説明を試みる(Downs 1957, pp. 25-42)。日本の地方議会で採用されている選挙制度は、一つの自治体が一つの選挙区を構成し、十数人から百人近くの候補者の中から有権者が一人だけを選ぶという、世界的にも稀な制度であるという。その選挙制度の下では、町村のように自治体の有権者数が少ないほど、候補者間の得票差も小さくなり、「自分が投票するか否かが、投票した候補者の当落を左右する確率」が高くなる。ここに、日本において地方選挙の投票率が国政選挙より高くなる理由がある、と論じるのである。この説明では、先の文化論的説明と異なり、共変関係がしっかりと確認されている（**図1-5**）。

また、投票率の高低よりも先に一票の価値の大小は決まっているので、独立変

図1-5　1票の価値と投票率

	独立変数		従属変数
地方選挙：	「1票の価値」大きい	⟶	「投票率」高い
国政選挙：	「1票の価値」小さい	⟶	「投票率」低い

数の違いは、従属変数の違いよりも時間的に先行して生じている。さらに、同じ地方自治体での国政と地方選挙の投票率の違いを見ているので、政治文化や経済状況といった他の変数の多くがコントロールされているのである。このように見るならば、福元・堀内の因果推論の方が、政治文化論的な説明や政治不信からする説明よりも説得力があることは明らかである。

ただし、因果関係のメカニズムをこのように明示してみると、福元・堀内の説明に対する疑問も生じてくる。たとえば、このエッセイにおける因果推論では「自分が投票した候補者が当選した場合に得られる便益」は、国政選挙でも地方選挙でも同じである（あるいは、国政選挙の方が大きい）ということが前提とされているようである。しかし、これは必ずしも自明でない。自治体の財政支出が中央と地方を合わせた政府支出に占める比率を見ると、日本は先進国中で大きい方である（村松 一九八八）。ということは、日本では地方自治体レベルの選挙にかかっている「便益」が大きいのかもしれない。この「便益」の大きさという他の変数影響は考えなくてよいか。また、ふつうに考えるなら、たいていの国で国レベルの一票の価値は、地方選挙レベルの一票の価値より小さいだろう。そうすると、欧米では地方レベルの投票率が低いのはなぜか、という問いが逆に出てくるのかもしれない。

より本格的な分析は堀内の著作を参考にしてほしいが、このような疑問や新たな問いが出てくるということこそが、因果関係の三条件を考慮しつつ体系的に仮説構築を進めることの有用性を示しているのである（Horiuchi 2005）。

質的研究と原因の探求

ここまで見てきた因果関係が成立するための三条件を意識することは、歴史研究や事例研究など少数の事例を扱う質的な研究においてもきわめて重要である。また、投票行動のような個人の行動の研究のみならず、マクロな社会現象を研究する際にも必要である。そのような研究で因果関係に関する主張がなされる限り、その主張に含まれる独立変数が何で、従属変数が何か、どのような因果関係が想定され、いかなる因果のフローチャートが描けるか、因果関係に関する三つの条件はどのように確認されているかを考えることは、仮説を構築して研究を進める上で重要なのである。

民主主義と社会関係資本──イタリアをめぐる航海

たとえば、民主主義を機能させる上で人々の間の自発的水平的関係（社会関係資本、本文中では市民度とも記される）が重要であることを実証的に示して政治学の世界に多大な影響を与えた、ロバート・パットナムの研究を見よう（パットナム 二〇〇一）。彼の研究関心は、市民の声に応えながら効率的に行政をこなすしっかりした民主的制度を作り出す要因は何か、を探ることにあった。この問いに対する答えを探る上で、一九七〇年代のイタリアは最適な題材となった。イタリアでは、一九七〇年の地方分権改革によって、ほぼ同じ権限を新たに与えられた一五の普通州が生まれた。これに先立って生まれていた五つの特別州と合わせて、二〇の分権化された州は、その後一九七〇年代に大きな行政権限を持つことになった。ところが、これらの州政府のパフォーマンスには大きな差が生じた。同じ制度的条件を与えられながら、そのパフォーマンスに差が生じたこれらの二〇州を分析することは、先に述べた問いへの答えを探す絶好の機会を提供したのである。

パットナムは、そこで二つの独立変数の候補を考える。一つは、経済的豊かさ（経済的近代性）であり、もう一つは「市民度」である。

よく知られているように、イタリアには南北で大きな経済格差がある。豊かな北部と貧しい南部である。そして、パットナムの関心対象である民主主義の制度的パフォーマンスは、やはり北で高く南で低い（**図1-6**）。共変関係が確認できそうである。しかし、この図をよく見てみよう。パフォーマンスの低い方のグループ、あるいは高い方のグループのみに注目してみると、そのグループ内では共変関係がほとんどないことがわかる。さらには、経済的に豊かな州では州政府が財政的に豊かだから良い行政を行えるのだ、という因果関係を想定することもできない。イタリアでは、貧しい州に対しては相当程度の財政支援が行われており、州政府の利用できる財政資源は州の間でそれほど差がないからである。

パットナムは、このような考察をふまえて、もう一つの独立変数である社会文化的状況に注目した。それが、社会関係資本である。自立的な市民の水平的協働関係を、市民団体への加入度などさまざま

図1-6　経済的近代性と制度パフォーマンス

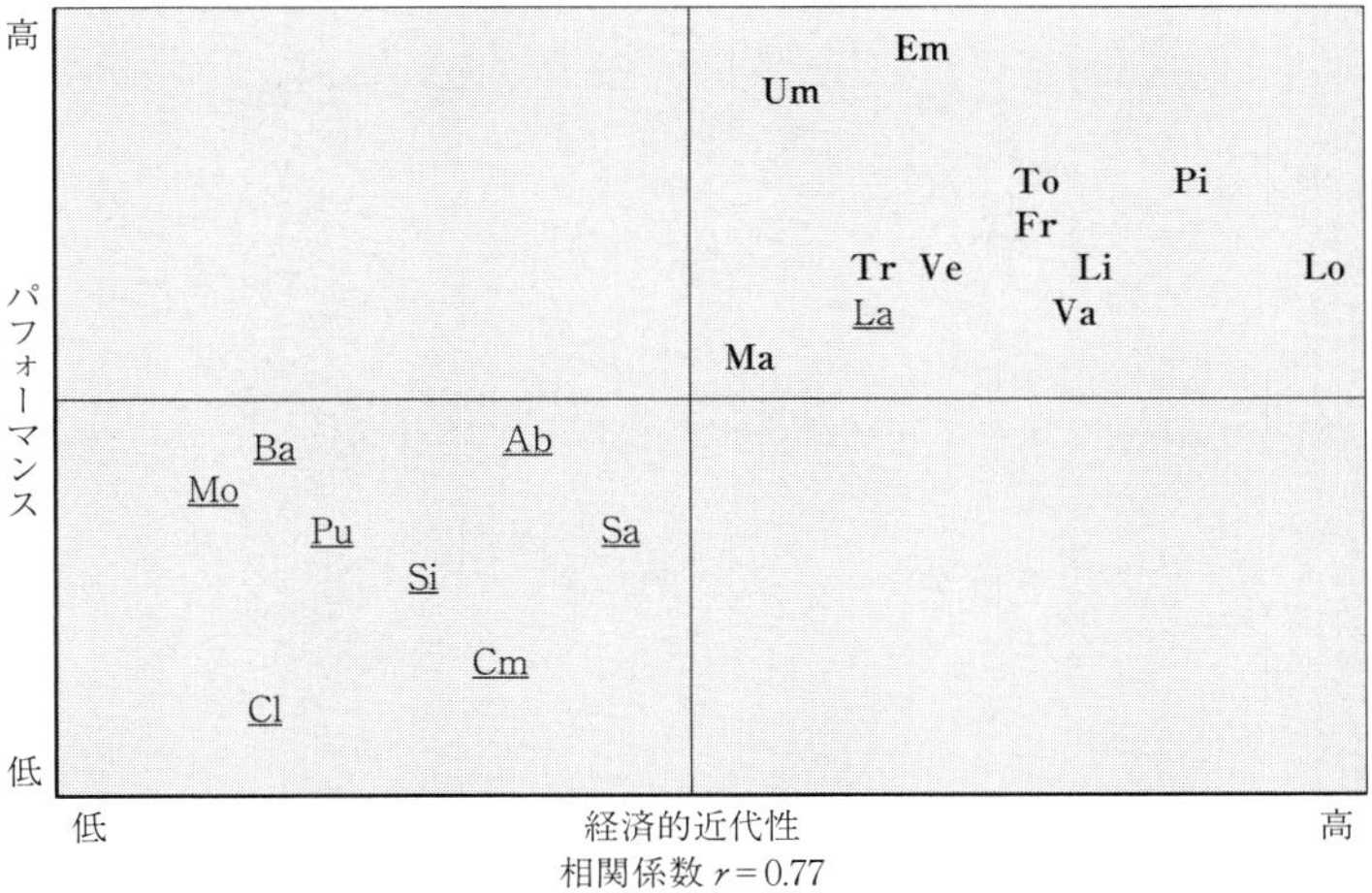

［注］ Ab: アブルッツォ州／Ba: バシリカータ州／Cl: カラーブリア州／Cm: カンパーニア州／**Em**: エミーリア・ロマーニャ州／**Fr**: フリウーリ=ヴェネツィア・ジューリア州／La: ラツィオ州／**Li**: リグーリア州／**Lo**: ロンバルディア州／**Ma**: マルケ州／Mo: モリーゼ州／**Pi**: ピエモンテ州／Pu: プーリア州／Sa: サルデーニャ州／Si: シチリア州／**To**: トスカーナ州／**Tr**: トレンティーノ=アルト・アーディジェ州／**Um**: ウンブリア州／**Va**: ヴァッレ・ダオスタ州／**Ve**: ヴェーネト州（太字は北部の，アンダーラインは南部の州を示す）。

［出典］ パットナム 2001，102頁。

な指標で測ったパットナムは、「市民度」とパフォーマンスの間に強い共変関係があることを明らかにしたのである（図1-7）。二つの図を比べれば、明らかに市民度すなわち社会関係資本の多《た》寡《か》が州政府のパフォーマンスを決めていることが直感的に理解できよう。加えて、彼は、一九〇〇年代から一九八〇年代までの利用可能なデータを分析して、市民度が経済発展に対しても政府パフォーマンスに対しても、時間的に先行していることを示している

図1-7　市民度と制度パフォーマンス

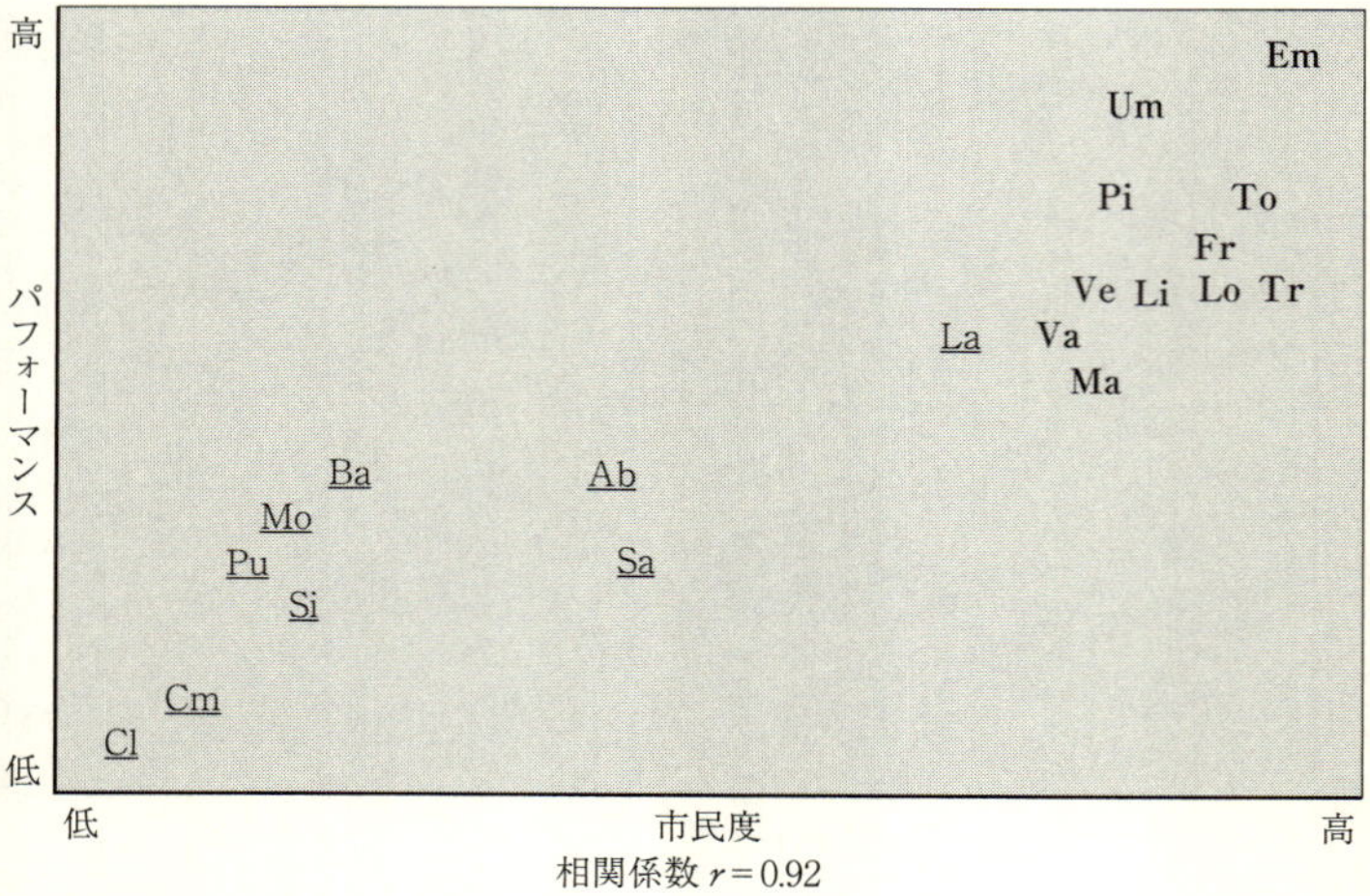

［注］　図1-6参照。
［出典］　パットナム 2001，118頁。

(図1-8)。

さらに、先の二つの変数以外の要因、すなわち、政治的な分裂状況やイデオロギー的な対立、さらには社会的対立が州間で異なることによって、政府パフォーマンスの違いが生じているわけではないことも確認されている。他の変数のコントロールを行っているのである。

その上でパットナムは、さらなる歴史的な分析をふまえて、州間の市民度の差をもたらしたものが、中世イタリアにおける都市国家の存在であったとの推論を進める。北部の多くの州にはそのような伝統がある一方、南部の多くの州はビザンチン的あるいはアラブ的な性格を持つ専制国家体制の下で都市国家を持たなかった。都市国家を持ったところにおいてのみ、高度な社会関

図1-8　市民的関与，社会経済的発展，制度パフォーマンス間の実際の効果
（1900年代～80年代のイタリア）

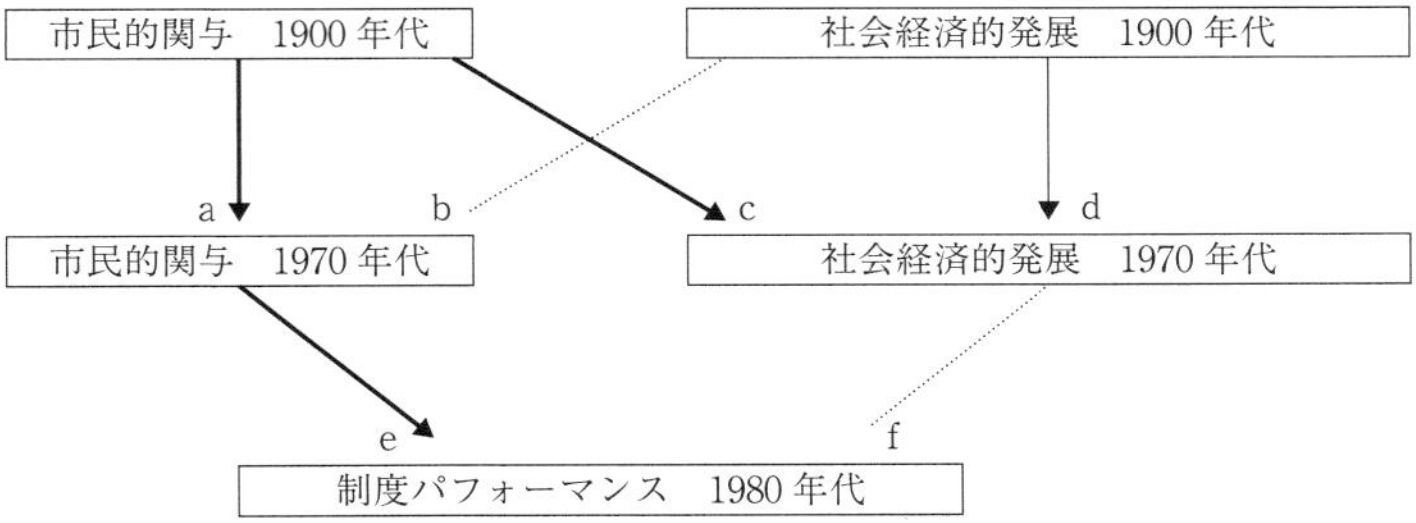

［出典］　パットナム 2001，192頁。

図1-9

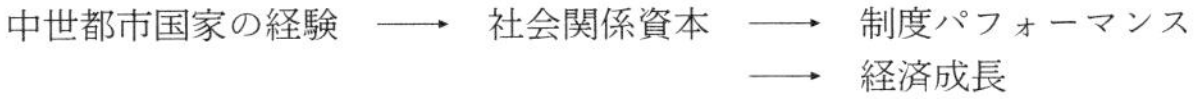

係資本が蓄積され、それが一九八〇年代の政府パフォーマンスの程度を決めた、という壮大な因果推論が提示されたのである（**図1-9**）。この歴史分析は、因果関係の検証を越えてなされた、さらなる原因の探求、仮説の構築であり、本書の第10章のテーマである。厳密でありながら雄大でもある分析に、多くの政治学者が深く感銘を受けたのも当然であったと言えよう。筆者も当時のアメリカ政治学会年次大会でパットナムの報告する分科会の大変な熱気を、昨日のことのように思い出す。このような壮大な研究は、明瞭で厳密な因果関係のフローチャートをふまえてなされていたのである。

この点を、さらに戦後日本の政治学に大きな影響を与えた丸山眞男の研究を取り上げて見ておこう。パットナムの研究は、純然たる質的研究ではなく、計量分析をも縦横に用いていたのに対して、丸山の研究は質的な比較事例研究となっているからである。

丸山眞男の政治学――「ファシズムもまともに持てなかった日本？」

戦後日本の政治学の発展に大きな影響を与えたのが丸山眞男である。丸山は政治思想の専門家であり、日本政治についての同時代的分析を行ったのは第二次世界大戦後の数年間にすぎない。しかし、その丸山の分析は戦後日本の現代政治学に大きな影響を与えることになった。丸山にとっての問題意識は、日本を敗戦の大混乱へと導いた戦前日本の超国家主義がなぜ生み出されたか、であった。そこでは、日本の「天皇制ファシズム」がナチズムと似て非なるものとして成立した原因の探求がなされる。

丸山は、従属変数としての「ファシズム」が、日本とドイツにおいては異なるものであったことを強調する。その違いは、たとえば、両国における開戦の決断のあり方に表れる。「ナチスの指導者は今次の戦争について、その起因はともあれ、開戦への決断に関する明白な意識を持っているにちがいない。然るに我が国の場合はこれだけの大戦争を起しながら、我こそ戦争を起したという意識がこれまでの所、どこにも見当らないのである。何となく何物かに押されつつ、ずるずると国を挙げて戦争の渦中に突入した」（丸山 一九六四、二四頁）と言う。

その例証を丸山は、極東国際軍事裁判（東京裁判）におけるやりとりに見る。開戦を決した東条英機内閣において外務大臣を務めた東郷茂徳は、就任時に日独伊三国同盟（一九四〇年調印）に賛成だったか反対だったかを問われて、「私の個人的意見は反対でありましたが、すべて物事にはなり行きがあります。……すなわち前にきまつた政策が一旦既成事実になつた以上は、これを変えることは甚だ簡単ではありません」と答え、国会で三国同盟礼賛の演説をしたことを指摘されると、「この際個人的な感情を公の演説に含ませ得る余地はなかつたわけであります……私は当時の日本の外務大臣としてこういうことを言うべく、言わなくちゃならぬ地位にあつた」と弁明している。このことを取り上げて、丸山は、「重大国策に関して自己の信ずるオピニオンに忠実であることではなくして、むしろそれを「私情」として殺して周囲に従う方を選〔ぶ〕（略）〔矮小な〕「精神」こそが問題なのである」（丸山 一九六四、一〇八頁）と指弾する。そして、この態度はナチの戦犯でアドルフ・ヒトラーの後継者にも指名されていたヘルマン・ゲーリングが、オーストリア併合（一九三八年）について「余は百パーセント責任をとらねばならぬ……余は総統の反対さえも却下して万事を最後の発展段階にまで導いた」（丸山 一九六四、一〇二―一〇三頁）と述べたことと明確な対照をなすとする。そこには、自分の決断に責任を持つ強い精神が表れているというのである。そして、この対比は、有名な「一箇の人間にかえつた時の彼らはなんと弱々しく哀れな存在であることよ。だから戦犯裁判に於て、土屋は青ざめ、古島は泣き、そうしてゲーリングは哄笑《こうしょう》する」（丸山 一九六四、二〇頁）という文章にも示される。丸山は、東京裁判における戦犯容疑者とニュルンベルク裁判におけるナチの戦犯容疑者を対比し、後者が心理的には強い自我意識に基づいて行動していたのに対して、日本の戦争指導者たちが国家の権威に依存し合一化することによってしか行動できなかった「小心翼々」とした人間だったと言うのである。日本は、ファシズムさえもまともに持てなかった。なぜなのか。

丸山の因果推論は、次のようになされる。すなわち、ヨーロッパでは長い宗教戦争を経て、カール・シュミットの言う「中性国家」が近代国家の特質となった。そこでは、国家は真理や道徳といった内容的価値から中立となり、いわば道具となる。その道具たる国家の使い手には、自ら主体的に目的を定めてそれを使用することが求められる。これに対して日本は、明治以後の近代国家の形成過程においてこのような道具としての国家を打ち立てなかった。そこでは、国家は内容的価値を体現するものととらえられた。そのため、この道具を自らの責任において使用するという主体的意識はついに生まれなかった。ここに、日本のファシズムの特色が生まれる原因があったというのである。

大嶽秀夫はこの丸山の議論を、簡明な因果関係のフローチャートに書き出した上で、その問題点を指摘している（図1-10～図1-12参照）。大嶽は、丸山の政治学において価値判断と分析内容が分かち難く結び付いていることに魅力があり、その主張が専門の政治学者の枠を超えて広く一般の知識人に読まれ、かつ影響を与えることになったと言う。しかし、それゆえに学問的には深刻な問題を孕《はら》んでいたと批判する。すなわち、西欧近代（ここでは、そこで生じたドイツ・ナチズム）を、単なる比較分析のための理念型としてよりは、価値評価のための規範的モデルとして使用した点に問題があると言う（大嶽　一九九四、二九―三〇頁）。

少し長くなるが、大嶽の丸山批判を引いておこう。

そもそも、丸山ら「近代主義者」にとっては、日本社会・政治に関する問題の発見そのものが西欧的

図 1-10

ヨーロッパ：宗教戦争

宗派間の対立および君主と教会の対立	→中性国家（倫理的価値への中立性）公と私の区別	→道徳の内面化　主体的自由の確立

日　　本：

上の伝統の欠如	→倫理的実体としての国家	→倫理的＝国家的なるものとの合一化

図 1-11

ヨーロッパ：絶対主義

主権者の決断が正義を決定する	→主権者の命令としての法（法の形式性）	→公然たるマキァヴェリズム（ゲーリング）	→虐待者との関係＝自由な主体とものとの関係

日　　本：明治国家

主権者が絶対的価値を体現する	→倫理と権力の相互移入	→権力の矮小化（土屋，古島）	→虐待者との関係＝優越的地位の問題（天皇との距離）

図 1-12

ド イ ツ：

自由な主体意識を前提とした独裁	→開戦への決断

日　　本：

単なる事実としての独裁	→ずるずると開戦に突入

［出典］　大嶽 1994，21 頁。

価値観の研究を背景としてなされている。丸山は西欧政治思想史の研究を通じて（略）、西欧的価値を学習し、血肉化し、それによる日本社会への距離によって、周りの日本人には当然と思われていることに対して（ちょうど外国人が持つような、あるいは文化人類学者が研究対象に抱くような）「驚き」を獲得し、これを社会科学的に説明を要する「問題《パズル》」として分析の対象に選択するのである。問題発見の過程に既に、認識の枠組みとして、西欧モデルが組み込まれているのである。日本の専門家でないことが、日本理解の不可欠の条件を構成していることになるわけである。しかも、日本の現象を理解するための枠組みを西欧の文献の読書を通じて獲得してはいるが、日本の現実を分析する方法をそれによって学ぶわけではない。独自に実証的手法を身につけない限りは、実証においては素人にとどまるのはそのためである。（略）そのうえ、以上の研究歴からは（略）独自に西欧を「客観的に」見る視点が生まれないという逆の危険をもはらむ。（大嶽 一九九四、三〇頁）

この大嶽の批判は、その厳しさによって出版当時大きな反響を呼んだ（渡部 二〇一〇）。しかし、大嶽自身も認めるように、丸山の因果推論のフローチャートはきわめて明瞭である。そこでは、日独のファシズムの特質と近代国家形成のあり方の間にある共変関係が主張される。独立変数たる近代国家形成は従属変数に先立って生じており、時間的先行関係を満たしている。そして、共に後発の資本主義国家である日独において「ファシズム」への動きが生じていったという点では、多くの点で両国間に類似性があり他変数のコントロールも意識されている。マクロな社会現象が、幅広い知識を駆使して色彩豊かに論じられつつも、その主張が鋭利な説得力を持つのは、まさにこのような因果推論のフレームワークの明瞭さゆえであろう。

しかし、大嶽の批判に含まれる二つの点も重要である。第一は、規範的な主張と客観的な分析との間の緊張関係をどのように測るか、という問題である。この点は序章で論じた点であり、終章でもふれる。第二の点は、実証分析の手法の問題である。丸山の議論の出発点は、日独における従属変数「ファシズムの特質」の違いである。それは、戦犯裁判における両国の被告の答弁や戦争にいたる過程における発言などを用いて示される。しかし、そこに示された実証がどこまで批判に耐えうるものかは、やはり大きな問題である。

確かに、土屋は青ざめ、古島は泣き、ゲーリングは哄笑したかもしれない。しかし、一九六〇年にイスラエルの諜報機関によって逮捕されたアドルフ・アイヒマンの裁判は異なる様相を見せ付けた。アイヒマンは、ナチにおけるユダヤ人虐殺の指揮をとったとされる人物であり、長い逃亡の後にエルサレムで裁判にかけられた。アイヒマンは、その裁判でナチのユダヤ人迫害を遺憾に思うと述べたものの、自分は命令に従っただけであると弁明したのである。その姿は、自身もユダヤ人である政治思想家ハンナ・アレントの手になる『イェルサレムのアイヒマン――悪の陳腐さについての報告』に描かれた（アーレント 一九六九）。アレントの記述は、アイヒマンが、「無法者の啖呵《たんか》」（丸山 一九六四、一〇三頁）を切る大悪人ではなく、むしろ「小心翼々」とした小役人であったという印象を読む者に与える。この報告については、ナチを弁護するものであるという批判もなされ、激しい論争は現在まで続いている（Berkowitz 2013）。しかし、もし彼が本当に「小心翼々」としていたのなら、丸山の

「問題《パズル》」は再度検討されなければならないだろう。従属変数をどのように測るのか。それは、単なるエピソードの提示では足りない。説明しようとする現象をどのように正確に記述するかは、因果推論の前提としてきわめて重要であり、第4章で取り上げることとする。

コラム①　冷静と情熱のあいだ

著者は、政治学における『レヴァイアサン』世代の一人と目されてきた。一九八七年に村松岐夫・大嶽秀夫・猪口孝を編集同人として発刊され二〇一八年秋をもって刊行を終了した政治学学術誌『レヴァイアサン』は、その発刊趣意書において、日本政治の全体を「丸ごと」、無限定に解釈し、特徴づけた上で批判をする傾向の強かった戦後日本の政治学を「啓蒙主義政治学」として批判し、客観的で科学的な政治分析の必要を高らかに宣言した。それは日本における「政治学の科学化」をめざすものと受け取られるとともに、そこに没価値的な志向があるとして反発も招いた。

その後、日本の政治学は方法論的に厳密な実証研究を量産し大きな発展を遂げている。規範的議論と距離を置いた実証分析がめざされてきた。これに対する不満の声が消えたわけではない。ネット上では、安保法制をめぐる政治対立に際して、『レヴァイアサン』系の政治学者が沈黙を保っているのはなぜかという声もでた。これに対して、「現実の政治に関わることを避けてきた挙句に、およそ現実が分からなくなった」からだというレスポンスが安保法制批判派の大学教員からなされたりもした。しかし、規範的情熱を持って現実政治に関われば、政治の現実が見えるなどと言うことはない。政治を理解するには、規範的情熱はそれとして、客観的な分析が必要であることは論を俟たない。

コロナ禍においても、客観的分析抜きの政治批判が多く見られた。これは日本に限らない。ロックダウンやマスクの着用、さらにはワクチン接種についてすら激しい対立を生む国が存在する。日本でも、全国一斉休校措置、飲食店への営業自粛要請、ＧｏＴｏトラベル政策、さらに大学でのリモート講義にも賛否さまざまな意見が対立してきた。解決策が定かでない事態において、意見対立があるのは当然であるが、これらの議論はしばしば、データに基づく冷静な分析を欠いた感情的なものとなっていた。そこには、情熱と冷静な分析との危うい関係が多く見られる。たとえば、感染拡大の初期から人との接触を減らすことの重要性を説き続けた「八割おじさん」こと西浦博教授に対しても、ネット上ではさまざまな批判がなされた。現実政治批判に熱心なある政治学者は、当時の安倍政権は西浦教授とともに、過大な自粛要請をしておいて感染拡大した場合には、みんなの責任にしてしまう準備をしているのだという書き込みをした。これは、さすがに炎上したが、安倍政権批判に走るあまり、政策決定の実態が見えていない典型であった。

　西浦教授の主張を内在的にも批判しようと試みた政治学者もいた。接触を八割減らせば収束するという主張は、過剰に過ぎる上、八割削減が収束をもたらすというよりも、収束したら数理モデル上の八割削減があったとみなすというロジックになっているという批判は、反証可能性を問題にしていたとも読める（第2章参照）。しかし、欧米並みのロックダウンでも収束させた国など世界に一つもない以上、八割削減で収束は不可能だと踏み込むためには冷静な分析が必要であった。しかし、批判は、西浦教授が、その天才的な洞察力で、世界のどの国も達成できていないことを、日本だけは達成できる、と新聞やＳＮＳなどを通じて啓蒙し続けているという揶揄《やゆ》へ向かってしまう。実証分析の方法をふまえることは、このような脱線を防ぐという意味で重要である。

　しかし、このような規範的情熱が、ある集団で共有され、政治的対立にいたるとき問題はさらに深刻になる。霊長類学者のリチャード・ランガムが『善と悪のパラドックス』（ランガム 二〇二〇）で主張するように、善良である人間が集団間では攻撃的になるためなのかはわからないが、往々にして、自分と敵対する立場には激しく批判を行うが、同じ規範的立場に立つ主張については、方法論的な批判はなされにくい傾向がある。迂遠ではあるが、実証的分析の作法を訴えその共有をめざすしか生産的な議論をする術はない。世界で分断や分極化が言われる今、エビデンスや実証分析に基づく冷静な議論の必要はますます大きい。

第2章 科学の条件としての反証可能性

「何でも説明できる」ってダメですか？

世の中のさまざまな現象を説明するとき、本書の言葉を使えば、それらの現象を従属変数としてそれをもたらす独立変数を探求する際に、これが原因だという仮説が提示される。しばしば、その仮説は複数ある。テレビのワイドショーやネット上で、さまざまな論客が自信たっぷりに因果関係に関する独自の仮説を披瀝《ひれき》する。あまりの自信たっぷりさに、すべての仮説を信じてしまいそうになったりする。しかし、当たり前であるが、複数の仮説がすべて正しいということは通常はありえない。しばしば、対立する仮説が提示されているからである。そのため、正しい仮説と誤った仮説を見分ける力が必要となる。

しかし、このような仮説の優劣、正誤を判断する前に、その仮説的な説明が科学の基準を満たしているのかどうかを考える必要がある。科学の対象としてまじめに検討しうる仮説と、そうでないものとの違いを考えてみよう。科学と非科学を分ける線引き問題が本章のテーマである。カール・ポパーによって提唱された「反証可能性」という概念を手掛かりに、この問題を考えていこう。

陰謀史観

世に陰謀史観というものがある。海野弘によると、以下のようなものを指す。

身のまわりに不思議な出来事が起きる。もしかしたら、それは偶然ではなくて、なにかの陰謀、〈彼ら〉の企みではないだろうか。このような考えを〈陰謀史観《コンスピラシー・セオリー》〉という。

この、見えない〈彼ら〉は、神であるかもしれず、悪魔であるかもしれない。〈彼ら〉として、ユダヤ人、フリーメーソン、ナチ、共産主義者、さらには宇宙人までもが名指されてきた。（海野 二〇〇二、八頁）

歴史学者の秦郁彦は、日本の近現代史における陰謀史観を痛快に批判した『陰謀史観』において、「特定の個人ないし組織による秘密謀議で合意された筋書の通りに歴史は進行したし、進行するだろうと信じる見方」（秦 二〇一二、八頁）と定義し、このような史観は、世界制覇を狙うコミンテルン（国際共産主義）、ユダヤ、フリーメーソン、ルーズヴェルト、昭和天皇などを主役にしたマクロで大掛かりな陰謀論を採用するために、水掛け論として生き延びやすいとする。いかに荒唐無稽《こうとうむけい》でも、この種の本が大型書店の一角にずらっと並ぶことになるというのである（秦 二〇一二、一〇頁）。秦自身は同書で、日中戦争（一九三七―四五年）はコミンテルンあるいはソ連共産主義の陰謀であったとする説や、太平洋戦争はヨーロッパ戦線への参戦にアメリカ国民を賛成させるため、日本に先制攻撃をさせようとしたルーズヴェルトの陰謀の産物であったといった説を、史料と綿密に照合して論駁《ろんばく》している。実証を旨とする玄人の歴史家の面目躍如である。しかし、ここではその中身自体よりも、「〔陰謀論の〕スケールが大型になるほど、立証もできないかわり、決定的な反証も出しにくいから生き延びやすい」（秦 二〇一二、一〇頁）という指摘が重要である。正誤を争うことのできない仮説というものがあることを示唆しているからである。

金星は自分の意思で動いている？

この点を、自然科学の領域で少し考えてみよう。「爆笑問題のニッポンの教養」というＮＨＫのテレビ番組があった。漫才コンビの爆笑問題が、学問の現場に行って研究者とトークを繰り広げる番組で、けっこうな人気を誇っていた。二〇〇八（平成二十）年三月二十五日放映の「爆笑問題×京大独創力！」は、理科系のノーベル賞受賞者を輩出してきた京都大学を爆笑問題が訪れて、その独創力の秘密を探るという企画であった。そこで、たいへん興味深いやりとりが展開された。

話題は、科学と宗教の違いに及んだ。爆笑問題の太田光は、科学と宗教は結局同じであり、科学も実験や証拠によって真実を明らかにできるわけではないと、教授陣に挑発的なコメントを投げ掛ける。これに対して、金星の動きを例としてトークが盛り上がっていく。金星は、規則正しく動く天上の星の軌道を横切って「ふらふら」動いている。人を惑わすような動きをするから、金星のような星は惑星と呼ばれてきた。しかし、この動きは、金星が太陽の周りを公転していることを前提に、ニュートン力学によって正確に予測できる。金星の動きは科学的に説明できるという京都大学の教授の議論に対して、それは仮説にすぎないとして、金星は自分の意思でそのように動いているという仮説も成り立つではないか、と太田は論争を挑んだのである。虚を突かれた教授は、生命体ではないから自分の意思で動いているはずがないと返して、さらになぜ生命でないと断言できるのかと逆襲される。生命の定義とは何か、それは人間が作れないものである。では、金星は人間の手で作れるのか（!?）と議論は混迷の度合いを深め、番組的には大成功となった。

爆笑問題の太田のポイントは、京大が独創性を売りにするのであれば、金星は自分の意思で動くという「大胆な」仮説を受け入れる度量があって当然だろう、という挑発をすることだったのだろう。異種「格闘技」戦は、爆笑問題の優勢で進んだのである（ＮＨＫ「爆笑問題のニッポンの教養」制作班監修二〇一一、一六四―一六八頁）。

さて、ここで考えてほしい。みなさんが、京都大学の宇宙物理学教室の教授であり、太田のような学生が研究室に入って、「金星は自分の意思で動いている」仮説を研究したいと言ってきた。どう答えるだろう。金星は万有引力の法則に従い、太陽の周りを回っていることは、義務教育で習うような常識である。それと異なることを言う学生など受け入れられない？　しかし、地球が宇宙の中心であるとする天動説は、長らく常識であった。科学界の常識、通説とされたものが、その後新しい通説によって誤りとされたことは多い。まさに、これこそが真理を探究する科学の本質ではないか。そうであれば、いつの日か金星は自分の意思で動いているということの方が真理となる日が来ないと、だれが断言できるのか？　太田の挑戦は、思いのほか手強い。

ここで考えてみよう。「金星は自分の意思で動いている」仮説と「万有引力」仮説とは、どのようにしてその正しさを主張できるだろうか。後者は、金星が一定の方程式に従って規則正しく動いていることを証拠として、自説を正しいと主張する。しかし、前者はこれに対して、金星は大変きまじめな性格で、強い意思の力を持って毎日規則正しく動いているのだと反論できてしまう。まさに、陰謀史観のところで問題になった水掛け論状況が出現している。

ここで注意したいのは、万有引力説は、万が一予測された位置に金星が観測されなければ、まちがっていたことが確認できるのに対して、「自分の意思」仮説は、金星が今までの規則正しい動きを止めて変な動きを始めようが、相変わらず規則正しく動いていようが、いずれの場合も、「それが金星の望んだ動きだ」と言えてしまう点である。「自分の意思」仮説は、どんな動きも説明でき、まちがえようがない。これは、いつでも正しい最強の説明のように思えるかもしれない。しかし、このような仮説の問題は、「自分の意思」仮説に基づいて予測ができないことに端的に表れる。後からでは、いくらでも説明できるが、明日の夜九時に金星がどこに見えるかは予測できないのである。

議論が水掛け論になってしまうのは、「自分の意思」仮説のこのような性質のゆえである。すなわち、そこには、このような証拠があれば「自分の意思」仮説はまちがっていましたと認める仮説の構造が存在していない。仮説は反証されようがない。ここには、哲学者カール・ポパーの言うところの反証可能性がない。まじめに科学的に検討される仮説は、反証可能性を持っていなければならないのである。太田に対しては、その仮説は、いくらがんばっても検証されようがないので科学的研究の対象とはならない、と言うべきだったのだろう。

コミュニティー権力論争

さて、政治学の世界にもこのような反証可能性の怪しい仮説は時々現れる。少し昔の研究であるが、アメリカの政治学、社会科学の世界で大きな論争となったコミュニティー権力論争を見ておこう。一九五〇年代のアメリカにおいては、民主政治の背後で実質的に強大な権力を独占している支配集団が存在している、という議論が注目されるようになっていた。このような認識は、アイゼンハワー大統領が退任演説で、軍需産業と軍隊そして政府組織から成る「軍産複合体」が過剰な影響力を行使することへの警鐘を鳴らした時代の雰囲気の中で、相当の影響力を持ったのである。社会学者のC・ライト・ミルズは、政治、経済、軍事の各分野のトップから成る「パワー・エリート」が世の中を動かしていると主張していた（Mills 1956）。

権力を独占する支配者が存在するという見方を、地方レベルで実証しようとしたのがフロイド・ハンターであった（Hunter 1953）。彼は、地方社会を仕切っている支配者がいるはずだと考え、それを調査によって明らかにできると主張したのである。採用した方法は、「評判法」と言われるものであり、「この街ではだれが有力者ですか」と聞いて、そこに名前のあがった人にさらに同じ質問をしていくという方法であった。これを続けていくことで、その街の支配者に行き着くだろうというのである。

当時流行のこのような「統治エリート論」に厳しい批判を加えたのが、その後アメリカ政治学界を代表する研究者となったロバート・ダールであった（Dahl 1958）。彼は、ミルズやハンターが漠然とエリートによる支配を語っていることを問題とした。統治エリートが存在することを実証するためには、まずだれが統治エリートであるのかをはっきりと定義した上で、その社会における複数の重要な争点について、統治エリートの意見がそれ以外の人たちの異なる意見を抑えていつも実現していることが観察できなければならない、と主張した。

この批判は、統治エリート論者たちが、しばしば「無限後退」をすることに向けられている。どういうことか。エリート論者がこの街を支配するのは犬神家だと主張したとしよう。これに対して、ダールの教えをまじめに学んだ研究者が、この街の将来を左右する重要な開発計画をめぐって、犬神家の人々の意見とは異なる方針が決定されたことを示し、犬神家は実は支配者ではないと反論したとする。しかし、エリート論者は、ここであきらめない。いや、実は犬神家の背後に「本当の」支配者がいて、彼らはこの開発計画を望んでいたのだと再反論する。こうなると、議論は堂々巡りになるだろう。この論法をダールは「無限後退」として批判したのである。

ただし、ダールは統治エリートが決して存在しないと主張しているのではない。ダールが、統治エリートの存在を証明するために、ずいぶん細かい条件を付けているように見えるのは、このような無限後退に陥らないような形で、統治エリートが存在するかどうかを検証することが必要だと考えたからである。どのような証拠が出たら、「ごめんなさい。統治エリートは存在しませんでした」とまちがいを認めるのかを明確にすることを、ダールは要求している。反証可能性のある議論を求めていたのである。ダール自身は、一九六一年に出版し、その後政治学の古典となった著書『統治するのはだれか』で、彼が教えていたイェール大学の所在地ニューヘイブン市を題材として、コミュニティー権力構造が多元主義的であることを実証し、その後の政治学をリードしていくこととなった（ダール 一九八八）。ただ、残念なことに、だれかがこの世界を仕切っているといった陰謀論は、相変わらず世に溢れている（Uscinski ed. 2018）。

スティーブン・リードの *Making Common Sense of Japan*

科学的な分析であるために必要とされる反証可能性の問題を、以下ではもう少し異なる角度から見てみよう。政治学者スティーブン・リードの、*Making Common Sense of Japan* という非常によくまとまった方法論の著書をふまえて、以下に説明することにしよう（Reed 1993）。同書の中でリードは、日本政治研究者としての経験をふまえて議論をスタートさせる。議論は、心理学で言うところの「根本的な帰属の誤り」という考え方の紹介からスタートする。

根本的な帰属の誤り

心理学では、人間の行動を説明する際に、その行動がとられた時の外的な状況ではなく、その行動をとった本人の性格や嗜好《しこう》といった内面的な要因を過度に重視してしまう傾向を、「根本的な帰属の誤り」と呼んでいる。

リードは、研究のために初来日した時のエピソードを用いてこの問題を説明する。アメリカ中西部育ちの彼は、傘をさすという行為は男らしくないものだと思っていた。日本に来て街を歩いていたときに、霧雨が降り出した。路面はまだ濡れてもいない。ところが、街を歩く日本人はいっせいに傘をさし始めた。リードは、日本人は何でも右に倣《なら》えをする同調的な性格を持っていると教えられていたので、この場面でも一人が傘をさすとみながそれに倣ったのだろうと考えた。そして、自分はそのような日本人の同調的性格には染まらないぞと思って、傘をささなかった。しかし、駅まで歩く間にスーツはびしょ濡れになった。日本人の行動を、その性格のゆえだと考えた結果の失敗であった。違うのは、日本人とアメリカ人の性格ではない。日本で降る雨がアメリカ中西部で降る雨と降り方が違う、すなわち外的な状況が異なるから人々の行動に差が出るのだ、ということを理解しなかったゆえの失敗であった。これが、まさに「根本的な帰属の誤り」の例だという。

フロイトの精神分析とその批判

このように、人間行動をその内面の特徴から説明しようとする傾向は、フロイトの精神分析に典型的に見られる。そして、反証可能性を科学の基準としたポパーは、フロイトの議論を激しく批判したことで知られる。科学哲学者の伊勢田哲治は、『疑似科学と科学の哲学』において、以下のようにその経緯を紹介している。

フロイト派の理論では、人間の心は自我、イド、超自我の三つの部分から成っているとされる。われわれが意識する「自我」の背景には、無意識の欲求の領域である「イド」が広大に広がっている。しかしその働きは、道徳や社会規範によって行動することを強制する「超自我」によって抑え付けられている。では、今ある人が欲望のままに行動したとする。この場合フロイト派は、超自我がイドを充分に抑え切れなかった結果であると説明する。他方、その人が理性的に行動していれば、超自我が欲望を抑圧していると説明することになる。いかなる人の、いかなる行動も、この枠組みで説明できてしまう。何でも説明できる。けっこうなことのように思えるが、これは問題であると伊勢田は言う。「ここでの問題は、フロイト派の理論の中に都合の悪い証拠を説明する機構がすでに組み込まれていることである。したがって、この理論の支持者はどんな経験に直面しても理論を取り下げる必要がないことになる。ポパーの考え方によれば、そのような理論は反証不能であり、科学としての資格をもたない」のである（伊勢田 二〇〇三、三九頁）。フロイトに始まる心理療法や精神分析についても、実証的および方法論的な観点からの批判が多くなされている（デーゲン 二〇〇三）。フロイトの精神分析が、「金星は自らの意思で動いている」という仮説と同じ問題を抱えていることがわかるだろう。

文化論の問題点

リードは、この個人レベルでの「根本的な帰属の誤り」と同じような問題が、社会や政治を全体としてマクロに説明する際にも生じると言う。それは、政治や社会において生じる現象を、その国の文化から説明する場合である。リードは、一九四〇年代に中国が近代化できずに日本が近代化できたのは、儒教文化が中国に存在し日本には存在しなかったからだという説明がかつて有力であったが、その後一九八〇年代に韓国と台湾が経済成長に成功すると、日本を含むこれら三カ国には儒教文化の伝統があったから成功したのだという説明がよくなされるようになったことを取り上げて、文化的説明の怪しさを批判する。東アジアの国々の共通性を説明する際には文化の共通性が原因として語られ、それら国々の違いが説明される際には文化の違いが強調される。

日韓両国が経済成長をとげたことは、その文化的共通性から説明される一方で、両国の政治の違いは文化の違いから説明されるのもその例である。一九九〇年代初頭まで日本においては自民党の一党優位体制が存在したのに対して、韓国では民主化後激しい政党対立と政権交代が生じてきた。これは両国の政治文化の相違から説明された。まさに文化は融通無碍《ゆうずうむげ》に使われている、というのがリードの批判である。ここでも、文化によって何でも説明されうるという意味で、反証可能性が欠如しているのである（リードの批判の後しばらくして、日本でも政権交代と政党対立が政治の停滞を招いているという主張が出てくることになった。文化が変わったのだろうか？　それとも、日本文化の理解がまちがっていたのだろうか？）。

文化論的説明の論理的問題

文化論的説明がしばしば陥る論理的誤りとして、リードは以下の三点をあげている。その第一が、ステレオタイプの誤りである。残念なことに、われわれは、人種や民族についてさまざまな偏見を持ちがちである。このことは、世界中にさまざまなエスニック・ジョークがあることからもよく理解できるだろう。

ステレオタイプ

今、船が浸水によって沈みかかっている。それを防ぐために、乗客の何人かに海に飛び込んでもらう必要がある。船長は、知恵を絞って男性乗客に呼び掛ける。アメリカ人は、飛び込めば英雄になれるよと呼び掛けると、勇んで飛び込んでくれた。イギリス人には、紳士は飛び込むべきだと説得すると、うまくいった。イタリア人は、女性にもてるよと言うと、飛び込んだ。そして日本人は、みんな飛び込みますよと言うと、いっせいに飛び込んでくれた。なんとなく、苦笑してしまうようなジョークである。われわれのステレオタイプ的な人種・民族イメージに合うから笑ってしまうのだろう。

しかし、ジョークはともかくわれわれは、自分たちが思い描くところの日本人イメージを、とりあえず利用可能な限定的な情報に基づいて描き出しがちである。リードは、政治倫理の問題が日米の文化の違いを反映して、日本では「政治とカネ」の問題としてとらえられ、アメリカでは「政治家のライフスタイル」の問題としてとらえられているという議論を紹介する。確かに、アメリカでは政治家のセックス・スキャンダルが話題になる一方、日本では賄賂《わいろ》や政治献金が問題になることが多いようにも思える。

さて、今、日米で世論調査を行った結果、日本では六〇パーセントの人が、アメリカではそれより少ない四〇パーセントの人が、政治家の主要な倫理的問題として「政治とカネ」の問題をあげ、他方「政治家のライフスタイル」をそのような問題としてあげた比率はアメリカで二〇パーセント、日本で一〇パーセントだったとしよう。なるほど、このデータは先に述べた印象が正しいことを示しているようにも思える。しかし、ここから日本とアメリカの政治文化は異なっており、何を政治家の倫理上の問題と見るかも違うのだと論じてしまうと、日本人のほとんどが「政治とカネ」を政治家の倫理問題と考え、アメリカ人は性的道徳を問題と考えているという単純化されたステレオタイプを作り出す結果となりがちであるという。ここには、文化をどのように測定するかという問題が含まれており、第４章でさらに考えることにする。

N＝K問題

第二の誤りは、N＝K問題である。ここで、Nとは説明されるべき事例の数であり、Kは説明の数である。NとKの数が等しいとき、その説明は問題を抱えることになるとされる。たとえば、スウェーデンは高福祉国家であるのに対して、アメリカは低福祉国家である。これは、スウェーデンでは歴史的に独立農民が多く、互いが水平的に助け合う共同体文化が存在したため、互助的な公的福祉への支持が高かったのに対して、かつてフロンティアが存在し自分の問題は自分で解決する政治文化を育んだアメリカでは公的福祉に支持が高まらなかったからである、と説明する。では、日本はどうか。日本も公的福祉はスウェーデンのようには発達しなかった。なぜか。それは、日本では家族や地域社会、企業が共同体として福祉サービスを提供する文化があったからだと説明する。どれも、なかなか説得力がありそうに聞こえる。

このような説明は、スウェーデン、アメリカ、日本という三つの事例に対して、それぞれの国に固有の政治文化、あるいは国民性が各国の福祉の水準を決めていると主張する。三つの説明を提示しているのである。さらに、韓国は、ナイジェリアはと、説明すべき事例が増えたときに、それらについても韓国固有の文化とナイジェリア固有の文化とで、両国の福祉拡充度が説明できてしまう。五つの事例に対して、五つの説明が提示される。まさに、N＝Kとなる。

では何が問題なのか。ここでの問題も、どの国のことも説明できる説明方法になっていることである。ボリビアであろうが、カザフスタンであろうが、それぞれの国の文化から結果を説明できてしまうのである。これは、すでに見てきたように「何でも説明できる」ということであり、逆に言えば、「何も説明できない」ということと同じである。要するに後付けの説明となってしまっているのである。文化論には、このような問題を生みやすい性質があるとされる。

トートロジー

第三は、トートロジー（同義反復）という問題である。先のスウェーデンの説明を考えよう。そこで用いられる説明は、「公的福祉を支持する政治文化のあるところでは、高度な福祉国家が実現する」というものとなっている。これは、結局、福祉国家になりそうなところは福祉国家になると言っており、同じことを反復して述べているにすぎない。

この説明を実際に検証するとして、経済協力開発機構（ＯＥＣＤ）諸国を対象に、独立変数である「公的福祉を支持する政治文化」がどの程度あるかを「福祉関連支出が国内総生産（ＧＤＰ）の何パーセントを占めているか」で測ることとした。次に、従属変数である「福祉国家の拡充度」を測る必要がある。そこで、「福祉予算のGDP比」を調べて、独立変数の値が高ければ、従属変数の値も高いかを確認することにした。しかし、よく考えれば、福祉予算が大きいところでは福祉予算が大きいということを確認するリサーチ・デザインになっており、確認はできるだろうが結局は何も説明していないということになってしまう。ここまで極端な例は少ないとしても、トートロジーになりそうな説明に出くわすことはけっこう多いものである。

反証可能性を生み出す試み

このように文化論的説明の論理的問題を考えると、結局、そこでの根本問題は反証可能性のない説明になる傾向が強いことであると理解できるだろう。もちろん、リードはさまざまな現象を説明するときに、文化が全く関係ないと主張しているのではない。文化的説明をする際には、先に述べたような過ちを避けるために、注意深く設計されたリサーチ・デザインが必要だと主張しているのである。

近年、文化論を最も遠ざけてきた主流派の経済学の世界でも、経済パフォーマンスを文化論的に説明しようとする試みが勢いを増してきた。政治経済学の領域でも、福祉が拡充する国とそうでない国の差異を、人々が互いをどれだけ信頼しているか、どれだけ他人を出し抜こうとしているかといった文化的な差異から説明する研究が生まれている（Guiso et al. 2006）。そこでは、漠然と文化が語られるのではなく、それが明確に定義され、反証可能な形での説明が試みられている。この点は、第１章で見たパットナムのイタリアにおける民主主義の研究にも言えることである。また、脳神経科学が大脳の場所によって機能が分化している（たとえば、前頭葉はものを考え頭頂葉はものを感じる）ことを明らかにする中で、フロイト流の精神分析をこのような知見と結びつけて、反証可能な形にしようとする試みもなされている（Solms 2003）。

政治現象や社会現象を説明する際に、自分の説明が反証可能な形になっているかどうかを意識することは、科学的な説明への第一歩なのである。

コラム②　反証できない？

実験は、われわれが因果関係を推論する上での最良の方法であることをここまで論じてきた。しかし、実は実験といえども実際は困った問題を抱えている。今、本書で紹介した朝顔の葉を使った光合成実験を、教育実習先で授業中に行った。生徒たちに、光の当たっていた葉Aと当たっていなかった葉Bを取り出させて、ヨウ素液に浸させた。そして、「ほらAとBで、色が違います」と意気揚々と宣言した。実験の見せ場である。しかし、なんと色は違わない。さて、ここからどのように授業を進めればよいだろう。

実験によって、光合成理論は反証されました。試験では、光合成理論はまちがいと書いてくださいとは言えない。光がうまく当たっていなかったとか、ヨウ素液が古くなって変質したとかの説明をすることに実際はなるだろう。しかし、このことは反証可能性という原則から言って問題ではないか。いったい、いかなる証拠が出たら光合成仮説がまちがっていたと生徒に教えるつもりなのか？　ここでやっていることは、実験で予想していない結果が出ても、検証しているはずの主要仮説は否定せずに、周辺の補助仮説（葉を浸した液体はヨウ素液であるなど）を否定することである。主要仮説は、結果として反証されない構造がここには生まれている。しかし、日本中の小学校で次々と光合成仮説が反証されては困ることも事実である（伊勢田二〇〇三）。

なお、このような議論から「科学的な分析には根拠はなく、世の中に真実はない。すべては社会的に決められているにすぎない」といった極端な議論が、ポストモダン派やカルチュラル・スタディーズの研究者によってなされることがある。このような議論の欺瞞を明らかにするために、アラン・ソーカルは一九九六年にポストモダン思想や批判理論による研究を多く掲載するアメリカの学術誌 *Social Text* に「トランスグレスする境界――量子重力の変革的解釈学について」という論文を投稿した。この論文は意図的にポストモダン思想の文体や言い回しを用いつつ、科学的には意味をなさない議論を展開したものであった。しかし、*Social Text* 編集部は、査読ののちにこの論文を掲載してしまった。ソーカルは論文掲載後に、この事実を公表しポストモダン思想家が科学的な概念をいかに不適切に用いているかを白日の下にさらした。彼の目的は、ポストモダン思想家の一部で見られる科学的概念の誤用や濫用に警鐘を鳴らすことにあった。その経緯は、以下の書に詳しい。アラン・ソーカル＝ジャン・ブリクモン『「知」の欺瞞――ポストモダン思想における科学の濫用』（二〇一二年）。

第2部

量的研究の世界

第3章

観察、説明、理論

固有名詞を捨てる意味

個別的説明と一般的説明

すでに見てきたように、本書で言う説明とは、ある現象がなぜ生じたのかを示すことである。つまり原因を推測し、因果関係に関する仮説を提示することである。ここには二種類の説明がありうる。個別的な説明と、一般化された理論的説明である。

ビジネスの世界で成功しているAさんと知り合った。話を聞けば、若いころから華々しく活躍をして成功をとげてきたそうである。話しぶりも自信に溢れ、対面しているとオーラを感じる。どうしてAさんはこのように成功できたのだろう、と思わず考える。そのときAさんが立ち上がった。あらためて観察するとAさんは、一八〇センチメートルを超える高身長でがっしりした体格だ。こういう身体的特徴も成功に結び付いたのだろう、と思わず考えた。Aさんの同僚や取引先の話を聞いてみると、それを裏づけるような話も聞けた。Aさんに成功をもたらした原因にはいろいろあるだろうが、背が高いこともその一因だろうという推論をする。ここでなされるのは、Ａさんの成功についての個別的な説明である。

その後さらに観察を続けると、背の高い人は低い人に比較して出世していることが多いように思えてきた。どうやらＡさんの出世に身長が貢献しただけでなく、世の中には身長が高い方が出世するというパターンがあるのではないかと考える。他の成功した人についてもいろいろ調べていくと、Ａさんの場合と同じように身長の高さの恩恵を受けてきたことを裏づける話も聞けた。この観察をふまえて、より一般的に身長が高い人は成功しやすいのではないかと考える。Ａさんについての個別的説明を越えて、観察の数を増やすことによって一般化がめざされる。先に見た、「身長プレミアム」という一般的な仮説へとつながるのである。そうすることによって、Ａさんの成功ではなく、そもそも人の成功にとって身長が果たす役割という、より広い知見の検討へと向かうことができる。定量的な研究のめざすところは、このような一般化にあるといっていいだろう。本章を含む第1部では、主として定量的研究の方法を考えることになる。

二大政党制

政治の例を考えよう。イギリスは、議会制民主主義の母国である。そこでは、二大政党が競争し政権交代を繰り返しながら、安定した民主政治を実現してきた。イギリスではなぜ二大政党制が根づいてきたのだろう。さまざまな原因があるだろう。イギリスの社会は、階級社会であり社会の上層階級と労働者階級の区別が明確で、それが二大政党制を支えてきたといった説明がなされることもある。イギリスの歴史的発展と社会の特性の上に、二大政党制が生まれてきたという個別的説明である。では、同じく二大政党制が続いているアメリカはどうか。建国期に生じたフェデラリスト（連邦主義者）と反フェデラリストの対立に由来する歴史的経緯が二大政党の形成につながった、という説明がなされることがある。これも、アメリカに独特の事情によって説明しようとする個別的説明であろう。

しかし、われわれはこのような個別的説明を越えて、観察を進める。各国の政党制について観察し、それぞれの国について正確な記述を行う。その結果、ある種の国は二大政党制に、別のタイプの国は多党制になっているというパターンを認識する。このようなパターンはなぜ生じているのか。ある国では二大政党制に、他の国では多党制になるのはなぜか。各国の政党制を類型化することで、このような違いがいかなる原因によってもたらされるのかを考える。そうすることによって、より広い視座で政治現象を理解しようとする。

政党制についての政治学における標準的な説明は、選挙制度に注目するものである。フランスの政治学者モーリス・デュヴェルジェは、小選挙区制の下では二大政党制が、比例代表制の下では多党制が生まれると主張した（デュヴェルジェの法則）。小選挙区制度においては、選挙区で当選できるのはただ一人であり、そこでは第三政党以下の小政党には勝利の見込みがない。存続しうるのは、上位の二大政党のみになると考えたのである（デュベルジェ 一九七〇）。これは、イギリスやアメリカを越えた一般的・理論的な説明である。この法則が正しければ、小選挙区制を導入した国においては、二大政党が生まれることを予想できる。実際、日本において一九九〇年代に小選挙区制が導入されて以後、二大政党制への動きが強まったのである。

抽象化と理論的説明

ところで、以上見てきた一般的説明は、説明対象に固有の要因に注目するのではなく、より広い対象に共通して存在する要因に注目することによってなされている。Aさんの身長ではなく、人の「身長」に注目する。アメリカやイギリスに固有の歴史的要因ではなく、民主国家であればどこでも採用されている「選挙制度」に注目するのである。

では、一般的・理論的説明では、説明対象に固有の要因は無視されなければならないのだろうか。イギリスが階級社会であったから二大政党制が生まれやすかったという説明は、けっこう納得できそうにも思える。この説明を個別的説明として無視するのではなく、個別の観察をしっかりとふまえた上で抽象化することは、理論的説明への第一歩である。すなわち、「イギリスの階級社会」という現象を独立変数として説明に用いるのではなく、たとえば、社会構造という抽象的な概念を考えてみる。社会階層、宗教、人種、言語などの社会的亀裂によって社会が分断されている場合、それぞれの集団ごとに政党が支持されるかもしれない。各国の社会構造がそこにおける政党システムを二大政党制にしたり多党制にしたりする。これは、個別的観察をふまえた一般的・理論的な説明である（Lipset & Rokkan eds. 1967; 久米ほか 二〇一一、五〇七頁）。多様な現象を抽象化・一般化することで、個別的説明を越えた一般的・理論的な説明が生み出せるのである。

一般化に対する批判

このような一般的・理論的説明を考えることには、批判もなされてきた。複雑きわまりない現実の社会や歴史を、一般化し単純化することへの批判である。人類学者のクリフォード・ギアツは、社会科学は「法則を発見しようとする実験的な科学ではなく、意味を発見する解釈的な科学である」(Geertz 1973, p. 5; キング＝コヘイン＝ヴァーバ 二〇〇四、四五頁から引用) として、歴史や社会現象をできるだけ詳細に描き解釈することを目的とすべきだとした。人間の行動をその行動の文脈の中に位置づけ、その意味を他者に理解できるように描く分厚い記述の重要性を主張したのである。このようなアプローチをとるならば、観察対象から、いわば固有名詞を排除して、そこで生じていることを一般的・理論的に説明しようとする試みは批判すべきものとされる。

しかし、この批判は理論的説明についての誤解を含んでいる。一般的・理論的説明にいたるためには、当たり前であるが説明対象とそれを取り巻く世界に対する正確で深い理解が必要である。たとえば、アメリカの議会研究では、高い抽象度で理論化された重要な研究が一九九〇年代以降に続々と誕生してきた (たとえば、Cox & McCubbins 1993; Krehbiel 1991)。しかし、このような研究の多くが、研究対象たるアメリカ議会に「ドップリ浸る (soaking and poking)」手法をとったリチャード・フェノの業績に触発されたものであることは示唆的である (Fenno 1978)。各国の政党制をそれぞれの国の社会構造から説明するときにも、まずはそれらの国々においてどのような社会的亀裂が政治の世界において重視されてきたのかを深く理解する必要があることは言うまでもない。

ゲアリー・キング、ロバート・O・コヘイン、シドニー・ヴァーバは、説明における単純化について以下のような説得的な主張を行っている（キング＝コヘイン＝ヴァーバ 二〇〇四、五一頁）。

単純化はすべての研究者にとって避けることのできないものである。定性的であれ定量的であれ、人類学であれ経済学であれ、社会科学であれ自然科学や物理学研究であれ、著名な研究はどれも単純化をしてきたものであり、今後もおそらくそうであろう。優れた文化解釈学者による、詳細な文脈の理解に基づくきわめて包括的な記述であっても、観察された事実を単純化し、具象化し、圧縮している。実際、**現実の世界の複雑さと分厚い記述の複雑さとの間の相違は、分厚い記述の複雑さと抽象的な計量・数理研究の持つ複雑さとの間の相違よりも、はるかに大きいのである。**

問題は、どのように適切な「単純化」を行い、物事を説明するかであるというのが、彼らの主張である。

理論の役割

ここまでは、具体的な観察を抽象化して理論的説明が形成されることを見てきた。他方、理論や抽象的な概念が、現実の観察の手掛かりを与えてくれるという逆の働きも重要である。社会における亀裂のあり方、すなわち社会構造が政党システムのあり方に影響するという、理論的仮説を考えよう。

先にも見たように、この理論仮説は各国における具体的な政党制の形成を観察する中で生み出されてきたものである。しかし、このような理論仮説が提示されると、われわれはそれを手掛かりに現実を観察しようとする。

二大政党制の母国とされるイギリスで、二〇一〇年に保守党と第三党である自由民主党の連立政権が誕生した。これは、第二次世界大戦期以来のことであり、二大政党である保守党も労働党も過半数をとれなかった結果である。先に見たように、イギリスは小選挙区制度をとっており、二大政党がほとんどの議席を占有してきた。第三党にはきわめて不利な制度である。しかし、選挙での得票率を見ると一九八〇年代以降、第三党が二〇パーセントを超える支持を得る事態が生じてきた。この変化をどのように説明できるだろうか。

われわれは、政党システムが社会構造によって影響されるという理論を知っている。政党システムに影響する要因である選挙制度は、イギリスでは小選挙区制度のまま不変であるから、この変化をもたらしたのは社会構造の変化ではないかと考えるのは自然である。そういう目でイギリスの社会を見るならば、社会階層を基軸とする社会的亀裂が緩んできたことに目が向く。理論のレンズを通せば、まずはこの社会構造の変化に注目することになろう。その結果、イギリスにおける近年の政党システムの変化を説明する有力な手掛かりが、理論を通して得られる。イギリス固有の現象の理解は、理論の助けを借りてよりよく説明しうるものとなるのである。さらに、理論自体の確からしさも、イギリスにおいて社会構造の変化が生じていることを確認できれば高まることになる。

もちろん、この説明はまちがっているかもしれない。もしまちがっていることがわかれば、理論に立ち返ってその理論自体を再考することにもなろう。理論と観察は、このように相互に作用しながら、イギリスの政党システムに対するわれわれの理解を深めることを助けるとともに、政党システム一般に対する理解も高めるのである。

理論的発展

先に、事実の深く正確な観察が理論的な説明を生み出す上で重要である、と述べた。他方で、抽象的な理論のレベルで考察を行うことも、同じように重要である。固有名詞を捨てて抽象的な思考を深めることが、さらなる理論仮説の発展や新たな仮説の構築に役立つこともある。

小選挙区制が二大政党制をもたらすという仮説について、もう一度考えよう。この仮説は、イギリスやアメリカという現実の事例の観察から導かれている。しかし、なぜ小選挙区制は二大政党制をもたらすのか。その因果関係のメカニズムはどのようなものだろう。これについては、「機械的効果」と「心理的効果」があることが主張されてきた。今ある選挙区でA、B、C、Dの四党が候補者を立てて選挙を戦い、その結果、各党候補が四〇パーセント、三五パーセント、一五パーセント、一〇パーセントの得票を得ているとしよう。この場合、選挙区の定数が三であればA、B、Cの三政党は当選者を出せる。しかし、小選挙区制であれば当選者は一人であるのでA党のみが勝利する。他の選挙区でもこの四党の得票率が、多少のばらつきを持ちつつも、ほぼ先に述べたようであれば、いくつかの選挙区ではB党候補が勝つこともあるかもしれないが、C、D党はまず当選の可能性がない。同じ得票率でも、選挙制度の違いによって「機械的」に議席数は決まってくる。小選挙区制度では、上位二つの政党が生き残ることになる。これを、選挙区制度が持つ機械的効果という。

しかし、選挙制度の効果はこれだけではない。小選挙区制度になって、C、D党のような小政党には、いくら投票しても自分の一票は死票になるだけだと気づき、考え直す。この結果、有権者は、当選可能性のあるA党かB党のうちまだましだと思う方へ投票先を変えるだろう。こうして、二大政党制は強化されていく。これを心理的効果と呼んでいる。

このような二つのメカニズムによって、小選挙区制は二大政党制を生み出すと考えられる。これは、理論仮説である。しかしこの仮説は、事実の観察をふまえて導かれたというより、論理的あるいは演繹《えんえき》的に考えた結果導かれている。まさに、抽象的・理論的な推論によって理論が発展させられるのである。実際、小選挙区制をとる場合に各選挙区でこのような二大政党間の競争へ向かわせるメカニズムが働くとして、多様な選挙区から成る全国政治においても二大政党制が生まれる条件は何か（前述の機械的効果の説明で、少しごまかしている点であることに賢明な読者は気づいただろう）、あるいは同じ国内で異なる選挙制度がとられていた場合、どのような帰結が生まれるかを探る研究などが発展してきた（前者はCox 1997; 後者は建林 二〇一七、砂原 二〇一七）。

先に見たイギリスにおける二大政党制の変容についても、下院選挙と異なり、スコットランド議会やウェールズ議会で小選挙区制と比例代表制が併用されており、また欧州議会選挙が比例代表制であったことによって小選挙区制の持つ効果が弱められてきたことが一つの原因とされている（近藤 二〇一七）。

理論の検証と操作化

以上のように観察と理論的な推論を重ねながら、一般的な理論仮説は発展していく。しかし、この理論仮説はたえず現実によって検証されることで、さらなる発展をとげうる。政治学を含む社会科学の世界では、抽象的な理論が現実と離れたところで演繹的に考察されて終わることはない。そこには、理論と現実の相互作用が存在するのである。

抽象的な概念によって構成される仮説を、現実の観察によって検証することを考えよう。この場合、理論仮説が抽象的であればあるほど、それを具体的に検証する工夫と努力が必要になる。独立変数や従属変数が、「民主化」や「社会的亀裂」といった抽象度の高い概念である場合、それを直接に測ることはできない。その抽象的な概念を、測定可能な形に操作化する必要がある。

第1章で見たように、パットナムは政府のパフォーマンスの高低は、その社会における市民度によって決まると主張した。これは因果関係に関する理論的な仮説である。彼はそれをイタリアで検証したのである。この理論仮説は、抽象的な概念から構成されている。すなわち、従属変数は「政府のパフォーマンス」であり、独立変数は「市民度」である。市民度が高いとパフォーマンスが高くなることが予測されている。これを地方政府を分析の単位として検証するためには、地方の「市民度」と地方政府の「パフォーマンス」を測定する必要がある。しかし、この抽象的な概念を、そのまま測定することはできない。測定可能な指標を考えなければならない。抽象的な概念を、「操作化（operationalize）」する必要が出てくるのである。一般的・理論的な仮説を、具体的で測定可能な仮説（作業仮説）に操作化することは、その仮説を検証するための重要な第一歩になる。

パットナムは、アレクシ・ド・トクヴィルの古典的な議論をふまえて、独立変数である「市民度」を、人々がどの程度市民共同体にかかわっているかによって操作化しようとした。そこでは、スポーツクラブやそれ以外の市民団体に人々がどれくらい参加しているか、具体的には州ごとの一人当たりのスポーツ・文化団体数が用いられている。それらの数が多いほど、市民度は高いとされる。これに加えて、新聞購読率、国民投票の投票率、選挙の際に議員個人名で投票する「選好投票」ではなく政党名で投票する率を統合して、各州の市民度を測定する「物差し」を作っている（パットナム 二〇〇一、第三章）。

他方、従属変数であるイタリア州政府の「パフォーマンス」は、政府の内部プロセス、政策立案、政策執行にかかわる一二の指標で測られる。いくつかを少し詳しく見てみよう。

内閣の安定度　イタリア州政府の執政部は、州議会の多数派によって選出される内閣制度をとっている。一九七五年から一九八〇年と一九八〇年から一九八五年の立法期間中にいくつの内閣が形成されたかが、安定度を測る指標とされる。その数が多いことは、その州における内閣の安定度が低いことを意味すると考えられている。そして、安定度が低いことは、パフォーマンスが低いことだととらえられる。

改革立法　大気・水質汚染、予防医療など一二の重要な政策課題に関して、州レベルでどの程度先進的な取り組みが、すばやくなされたかを数値化している。そこでは、先進的な取り組みをスタートさせた自治体には一〇〇点を与え、その後、他の州がどれくらい遅れてその立法を取り入れたかを測っている。具体的には、最初にその立法がなされた時期から調査終了時点の一九八四年十二月までの間のどの時点で立法がなされたかを調べ、その期間に基づいて点数が与えられている。調査終了時点で、立法されていなければ〇点となる。

官僚の応答性　これは、現場レベルの官僚が住民に対して、どの程度きちんと対応するかという指標である。パットナムは、イタリア人の共同研究者に、各州の役所にいっせいに架空の質問を送らせ、それに対する返事がどれくらい速くなされるか、その回答は明確で充分なものかを点数化している。その質問の一つは、「中学出たての「弟」向けの職業訓練施設」についての問い合わせである。最初は郵送で質問を送り、返事がなければ電話をして、それでも回答が得られなければ役所を訪ねるという、手の込んだ調査になっている。これについてパットナムは、嘘の質問をして役所をだますことになるけれど、無害な嘘でかつ重要な情報が得られたから許されると、ちょっと言い訳っぽく述べている。このような調査を行うことは、さすがに問題ではないかと思わなくはないが、抽象的な概念を操作化したいという彼の熱意の現れだったのだろう。

さて、ここで着目したいことは、市民度や政府パフォーマンスという一般的・抽象的概念が、操作化されることによって、すぐに測定できる変数となっていることである。たとえば、政府パフォーマンスの指標である内閣の安定度は、トレンティーノ＝アルト・アーディジェ州とウンブリア州の二(つまり二つの内閣が存在した)から、シチリア、サルデーニャ、カンパーニア各州の一〇までの値を示している。このように抽象的な理論仮説を、操作化された仮説にすることによって、その仮説が検証できるようになる。第2章で見た「反証可能性」も高まる。そして、現実に対する説明は理論と観察の往復を通して改善されていくのである。

理論は、われわれの説明という作業を導いてくれる。理論なき説明は、単なる物語に堕する危険を孕《はら》んでいるのである。

コラム③　原因から見る、結果から見る

因果関係を考えるときに、なぜこの結果が生じたのかと考える場合と、このようなことを原因として何が起こるだろうかと考える場合がある。ある国が二大政党制になっているのはなぜかと考えるのが前者であり、選挙制度を小選挙区制にしたら何が起こるだろうかと考えるのが後者である。本書は、結果すなわち従属変数を説明するという立場から、原因の推論方法を考えている。社会科学では、従属変数の変化や違いから因果推論をすることの方が多いからである。近年は社会科学においても実験を行う研究が増加しているが、その場合でも、因果関係を仮説的に想定した上で、独立変数を実験的に変化させて従属変数に想定どおりの変化が実際に生じるかどうかを確認する、というデザインがとられるのが通常である(河野・西條編 二〇〇七)。その意味では、従属変数の変動への着目が、因果推論の前提となっていると言える。

ただし、従属変数からスタートする研究は、因果関係をどこまで遡れば充分なのかという問題を抱えると批判されることもある。二大政党制はなぜ生まれたのだろうという問いに対して、小選挙区制度が導入されたことが原因だと推論した。それではその小選挙区制はなぜ導入されたのだろう。小選挙区制をもたらすような社会経済的要因があるのではないか。ではその要因は何に由来しているのか。因果推論は終わりなく続いてしまうというのである。そこで、独立変数の変化にまず注目して、そこから何が生じるかを見る方が、無限に原因を遡ってみることにならないのでよい、という議論もある（Holland 1986, pp. 945-960）。しかし、この場合、従属変数をどこまで追い掛けるべきか、という対称的な問題が発生するだろう。

第4章
推論としての記述

説明と記述

本章では、因果関係を推論する前提となる記述という作業について考える。すでに見たように、説明とはある現象をもたらした原因を推論することである。ところで、その現象がなぜ生じたのかという問いが意味を持つためには、当たり前であるが、説明対象とされる現象をまず正しく記述できることが必要である。説明対象を正しく認識し、記述するということは簡単なことではない。政治学を含む社会科学の研究は、そのエネルギーの多くを事実の記述に割いてきた。本章で見ていくように、世論調査データやさまざまな統計データを用いる計量分析において事実を記述する際には、そのデータ自体の性質や信頼性など考慮すべきことが多くある。研究対象に対する詳細で深い記述をその特徴とする事例研究や歴史研究のような質的研究においても、その記述に際して、計量分析と同様の方法論的な慎重さが必要とされる。

前章の冒頭では、ビジネスの世界で成功しているAさんを取り上げて、その成功の原因がAさんの体格の良さにあると推論する例をあげた。この推論に基づいてAさんの成功を友人に説明する場合を考えよう。この際にまず行わなければならないことは、Aさんがビジネスの世界で成功しているということを友人に伝えることである。そもそも、それができなければ、成功の原因について語るにはいたらない。そのためには、Aさんが成功していると信じてもらえるだけの材料を提示しなければならない。Aさんの成功を正しく記述することが必要になる。

政治学の例として、スウェーデンの福祉政策を考えよう。福祉政策に関心を持っている人が、スウェーデンを事例として研究を行ったとする。その結果、他のOECD諸国と比べて公的年金制度や医療保障が拡充しており、失業者に対する職業訓練制度も手厚いことを知って、スウェーデンを高度に福祉の拡充した国であると結論づける。スウェーデンの福祉政策に関する記述が充分な証拠に基づいてなされたと言える。このような記述がなされれば、そこから、なぜそのようなことが生じたのかという問いへ関心が向かうのがふつうである。スウェーデンの歴史や社会、政治や経済を調べて、なぜスウェーデンの福祉政策が手厚いのかを探ろうとする。そこから、個別的説明へと進んでいくことになる。

あるいは、スウェーデンの福祉政策の手厚さを知った人は、同じ北欧の国であるノルウェーの福祉政策にも関心を持つかもしれない。その結果、ノルウェーでもスウェーデンと同じように福祉政策が発展していることを知る。両国の福祉政策をさらに詳しく見ていくと、福祉政策が単に手厚いというだけではなく、両国では福祉サービスは市民の権利として理解されていることを知る。福祉国家研究において、「普遍主義的福祉」として知られる特徴である。さらに関心を持ってデンマークを調べてみると、そこでもこの「普遍主義的福祉」の特徴を持つ福祉政策が展開されていた。この結果、これら北欧三国は「普遍主義的福祉国家」であるという記述を行う。ここでは、より抽象的なかたちで、いわば北欧三国の固有名詞を外した上で記述が行われる。ここからは、前章で見た一般的な説明、すなわち普遍主義的福祉国家はなぜ成立するのか、という因果推論がなされることになろう。

ここで強調しておきたいことは、どのような説明も記述という作業抜きには成り立たないということである。記述を通してはじめて、われわれは自分が説明したい従属変数を知ることができるのである。そして、従属変数に対する独立変数を探す際にも、当然ながらその独立変数の記述が必要となる。Aさんの成功をもたらした原因は、彼の身長の高さにあるという推論をする際に、われわれはAさんの身長が高いことを知っていなければならない。独立変数としての身長が一八〇センチメートルである、という記述がなされていなければならないのである。

記述は推論か？

ところで、この記述という作業は、単なる事実の羅列とは区別されなければならない。この作業は推論という性格を持つ。ある現象に対する原因を探ることが推論であることは容易にわかるだろう。推論とは、知っていることから未だ知らないことを推測することである。手持ちの情報から、原因を推測することはまさに、因果関係の推論である。では、記述はどうだろうか。Aさんの身長を調べて一八〇センチメートルだということを知った。Aさんについて、独立変数と想定している身長を観察して記述したことになる。はたしてこの記述に「推論」は含まれるだろうか。

ふつうに考えると、これは単純な事実の記述であり推論は含まれていないように見える。はたしてそうだろうか。厳密に言うならば、われわれが知りたいのはAさんの本当の身長であるが、われわれが知っているのは、Aさんがある身長計を用いて測った値が一八〇センチメートルであったという事実のみである。われわれは、身長計測の結果から身長を推測しているのである。

記述的推論と誤差

ここで注意したいのは、この身長計測という単純な測定においても誤差が発生するということである。同じ人の身長を何回も測定すると、高めに結果が出たり、低めに出たりすることが起こる。これは困ったことである。しかし、救いはある。多くの場合、この測定誤差は釣り鐘状の正規分布をすることが知られている（図4-1）。数学のみならずさまざまな分野で多彩な業績を残した研究者カール・F・ガウスによる発見である。ハノーファー王国で測量を依頼されたガウスは、誤差の分布に関心を持ち、研究を進めてこの発見をしたと言われている。プラスにであれマイナスにであれ大きな誤差はめったに出現せず、小さな誤差は頻繁に出現する。詳しくは統計学の参考書で学んでほしいが、ある大きさ以上の誤差が出現する確率は計算可能である。分布の散らばり具合を示す指標である「標

図 4-1　正規分布の図

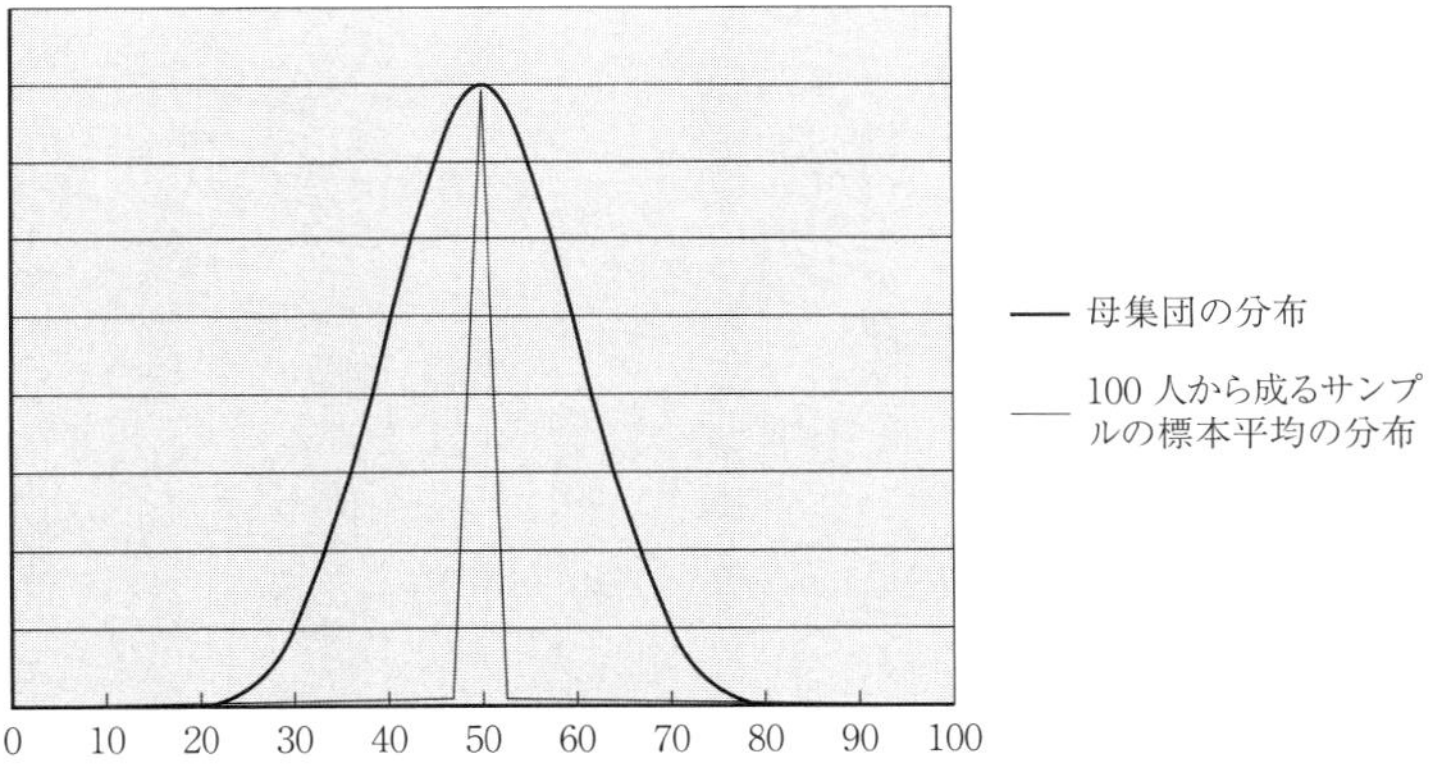

母集団の分布：平均 50 点，標準偏差 10 点
100 人から成るサンプルの標本平均の分布：平均 50 点，標準偏差 1 点

準偏差」の二倍以上の誤差が出現する確率は、約五パーセントである。このことによって、われわれの測定結果がどの程度確からしいかを知ることができるのである。

身長計で計測した結果、「あなたの身長は一七四センチメートルです。ただ、プラス・マイナス五ミリメートルの誤差があります」と言われることがある。一七四センチメートルを中心として、高低五ミリメートルの範囲にあなたの本当の身長が収まっていることを表現している。より精密な身長計を使えば、プラス・マイナス一ミリメートルにすることも可能である。この誤差の範囲が小さくなるほど、「効率的」な推定ができているという。ただし、この精密な身長計を使っていても、身体検査の際に検査官が靴を脱いでという指示を忘れて計測を続けるならば、一連の測定結果は当然歪《ゆが》んでしまう。これを、体系的誤差あるいは測定の「バイアス」という。

どのようにバイアスのない効率的な推定を行うかが重要になるのである。

世論を知りたい

さて、ではもう少し複雑な推測を見てみよう。政治学において、世論は重要な分析対象である。国民の間で首相がどの程度評価されているのか。身長と異なり、首相への評価を調べることが推論であることは、実感としてよくわかるだろう。新聞社や通信社が、調査結果を時々に報道している。そこでは、現在の首相への支持はこの程度でありそうだというデータとして調査結果が発表される。今、首相はどれほど評価されているのかを知りたいとしよう。説明を簡単にするために、首相への評価を一〇〇点満点で有権者全員に聞いたとき、平均点五〇点の正規分布に近似した釣り鐘状の分布をしているとする（実際は、一点刻みで聞くため離散分布になっている）。さらに、標準偏差は一〇点であるとしよう。正規分布の性格から、有権者の約九五パーセントが、平均点（五〇点）プラス・マイナス二〇点（標準偏差の二倍）の間の評価をしていることになる。

しかし、国民全員に首相への評価を聞くことは、お金も時間もかかり大変である。一定数の人を選んで、その人たち（標本集団、サンプル）を対象に調査をすることが現実的である。このサンプルのデータを手掛かりに、国民全体（母集団）の評価を推測する。統計学で推測統計と呼ぶものである。新聞社やテレビ局の世論調査もこの方法をとっている。さて、このサンプルを対象に調査をして、評価の平均点を計算し、国民の評価を推定することを考える。この場合も、身長を測る場合と同じく誤差が問題になる。

どうすれば首相に対する国民の平均評価点数を正しく推定できるだろうか。ここで重要になるのがサンプルの大きさ、すなわち何人に評価を聞くかである。サンプルから計算される標本平均値は、母集団の平均値を中心に、母集団の標準偏差をサンプルサイズの平方根で割った値を標準偏差とする正規分布の中にあることがわかっている。少しややこしいので、具体例を考えよう。

まず、国民の中から一人を選んでその人（Ａさん）のみに評価点を聞いたとしよう。この場合、Ａさんの評価点数は、母集団すなわち国民全体の平均評価点数である五〇点を中心に、母集団の標準偏差（一〇点）をサンプルサイズ（一）の平方根、つまり一で割った値（一〇点）を標準偏差とする正規分布の中のいずれかの評点になる。つまり、この場合の標本平均点数（つまり一人しかいないのでＡさんの評価点数ということになる）は、母集団の正規分布のどこかにあると言えるだけである。

では、一〇〇人をサンプルとした場合はどうだろう。この場合、この一〇〇人の評価点を平均した値、つまり標本平均点は、母集団の標準偏差（一〇点）を標本数である一〇〇の平方根、すなわち一〇で割った値（一点）を標準偏差とする正規分布に収まる。すなわち平均点五〇点、標準偏差一点の正規分布に収まるのである（図４-１）。図を見るとよくわかるように、ぐっと狭い範囲に収まることになる。サンプルの大きさを一万人に増やせば、標準偏差を〇・一点とするさらに狭い正規分布に収まる。

もちろん、母集団である国民の間で首相への評価が平均点五〇点とする釣鐘状の分布をしているということは、まずないだろう。低い点を付ける人が多かったり、残念ながらめったにないことではあるけれど、高い得点を付ける人が圧倒的に多かったりと、その分布は釣り鐘状ではない歪んだ分布をすることが通常だろう。しかし、この場合、すなわち正規分布をしていない母集団からサンプルを取り出した場合も、そのサンプルの平均値はサンプルサイズを大きくしていけば、先の場合と同じように母集団の平均を挟んで狭い範囲に収まってくれるという性質を持っているのである（中心極限定理）。

なお、母集団の平均（たとえば、国民の首相への評価平均点数）や標準偏差があらかじめわかっていることは稀である。この場合は、サンプルとした集団の標本平均と標本標準偏差を使って母集団の母平均と母標準偏差を推定することになる。推測統計の世界である。この場合も、サンプルを大きくしていけばより信頼性の高い推定ができることが知られている。なお、サンプルに基づいて推定した母集団に関する推定値が持つ標準偏差のことを、標準誤差といい、推定値プラス・マイナス標準誤差の一・九六倍の範囲を九五パーセント信頼区間という。上述のサンプル調査を無限に繰り返したとき、そこで得られた信頼区間の九五パーセントが母集団の真の値をとらえていると考える。推定値がどの程度信頼できるかの手掛かりをそれによって得ることができる（浅野・矢内 二〇一八）。

以上から明らかなように、推測統計においては、サンプルを大きくするほど正確な、すなわち効率的な推測ができることになるのである。

サンプル・バイアス――一〇〇人に聞きました!?

さて、原子力発電所再稼働であるとか消費税率の引き上げとかいった問題を、テレビのワイドショーなどが取り上げるとき、街の声として街角で一般の人に意見を聞くインタビューが流されることが多い。しかし、数人に対するインタビューから国民全体の意見を知ることは先に見たように難しい。それではとばかり、レポーターが街頭に出て、通りがかった一〇〇人に賛否のマークをホワイトボード上に付けてもらい、その結果を見せるということも行われる。

さて、ワイドショーの「首相の評価、一〇〇人に聞きました」というコーナーで、先に例として用いた首相への点数評価を街頭で行ってもらった結果、平均点が四〇点だったとしよう。この結果はどの程度信用できるだろうか。一〇〇人に聞いているのだから、先の説明のとおりかなり正確な推定値になっていると判断してよいだろうか。残念ながらそうはならない。この一〇〇人が、無作為に選ばれていないからである。このレポーターが夕刻に新橋駅前で聞いた場合と日曜の昼間に渋谷で聞いた場合、答える人はずいぶん違う種類の人になるだろう。これらの一〇〇人の意見を国民の平均的な意見と見ることはできない。国民の首相への評価を知るためには、その判断の材料となるサンプルが、国民全体のさまざまな特徴、たとえば男女比、年齢、職業構成などを代表したものである必要がある。このような歪みのないサンプルを選ぶためには、国民全体という母集団からくじ引きで調査対象者を決めるような、無作為抽出（ランダム・サンプリング）によって調査対象が選ばれなければならないのである。この種の歪み、「バイアス」を避けることが記述においては非常に重要である。

調査対象が歪んでいたために判断を誤った例としてしばしば引かれるのが、一九三六年のアメリカ大統領選挙である。民主党のフランクリン・ルーズヴェルトと共和党のアルフレッド・ランドンが争ったこの選挙では、二三〇万人をサンプルとした世論調査に基づいて『リテラリー・ダイジェスト』誌が、ランドンの勝利を予想した。しかし、結果はルーズヴェルトの勝利に終わった。この予測の失敗の一因は、同誌の調査が電話調査であったこととされる。当時はまだ電話の普及率が低く、また電話を備えた家庭は裕福であったため、サンプルに歪みが生じていたのである。同じ選挙で、ずっと少ない人数ながら人口構成を正確に反映したサンプル（この時は割当法でランダム・サンプルではないが）を用いて調査をしたギャラップ社は、ルーズヴェルトの勝利を正しく予測した。サンプルの代表性が重要なことを語る事例として語り継がれている。

なお、トランプ大統領が当選した二〇一六年のアメリカ大統領選では、ランダム・サンプリングに基づく世論調査を行っているが、予測を外したことが大きく報道された。熱心なトランプ支持者は、メディアや調査会社を信頼しないので回答を拒否することが多い。これがバイアスを生んでいるという指摘もなされる。調査を行う上で難しい時代になってきている。

質的研究における記述的推論とバイアス

ランダム・サンプリングが可能な定量的な研究と異なり、事例研究のような質的研究では、記述をいかに偏りなくまた正確に行うか、その工夫や努力が特に重要になる。第1章で見たように、なぜ日本においてはまともなファシズムも存在しえなかったのかという丸山眞男の問いも、ナチの戦犯であったアイヒマンが日本の戦犯と同じく小心翼々としていたというアレントによる記述が正しければ、一から再考する必要が生じるのである。

パットナムは、イタリア各州政府のパフォーマンスを測るために、単一の指標ではなく複数の指標をできるだけ満遍《まんべん》なく集めた。そしてそれらの指標が、互いに同じ傾向を示すこと（すなわち、それらが互いに高い相関を示すこと）を注意深く確認した上で、それらを総合して操作化した。歪みのない記述をめざしたからである。ある国が普遍主義的福祉国家として記述できるかどうかは、年金制度、医療保障制度、失業保険制度などについて、市民であれば職業や所得にかかわらず福祉政策の恩恵を受けられるかどうかを見て判断することが必要になる。ある国が普遍主義的福祉国家であるという記述的な「仮説」を採用した場合に、その仮説が正しければ観察できる「観察可能な含意（observable implication）」をできるだけ多く想定し、実際にそれが観察できるかを確認することが必要になる。

また、ある国の政策決定過程の特徴を、具体的な法案がどのように立案・決定されたかを見ることで記述しようとする場合、その法案が、その国の立法という「観察対象全体」の中でどのような位置にあるものなのかについて充分な知識が必要になるだろう。その法案をめぐる政策過程が、特殊な事例ではなくその国における典型的なものであるならば、その国の政策過程についての妥当な記述的推論と言えるだろう。しかし、ある政策過程がその国の典型的なものであると判断をすることは難しいかもしれない。そのような場合にも、工夫次第で記述的推論を説得的に行うこともできる。

たとえば、大嶽秀夫は、一九六〇年代末から一九七〇年代初頭に生じた欠陥車問題を事例として分析を行っている（大嶽 一九七九）。そこでは、圧倒的な影響力資源を持つとともに経済官庁とも利害を共通にしていた自動車メーカーといえども、欠陥車問題の争点化を防ぐ政治的影響力は行使できなかった経緯が見事に描き出された。この事例は、当時通説であった、日本の政治過程が統治エリートに支配されているという理解に対する反証であった。しかも、大企業と経済官庁が一致して育成しようとしていた自動車産業をめぐる政治過程のように、最もエリート支配が観察されそうな事例においてすら、彼らのエリート支配を覆すような多元的な政治過程が生じることを示すことで、日本の政治過程が多元主義的であることを記述した先駆的な研究となったのである。

記述的推論の困難さ――不平等を測る

ここまでは、記述的推論を行う際に生じるバイアスについて考えてきた。しかし、バイアスの問題をクリアしても、記述的推論にはさまざまな困難がなお伴う。以下では、計量的な手法で日本社会の所得格差について記述的推論を行う例を、まず見ておこう。

日本はかつて「一億総中流」と言われ、きわめて平等な社会であるとされた時期があった。しかし、一九九〇年代以後、中流の崩壊が言われ、格差の拡大が大きな話題となってきた。では、この変化を物差しを使って測ろうとした場合どうすればよいだろう。街にホームレスがどれくらい増えたか？生活保護受給者の増加？　いろいろと手掛かりはありそうだ。しかし、ホームレスの人数の歴史的変

図 4-2　ローレンツ曲線

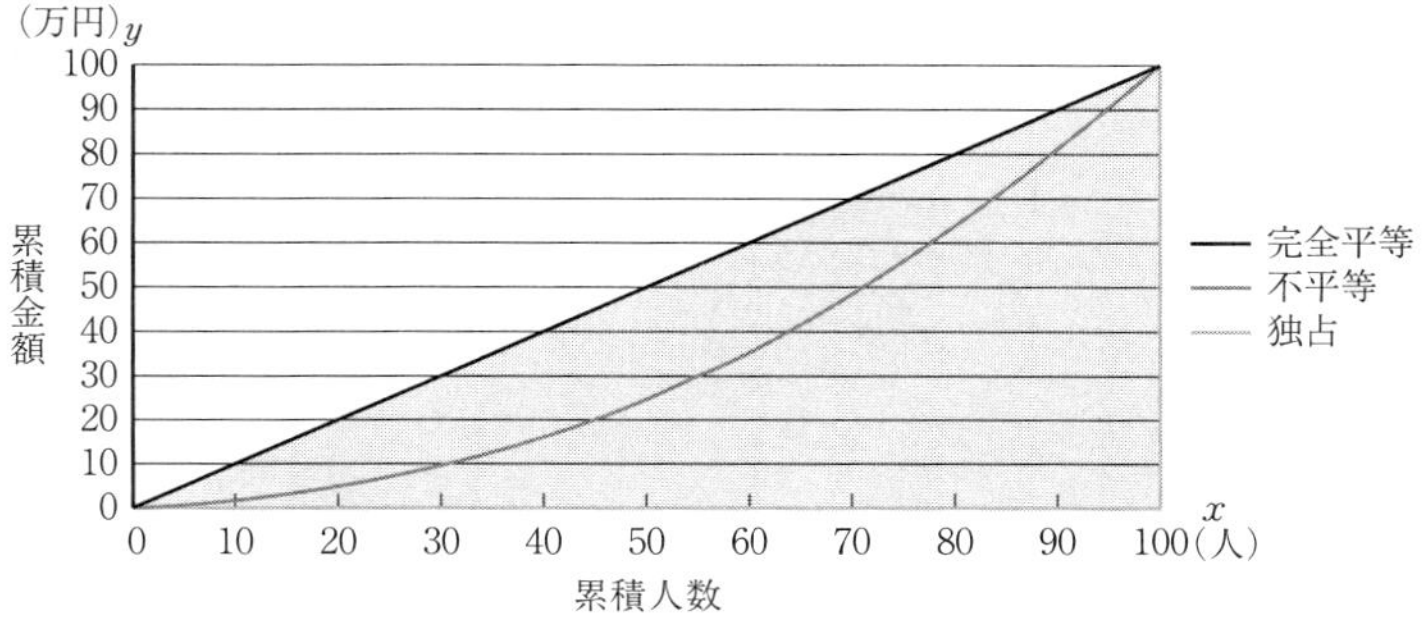

化を正確に把握することはかなり難しい。生活保護受給者数は把握できるが、その認定基準が時代によって変わってきたため、正確な尺度としては使いにくい。

よく使われる指標に、所得のジニ係数がある。今、一〇〇万円を一〇〇人で分配する例を考えよう。最も平等な分配は、全員が一万円を受け取る場合だろう。他方、最も不平等な分配は、一人が一〇〇万円を独占することだろう。これを両極端として、さまざまな分配がなされうる。このさまざまな分配のされ方を、平等度という観点で測定し尺度を作ることが目的になる。

そこで、最も分配額の低い人から、高い人へと一列に並んだ状況を想定する。そして、最低の人の金額、最低の人と下から二番目の人の金額の合計、下から三番目までの人の金額の合計と順次計算していく。そして、その合計金額を縦軸に、合算した人の人数を横軸にグラフを作成する。そこで作成されるのが、ローレンツ曲線と言われるものである（図 4-2）。完全に平等な場合、この曲線は右肩上がりの直線（$y=x$）になる。これに対して、一人が一〇〇万円を独占した場合、一〇〇人目のところでまっすぐに

図 4-3　各調査による世帯所得のジニ係数

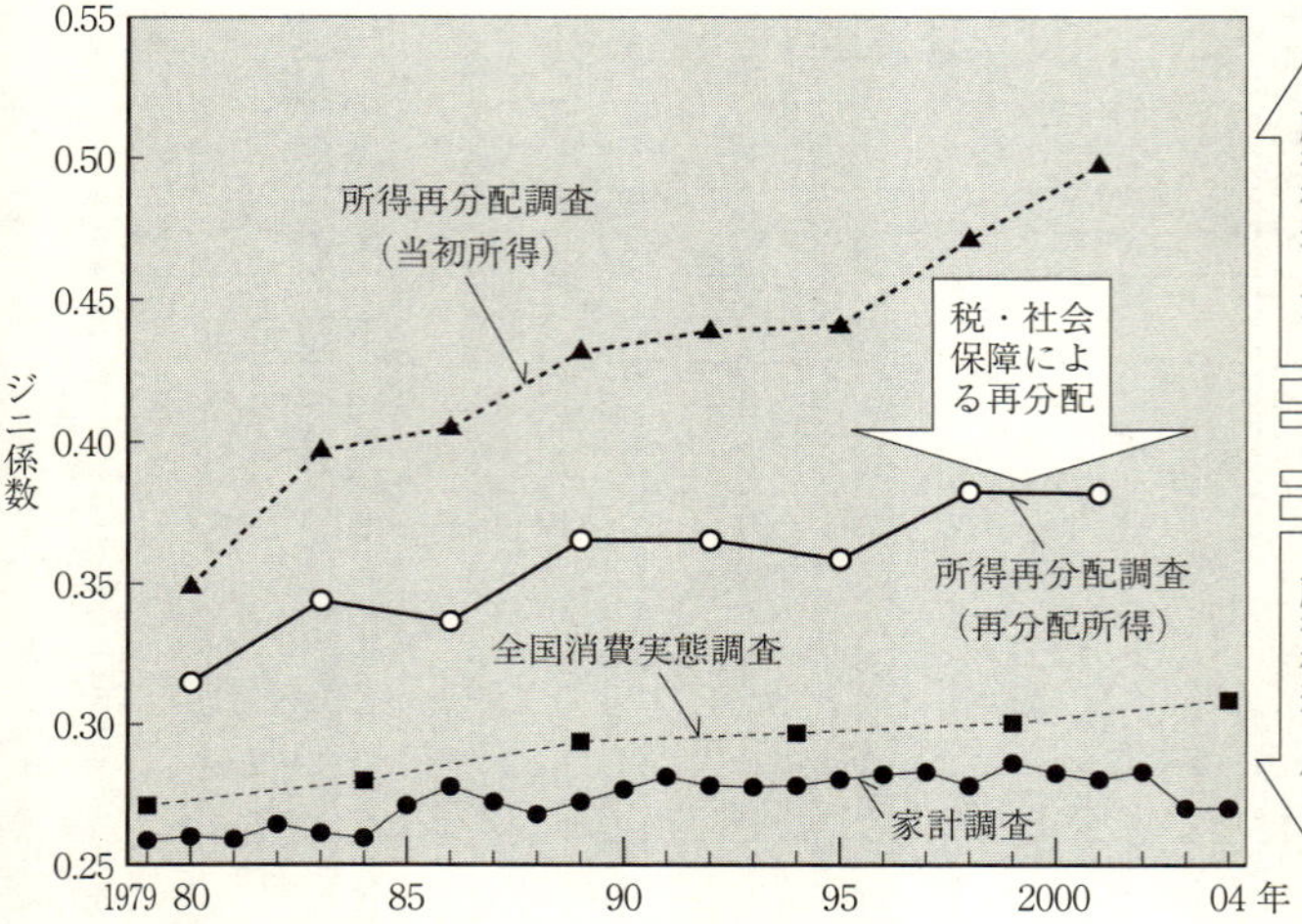

［出典］　内閣府「月例経済報告」平成 18 年 1 月。

立ち上がる直線（$x=100$）になる。それを両極として、その中間に入る分配は図にあるように弧を描くことになる。このグラフを描けば、どのような形の分配がなされているか、視覚的に確認できる。しかし、まだ物差しとしては使えない。そこで、これを数値化しようというのが、ジニ係数である。図中の灰色の三角形の面積（$y=x, y=0, x=100$ に囲まれた部分）を一としたときに、右肩上がりの直線と弧によって囲まれた部分の面積がどれだけになるかを計算したものがジニ係数となる。

この結果、ジニ係数は全員が一万円を分け合う最も平等な分配のときには0に、一人が一〇〇万円を独占する場合は一になる。ジニ係数が、ゼロに近いほど平等で、一に近くなるほど不平等となる。これによって分配の平等性を客観的に、かつわかりやすく指標化できるのである。

日本の不平等

この物差しを用いて、日本社会の平等度合いの変化を見たのが、図4－3である。上二つの折れ線で利用されているのは厚生労働省による「所得再分配調査」データである。このデータは、ランダム・サンプリングに基づくものであり、サンプル・バイアスはないと見なすことができる。ここでは、世帯所得の平等度が示されている。税金や社会保障給付がなされる前の所得で見てみよう（一番上の折れ線）。一貫してジニ係数が上昇してきたことがわかる。やはり日本は不平等化し、格差社会になってきたと言えそうである。

この調査結果は、日本が格差社会になってきたと警鐘を鳴らす人によってしばしば利用されてきた。しかし、このような解釈には少し注意が必要である。このことを最初に指摘したのは、経済学者の大竹文雄である（大竹 二〇〇五b）。まずデータが、個人所得ではなく世帯所得になっている点に問題が隠されている。今、父と息子（母と娘でもよい）が稼得《かとく》者である四人世帯を考え、そのような世帯二つから構成されている社会を想定する。いずれの世帯でも父が六〇〇万円、息子が二〇〇万円稼いでおり、世帯所得は八〇〇万円である。世帯所得は、二世帯とも同じで、完全平等である。ジニ係数はゼロである。ところが、今年から息子の稼ぎが良くなって三〇〇万円になり、それぞれ独立して世帯を構えることになったとする。そうすると、この社会には四つの世帯が出現する。世帯所得六〇〇万円

図4-4　世帯主年齢階級別の世帯収入のジニ係数

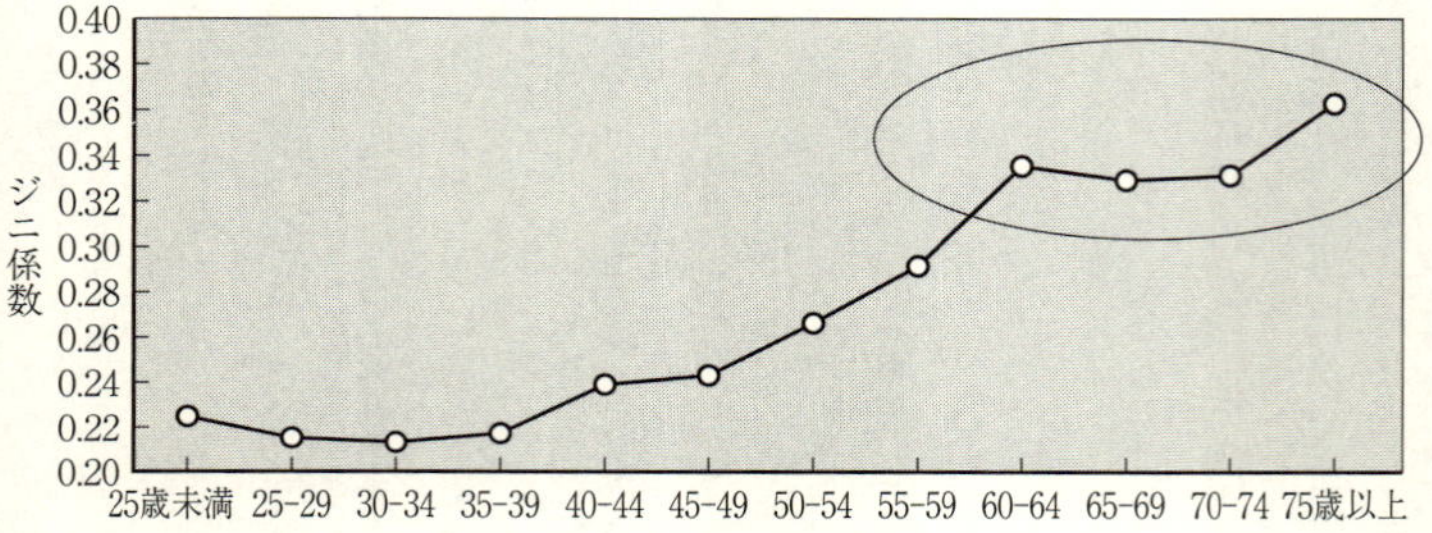

［出典］　内閣府「月例経済報告」平成18年1月。

が二世帯、三〇〇万円が二世帯である。この新しい状況では、世帯所得に格差が生まれたことになる。しかし、実際の個人所得はむしろ平等になっている（息子の所得が三〇〇万円に上昇して、父の所得との格差は減少している）。

　このようなことが生じるのは、手軽に利用可能な世帯所得を利用しているからである。個々人の所得状況が変わっていなくても、世帯が分割されるとジニ係数は上昇するのである。では、日本はどうだったろうか。実は、戦後、世帯の規模は縮小して、世帯数は増えてきたのである。先のジニ係数の変化には、このような世帯規模の変化が反映されており、平等度の測定を歪めている。

　もう一つ困った問題がある。高齢化の影響である。少し想像してみよう。大学を卒業して一年後にみんなで集まって、所得比べをしたとする。もちろん、高給をもらっている人とそうでない人がいて、格差があるだろう。しかし、その三〇年後に再び同じメンバーで集まって、所得比べをしたとする。その場合の格差は、若かったころよりもずっと大きくなっているはずだ。大成功した同級生もいれば、鳴かず飛ばずだった人もいるからである（**図4**-

4)。このような格差がなければ、だれもがんばって努力しようと思わなくなり、社会は停滞すると考える人もいるだろう。それはともかく、社会が高齢化していくと、経済構造は同じでも所得格差は拡大する。日本で高齢化が急速に進んできた結果、格差拡大をもたらした面がある。

世帯数増加と高齢化の影響を取り除くと、ジニ係数はそれほど上がっていないとされる。ただし、若年層の間での格差は増大している。とりわけ、正規雇用の人と非正規雇用の人との間で所得の格差が拡大している。世帯規模や高齢化の影響を取り除いてみることで、はじめてこの新しい格差の出現がはっきりと見えてくるのである。ジニ係数のように客観的な物差しを利用して記述的推論をする場合にも、その利用に充分な注意が必要であることを、この例は示している。

質的研究における記述的推論手法

計量分析のような客観的な物差しを用いる記述的推論においても、実際に何を測定しているのか、その測定対象の特徴は何かなどを慎重に考慮するべきことを、先の例は示している。この点は質的手法を用いる場合にも当然重要である。

政治学の世界では、日本経済が官僚主導であるか否かをめぐって長らく論争があった。たとえば、アメリカの政治学者であるチャルマーズ・ジョンソンは、日本経済の発展と産業政策の関係についての研究を行い、官僚が日本経済の進む道を決めてきたと主張した（ジョンソン 一九八二）。彼は、戦前から高度成長期までの日本の産業政策を広く研究した上で、日本を官僚主導の経済体制であると論じたのである。しかし、このような主張に対して、リチャード・サミュエルズはそれらの産業政策の実施過程をより詳しく検証した上で、そこに見られるのは官僚主導ではなく、産業界と官僚の間の「相互了承」の関係であるとし、官僚主導経済という見方を否定した（Samuels 1987）。ジョンソンは通商産業省が策定したさまざまな産業政策の文言に注目し、通産省が幅広い産業に規制や介入を行ってきたと考えた。しかし、サミュエルズは、通産省が規制や介入の権限を持っている場合でも、実際にその権限を行使しえたのは産業界がそのような政策に同意した場合だけであったことを、産業政策の実施過程を詳しく見ることで明らかにした。日本の経済は、ジョンソンの描くような官僚主導的なものではないことを示したのである。その後、日本の経済を官僚主導と見る単純な見方は力を失っていった。

質的な研究における記述には、定量的な研究におけるランダム・サンプリングとは異なる、独自の慎重さが必要とされる。研究対象に「ドップリ浸り」、多くの観察可能な含意を確認する作業が重要になるのである。

記述と特殊性論の危うさ

ところで、自らの研究対象にドップリ浸り研究を続けることによって、ついついその対象がきわめて特殊であるという思いにとらわれることがある。自分の研究対象に没頭するあまり、周りが見えなくなる。日本における政治とカネの問題をひたすら研究する中で、多くの不透明な資金集めを知るこ

図4-5　GDPに占める政府部門支出の割合

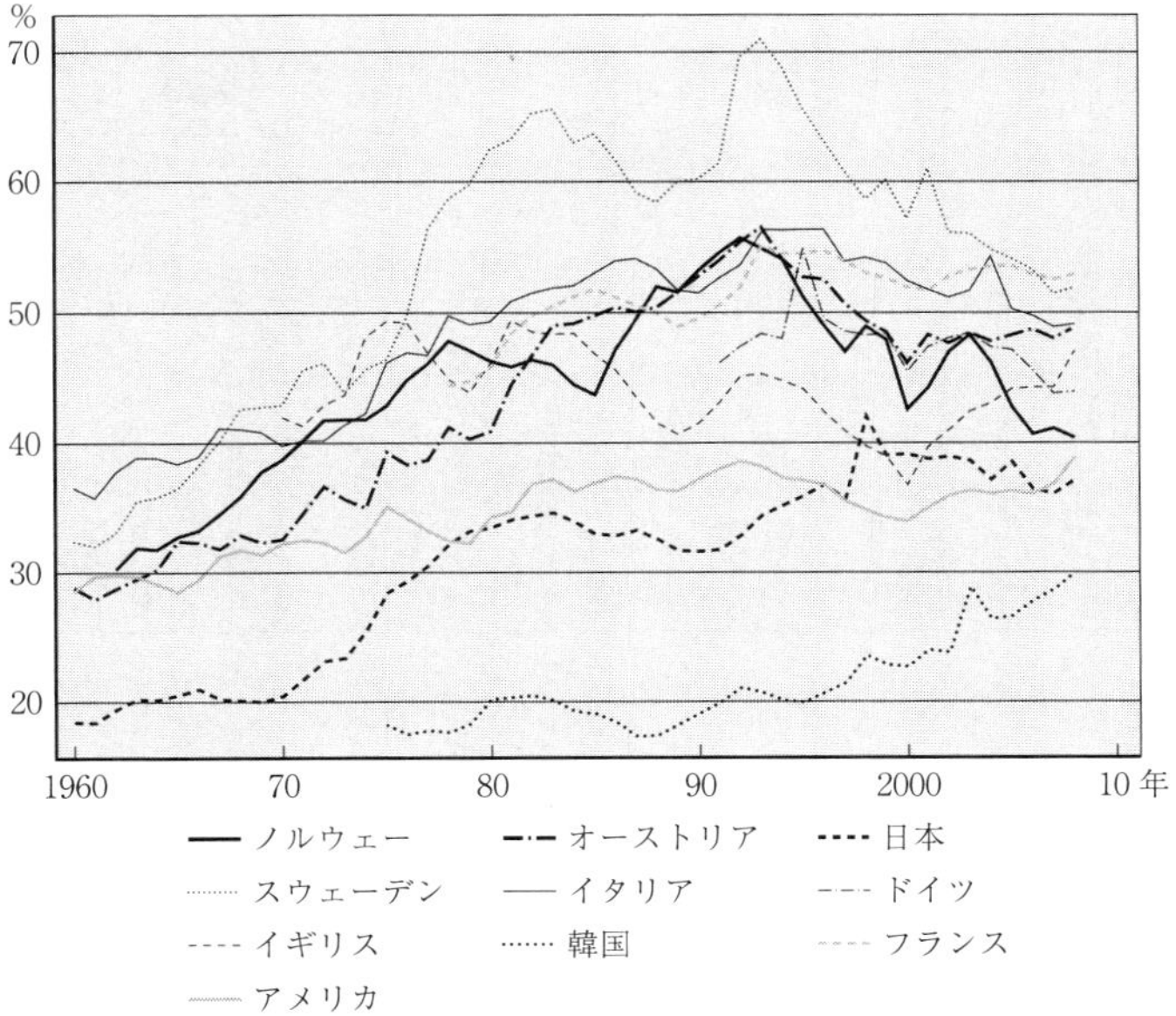

［出典］ 曽我 2013，327頁。

とになった。そして、日本における政治とカネの問題の根深さを思い知らされ、日本は特別に問題を抱えていると義憤とともに思い込んでしまう。しかし、政治とカネの問題はアメリカをはじめ多くの民主主義国も抱えている。われわれは、不正確な思い込みに基づいて事実認識をしていることも多い。

たとえば、政府の規模について考えよう。一九八〇年代の中曾根康弘政権の行政改革から二〇〇九（平成二十一）年に誕生した民主党政権まで、日本の政府規模を縮小して「小さな政府」をめざした改革をすべきことがしばしば主張されてきた。さまざまな予算の無駄

図4-6　全雇用者数に占める政府部門雇用者の割合

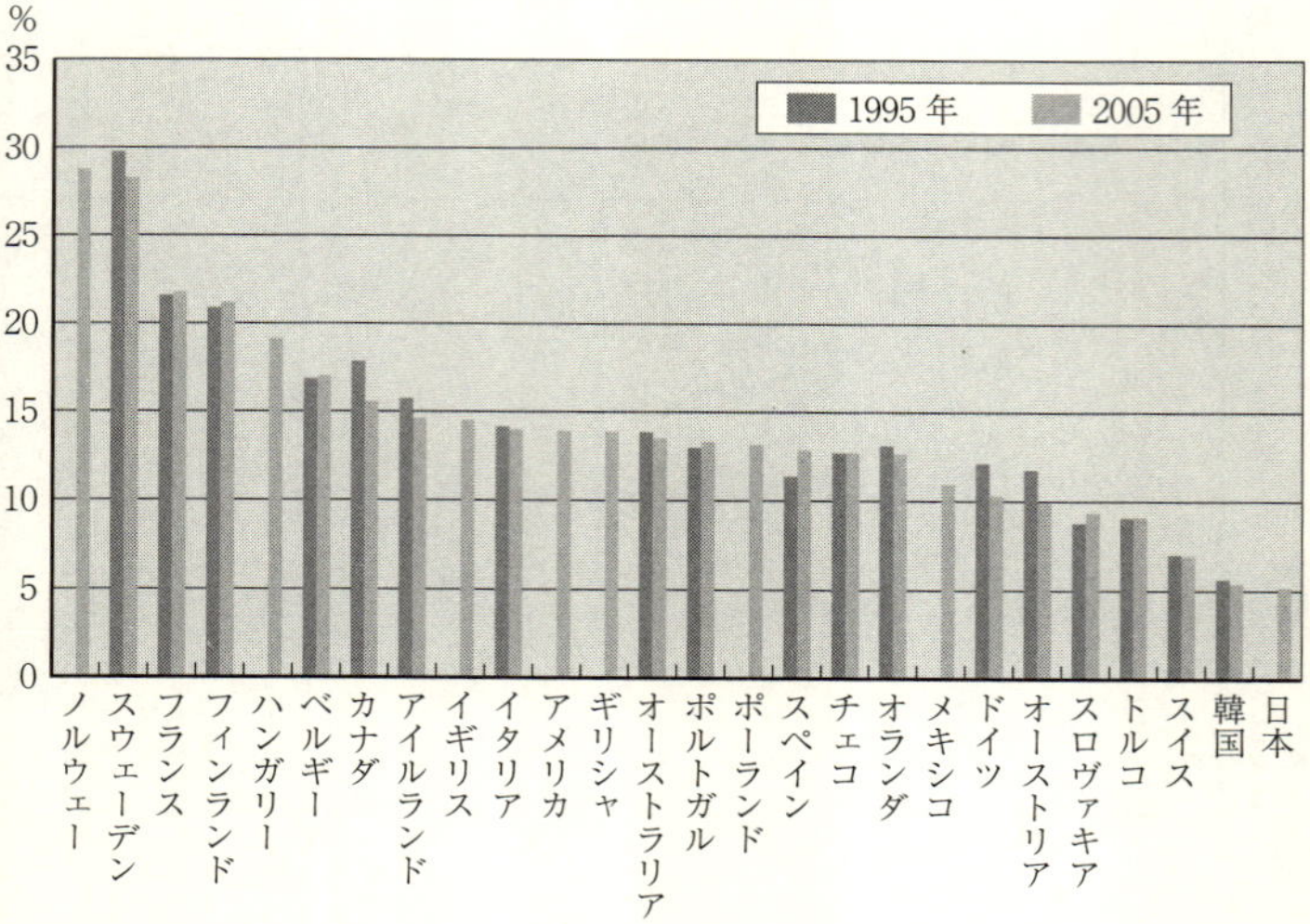

［出典］　曽我 2013，331頁。

遣いや行政の非効率が報道され、公務員数や予算の削減をめざすべきだとされてきたのである。このような報道にふれていると、日本の政府規模は大きいと考えがちになる。しかしながら、日本の政府規模を他の先進国と比べてみると、GDPに占める政府支出で見ても（**図4-5**）、全雇用者数に占める政府部門雇用者の割合で見ても（**図4-6**）、圧倒的に小さいことがわかる（曽我二〇一三）。公務員の数も先進国の中で圧倒的に少ない。村松岐夫は一九九四年に出版した『日本の行政』（村松 一九九四）において、日本では公務員の数が少ないゆえに、行政は「民間」に公的役割を担わす最大動員を行ってきたと主張した。近年では、前田健太郎が『市民を雇わない国家』（前田二〇一四）において、公務員の定義を最大限広く取った上で、日・独・英・米・仏五カ国の比較を行い、日本が過去二〇年間において五カ国中で公務員数が最も少なかったことを明らかにしている。ところが、このような研究は、日本において公務員が多すぎるという「世評」を変えることができずに現在に至っている。議員や政党、選挙などのデータをもとに政治の状況を読み解くことを謳い文句に『日本経済新聞』が不定期連載をする「チャートで読む政治」は、大変良質な分析を行う好企画である。しかし、二〇二一年六月十日付の記事は、本文中でデータを示し「日本の公的部門の職員数は諸外国より少ない」としながら、見出しにおいて「日本、公的部門なお巨大」と大きく謳っている。行政改革にコミットしてきたからかもしれないが、せっかくのデータが台無しである。思い込みを棄てて、事実を虚心坦懐に記述することの難しさを示していると言えよう。

正確な記述は、単に記述の対象を深く調べるだけではなく、その対象が他と比較してどのような特色を持つのかを調べることをも必要とする。はたして、自分の見ている現象が他と異なるのかどうか。日本の政府規模は大きいと言ってよいのか。そうでないとすると、日本の政府規模は先進国の中でどのあたりなのか。さらに、先進国の政府規模はどのように分布しているのか。その先にはじめて、先進国における政府規模の違いをもたらす要因は何か、という因果関係に関する問いが待っていることになる。次章では、記述的推論の延長上に「違い」を見出す方法について考えることにしよう。

コラム④　実験室実験と記述的推論——渡る世間は鬼ばかり？

二〇〇二年に、ダニエル・カーネマンとバーノン・スミスが、行動経済学・実験経済学を発展させた功績によってノーベル経済学賞を受賞した。それ以来、経済学に実験を取り入れた研究への関心が高まっている。そこでは、従来、経済学において自己の効用を最大化する「経済人」が前提とされていたことに対して、実験室実験の結果から、人は効用最大化をめざすのではなく、利他的に行動する場合も多いことが主張されている。ここでは、人間を経済人として描く従来の経済学に対して、それとは異なる人間像を前提とすることが主張されているのである。人間をそのようなものとして記述的に推論することが実験という手法を用いて行われていると言える。

これらの実験は、しばしば大学などの実験室に被験者を集めてなされている。しかし、この被験者はランダムに一般の国民を代表するサンプルとして選ばれているわけではない。実験室でのこのような知見は現実の世界でも同じように観察されるのか。ベストセラーになった『超ヤバい経済学』にも紹介されているジョン・リストなどが、実験室の外でのフィールド実験を行い、それへの疑義を呈している（レヴィット＝ダブナー 二〇一〇、一四六—一五九頁。Harrison & List 2004, pp. 1009–1055 も参照）。ここにも、サンプルの歪みの問題を見て取ることができる。

第5章

共変関係を探る

違いを知るとはどういうことか

因果関係に関する問いは、しばしば変化に対する問いからスタートする。この三カ月で英語の力が上がったように思う。TOEFLのスコアも、二〇点アップした。ハリウッド映画をネットフリックスで、毎晩字幕も吹き替えもなしで観続けた成果だろうと考える。ここでは、英語の成績の上昇という現象に対して、それをもたらした原因が推測されている。英語の成績の「変化」をもたらした要因を探り、毎晩英語で映画を観るようになった「変化」を原因と考えているのである。第1章で見たように、独立変数の値の変化（映画を観るようになったこと）と従属変数の値の変化（TOEFLのスコアの上昇）が同時に生じていること、すなわち共変関係の認識が、この因果関係推論の基礎になっている。

このような共変関係の観察は、同一の観察対象について（この場合は、同じ人の映画鑑賞時間と英語の成績）なされることもあれば、異なる観察対象群の間でなされることもある。身長の高いグループと低いグループそれぞれの平均年間所得に差があるかどうかを見るような例は、後者である。

変化をめぐる問い

この共変関係の観察は、違いを知るという作業の上に成り立っている。そして、多くの場合、因果関係の推論は、従属変数の変化や違い（たとえば、英語の成績の上昇、平均所得の違い）が何によって生じたのだろう、と考えるところからスタートする。

一億総中流と言われた日本で、なぜ格差が拡大したのだろうか。日本人は「水と安全はタダ」と思っている、と言われるほど安全だった日本社会で、最近治安が悪化しているのはなぜだろうか。既成政党に飽き足りない無党派層が増えてきたのはなぜだろうか。さまざまな問いがメディアを賑わしている。それらの問いは、観察される「重要な」変化の原因を探ろうとするものである。しかし、このような問いが前提とする「変化」は、はたして実際に生じているのだろうか。第4章で見たように、日本における格差の拡大は、実はそれほど簡単に測ることのできるものではなかった。因果関係を推論する際には、その前提となる変化や違いの存在それ自体を慎重に確認する必要がある。

学力低下論争

「今時の若者は……」という表現は、古代エジプトにもあったそうである。「最近の大学生は……」というコメントも、昔から繰り返しなされてきた。近年しばしばなされる大学生の学力が低下してい

表5-1　大学生を苦しめる四則計算？

問題1　$\frac{7}{8}-\frac{4}{5}$

問題2　$\frac{1}{6}\div\frac{7}{5}$

問題3　$\frac{8}{9}-\frac{1}{5}-\frac{2}{3}$

問題4　$3\times\{5+(4-1)\times2\}-5\times(6-4\div2)$

問題5　$2\div0.25$

［出典］　岡部ほか編 1999，251頁。

るという指摘も、そのようなものの一つであろう。

『分数ができない大学生』（岡部ほか編 一九九九）という本が出版されて、大きな話題となったことがある。一九九九（平成十一）年のことである。当時、学力低下問題に警鐘を鳴らしていた苅谷剛彦東京大学教授（当時）は、新聞でのインタビューで、この本をふまえて「ある私大経済学部の学生の五人に一人の割合で小学校の算数の加減乗除の計算が解けなかったという調査結果の報告もあります。学生の学力の低下は明らかでしょう」（『読売新聞』一九九九年四月二日付夕刊）と発言している。

これは、なかなかショッキングな事態である。近年は、九九も危ないといった話を聞いたりする。困ったことではあるが、もう少しこの問題について詳しく見てみよう。ここで問題となった四則計算はどのようなものだったのだろう。表5-1に示してみる（岡部ほか編 一九九九、二五一頁）。読者も試しに計算してほしい。

大学生になってこの問題が解けないようでは確かに困る。同書によれば、ある私立大学の数学を入試で選択しなかった学生のクラスで五問すべてを正解したのは七八・三パーセントだったという。この五問の中で最も正解率が低かったのは問題4で、八五・五パーセントである。さて、この結果をどう考えるべきだろうか。こんな簡単な計算問題を解けない学生が二割もいるとは学力低下は甚だしい、と言えるだろうか。

この問題について、神永正博は興味深い指摘を行っている。彼は、『分数ができない大学生』というタイトルから受ける印象と実際の状況はずいぶん違っているという。八割の学生が全問正解しているという事実をよく考えれば少し印象が変わるだろうとして、議論を進める。以下に引用しよう。

5問が独立であったとすると、問題4を除いた残りの四つの問題1、2、3、5の平均正答率は、0.783/0.855の4乗根で、0.978となる。つまり、約98%の正答率ということになる。これはそんなに悪い結果なのだろうか。100人いれば2人くらい間違えそうなものではないか。(神永 二〇〇八、二二頁。市川 二〇〇二、五二頁も参照)

問題4は、少しややこしい計算なのでまちがいが多いのも致し方ない。ただし、それ以外の四問についても、簡単な計算であったとしても一〇〇人中二人ぐらいケアレスミスで計算まちがいをしそうであると言うのである。一問につき一〇〇人中二人がまちがえる(すなわち正解率九八パーセント)とすると、四問すべてに正解する率は九二パーセント程度になる。そう言われれば、大学生の学力がそれほどひどいとは言えない気もするだろう。

さらにここで考えておきたいことが一つある。大学生の学力低下の議論には、現在の大学生の計算能力の低さは指摘されているが、変化の議論になっていないことである。今の大学生は、こんな計算もできなくなったのだという主張はなされているが、それでは三十年前の大学生はどうだったのかについては何の証拠も提示されていない。そこでは、昔の大学生なら当然まちがえなかっただろうという前提が、根拠なしに置かれているのである。これは、本当かもしれないし、嘘かもしれない。古代エジプトから繰り返されてきた、「今時の若者」批判と変わらないかもしれないのである。

さらに、ここで「大学生の学力」というときの「大学生」の性質も大きく変化している。一九七〇（昭和四十五）年には大学進学率（男女全体）は、一七・一パーセントであったのが、二〇一二（平成二十四）年には五〇・八パーセントと増えている（「学校基本調査」）。この結果、昔は大学に進学しなかった人たちも（その中には、学力が足りなかったためではない人もいるとしても）、今や大学生となっている。そうなら、現在の大学生の平均学力が低下しているとしても不思議ではないと言えるだろう。よく考えると、ますます「大学生の学力」低下が何を意味するのかは不明確になる。

もちろん、学力低下論争では、「変化」に注目した議論もなされてきた。もう少し論争を振り返ろう。数年ごとに実施される国際学力調査は、結果が発表されるたびにメディアを賑わせる。少し古いが、二〇〇四年に二つの国際的な学力調査の結果が発表されたときにも、大きな関心を集めた。当時の『朝日新聞』に載った、「国際調査で日本の子どもの「学力の低下浮き彫り」」と題する記事を見よう。

今月、相次いで発表された国際学力調査の結果で、日本の子どもの学力低下が浮き彫りになった。15歳を対象にした経済協力開発機構（ＯＥＣＤ）の調査では、読解力が前回の8位から14位に、数学

表5-2　OECD「生徒の学力到達度調査」(PISA2000, 2003, 2006) の結果

評価項目	2000年	2003年	2006年
読　解　力	8位	14位	15位
数学的リテラシー	1位	6位	10位
科学的リテラシー	2位	2位	6位

［出典］　神永 2008，25頁。

表5-3　IEA「国際数学・理科教育動向調査」(TIMSS) の結果

学　　年	科　　目	1999年	2003年
小学4年	理科	2位	3位
	算数	3位	3位
中学2年	理科	4位	6位
	数学	5位	5位

［出典］　神永 2008，26頁。

的リテラシー（応用力）は1位から6位に落ちた。国際教育到達度評価学会（ＩＥＡ）の調査だと、中学生が理科で4位から6位に、小学生が2位から3位になっている。（『朝日新聞』二〇〇四年十二月十八日付）

ここでは、先の大学生の学力に関する議論と異なり、「変化」、すなわち学力の低下に焦点が絞られている。しかし、このデータについても慎重な検討が必要なことが、神永によって指摘されている。まず、ＯＥＣＤ調査とＩＥＡ調査の結果を示しておこう（**表5-2、表5-3**）。

小中学生の学力を調べたＩＥＡの方が低下の度合いは低く出ているが、ＯＥＣＤ調査ともども「学力低下」の傾向を示していると見ることができそうである。しかし、ここで見ているのは順位である。神永は、調査に参加した国の数が調査年度によって異なることに注意を喚起する。たとえば競泳を考えても、一〇人中

表5-4　比率で見た場合の成績の変化（PISA2000, 2003, 2006）

評価項目	2000年	2003年	2006年
読　解　力	8位/32（=25%）	14位/41（=34.1%）	15位/57（=26.3%）
数学的リテラシー	1位/32（=3.1%）	6位/41（=14.6%）	10位/57（=17.5%）
科学的リテラシー	2位/32（=6.3%）	2位/41（=4.9%）	6位/57（=10.5%）

［出典］神永 2008，28頁。

表5-5　TIMSS1999, 2003の結果

学　年	科　目	1999年	2003年	順位
小学4年	理科	2位/33（=6%）	3位/46（=6.5%）	↓
	算数	3位/33（=9%）	3位/46（=6.5%）	↑
中学2年	理科	4位/33（=12%）	6位/46（=13%）	↓
	数学	5位/33（=15%）	5位/46（=10.9%）	↑

［出典］神永 2008，30頁。

の三位と、一〇〇人中の三位では意味が異なることは明らかである。各調査への参加国数とその中で日本が上位何パーセント以内に入っているかを見ることが必要であると言うのである。それを見たのが**表5-4**、**表5-5**である。

これらを見ると、数学的リテラシーは下がり続けているようであるが、小学生、中学生の算数・数学の学力は上昇したように見える。最初の印象とは変わってくるのである。前章との関係で言うならば、「学力低下」という判断が正確な記述に基づいてなされているかどうかが問題である。

超能力を疑う

では、観察対象が変化したり、あるいは他の観察対象と違いがあったりするということを、どのようにしてわれわれは確認できるのだろうか。超能力の例を考えよう（佐藤 一九六八、第一章参照）。世の中には、自

ら人智を越えた超能力を持つと自称する人がたくさんいる。あなたの未来を占ってあげようという人、自分が作成した幸せになる壺を売ってあげようという人、スプーンを手の力を用いずに曲げてみせようという人。こういう人は、ふつうの人間とは異なる特殊な力を持っていると主張する。

今、筆者もその一人で、念力でものを動かす力を持っていると主張したとしよう。さて、あなたはそれを信じるだろうか。ふつうは信じないだろう。そこで筆者はあなたに、「今、ここに種も仕掛けもないコインが一〇〇〇枚ある。これを床の上にばらまいてください。その間、私はコインの表が出るように念をかけてみせよう」と言って、コインを投げてもらう。

さて、その結果、一〇〇〇枚中五四二枚のコインが表向きであった。あなたは、筆者の超能力を信じてくれるだろうか。講義でこの質問をすると、たいていの学生は信じないと答える。どうしてだと聞くと、五四二枚では少ないという。では、何枚出せば信じるかと聞くと、「最低七〇〇枚」「いや九〇〇枚」とさまざまな答えが返ってくる。七〇〇枚と答えた学生に、六九九枚ではダメかと聞くと、「うーん」と考え込む。疑り深い学生は、一〇〇〇枚全部表でないと信じないと言う。そういう学生には、逆に一〇〇〇枚全部表でも、それは偶然かもしれないねと言うと、黙ってしまう。このように議論が混乱するのは、ある証拠から超能力が存在すると積極的に立証することが難しいからである。

帰無仮説という考え方

超能力があるかないかを検証したくても、正面から何枚表が出れば超能力があると判断してよいかと考えるのは難しい。そこで、このような場合、帰無仮説を用いた検証方法が工夫されてきた。

ここまでは、「筆者に超能力がある」という仮説を実証しようとしてきた。しかし、どのような証拠があれば（つまり、何枚表が出れば）、仮説が実証されたと見なせるのかを決めるのは難しい。そこで、ここでは発想を逆転させる。今、「筆者には超能力はない」という仮説を置いてみる。これを帰無仮説という。そして、コイン投げをしたところ五四二枚表が出た。では、超能力がなくて、すなわち、帰無仮説が正しいのに偶然この枚数だけ表が出る確率はどれくらいだろう。今、種も仕掛けもないコインを投げて、表が出る確率は〇・五である。一〇〇〇枚投げると、表が出る枚数の期待値は五〇〇枚である。では、五四二枚以上表が出る確率はいくらか。

一〇〇〇枚のコインの表と裏のありうる組み合わせは、二の一〇〇〇乗ある。一〇〇〇枚のコインのうち表がr回出る場合の数は、${}_{1000}C_r$である。五四二回出る場合から、一〇〇〇回出る場合まで足し合わせる、つまりrが五四二から一〇〇〇までの場合の数を合計するのでΣをつけて、r＝五四二から一〇〇〇と指定する。五四二枚以上表が出る場合の数をすべての場合の数で割ると、五四二回以上表が出る確率が計算できる。数式で表すと、以下のようになる。

$$\left(\sum_{r=542}^{1000} {}_{1000}C_r\right) \div 2^{1000}$$

計算は少しややこしいが、その結果は一パーセント以下になる。

このような珍しいことが起こったということは、遡って「超能力がない」と置いた仮説がまちがっていたのではないか。この結果からは、超能力がないという仮説、すなわち帰無仮説が正しいとは言えない。このように議論をして、一パーセントの有意水準で、超能力はないとは言えないと結論する。通常は、一パーセントの有意水準で超能力はあるという言い方がなされることになる。このように考えることで、なかなか決着がつかなかった、超能力論争を終わらせることができるようになる。社会科学の世界では、五パーセント以下の有意水準があれば、帰無仮説が否定されたと考えることが通常である。ただし、この基準は絶対的なものではない。近年は統計パッケージを利用して有意確率が容易に計算されるので、有意確率自体を確認することができる。

ボウリングの腕前争い

ところで、先の例では、一〇〇〇枚のコインを投げて表がある一定の回数以上出る確率は計算で求められるので、五四二回以上表が出る確率は一パーセント以下であるということから、帰無仮説を検証できた。しかし、われわれの社会で実際に起こる出来事は、このコイン投げの例とは異なり、それが起こる確率を簡単に計算できない場合の方が多い。

今、A君とB君が、ボウリングの腕を競うことになった。最初のゲームでは、A君が一四〇、B君が一五五のスコアを出した。B君は「ほら、自分の腕前の方が上だろう」とA君に自慢する。これに対してA君は、一回ではわからない、一〇ゲーム戦おうと提案した。その結果、A君の平均スコアは

一四五、B君の平均スコアは一五二だった。はたして、両君の間にボウリングの腕前の差があると言ってよいのだろうか。先の超能力の例と同じように、何ポイント差をつければ腕前に差があると言えるかは、決め難い。

そこで、ここでも帰無仮説の考え方に従って考えてみよう。ここでの帰無仮説は、「A君とB君の間にはボウリングの腕前の差はない」というものになる。さて、もし腕前に差がなければ、二人の平均スコアの差はゼロになるはずである。しかし、今回の試合結果は平均スコアで七ポイントの差が出ている。ここまでは、コイン投げの話と同じ手順である。しかし、コイン投げと異なり、ここではボウリングのスコアの出方についての確率をわれわれは知らない。差がないにもかかわらず、平均ポイントでB君と七ポイント差が付く確率を知らなければ、この帰無仮説を棄却してよいかどうかの判断ができない。

幸いなことにこのような状況で、両者に実力の差がないにもかかわらず平均値の差が一定の値をとる確率を計算することが、一定の前提条件の下（二人のスコアの分布が正規分布に従う）で可能である。詳しくは統計学の教科書で学んでほしいが、先の七ポイントの差が、二人のスコア差の標準偏差（ここでは、一〇ゲームの試合結果から両者の実力を推測しようとしているので、正確には標準誤差であるが）よりもどれくらい大きいか（これをt値という）を見ることで、この確率が計算できる。B君の腕前の方が高いということを確認したいか、両者の間に差があることを確認したいかで検証の仕方は異なるが（片側検定か両側検定か）、基本的には同じ考え方で検討することになる。その確率が、五パーセント以下であれば、帰無仮説を棄却して両者の腕前に差があるという結論をとりあえず導けるだろう。

グループ間の差異

しかし、政治学の研究において、先のように対応のあるペアの違いを検証することはあまりないだろう。むしろ、二つの異なるグループの間に違いがあるか否かを検討することの方が多いだろう。

たとえば、国際関係論における「民主主義の平和（democratic peace）」論では、民主主義国は非民主主義国に比べて戦争に訴える可能性が低いと主張される。この主張の真偽を調べるためには、民主主義国と非民主主義国という二つのグループの間での違いが有意なものかどうかを検証する必要がある。

投票行動研究において、近年とりわけ注目される「無党派」層についても、彼らが支持政党を持っている有権者と比較して、有意に異なる属性を持っているかどうかを見ることが、彼らを理解する上で重要である。そこでは、二つのグループ間で、所得、学歴、政治参加のあり方などに違いがあるかなど、さまざまなことが調べられることになる。以下では、早稲田大学ＧＬＯＰＥ（「開かれた政治経済制度の構築」）が行った二〇〇六年世論調査の結果を利用して、支持政党のある人と無党派の人の政治参加のあり方の違いを示しておこう。ここでは、選挙での投票、選挙運動の手伝い、自治会活動への関与を過去に一度でもしたことがあると答えた人の比率を、支持政党があると答えた人とないと答えた無党派の二つのグループに分けて、示している（**表5-6**）。無党派の人は、明らかにいずれの活

表5-6　政党支持がある人と無党派の政治参加のあり方の違い　（単位：%）

	投　票	選挙運動手伝い	自治会活動
無 党 派	91.3	14.1	51.4
政党支持あり	95.0	31.3	63.5

［注］ $n=1398$
［データ出典］ 早稲田大学 GLOPE 2006 年世論調査。

動も政党支持のある人に比べて低い。そして、この比率の差は〇・一パーセント水準で有意である（カイ二乗検定）。すなわち、二つのグループ間に差がないという帰無仮説は、棄却されている。

このように、グループ間の違いを調べる際にも、両グループ間において違いがないという帰無仮説を立てた上で検証がなされるのである。

相関関係

さらに、共変関係は二つのグループに有意な違いがあるか否かによってのみ確認されるわけではない。すでに見た身長プレミアムでは、身長と所得の間の共変関係が注目されていた。そこでは、三十五歳の男性で身長一七五センチメートル以上とそれ未満のグループで平均年収に差があるか、という形で共変関係を調べることも可能である。しかし、この場合、身長も年収も、連続した変量と見なすことができる。このような場合、二つの変数の間に相関関係があるかどうかを確認することで共変関係の存在を調べることの方がふつうである。両者の間に共変関係があり、一方の変数が大きくなるほどもう一方の変数も大きくなるならば、相関を表す尺度である相関係数は正の値をとる。逆に、一方が大きくなるほど、他方が小さくなる場合は、負の値をとる。両者の共変関係

図 5-1　散布図による相関係数のイメージ

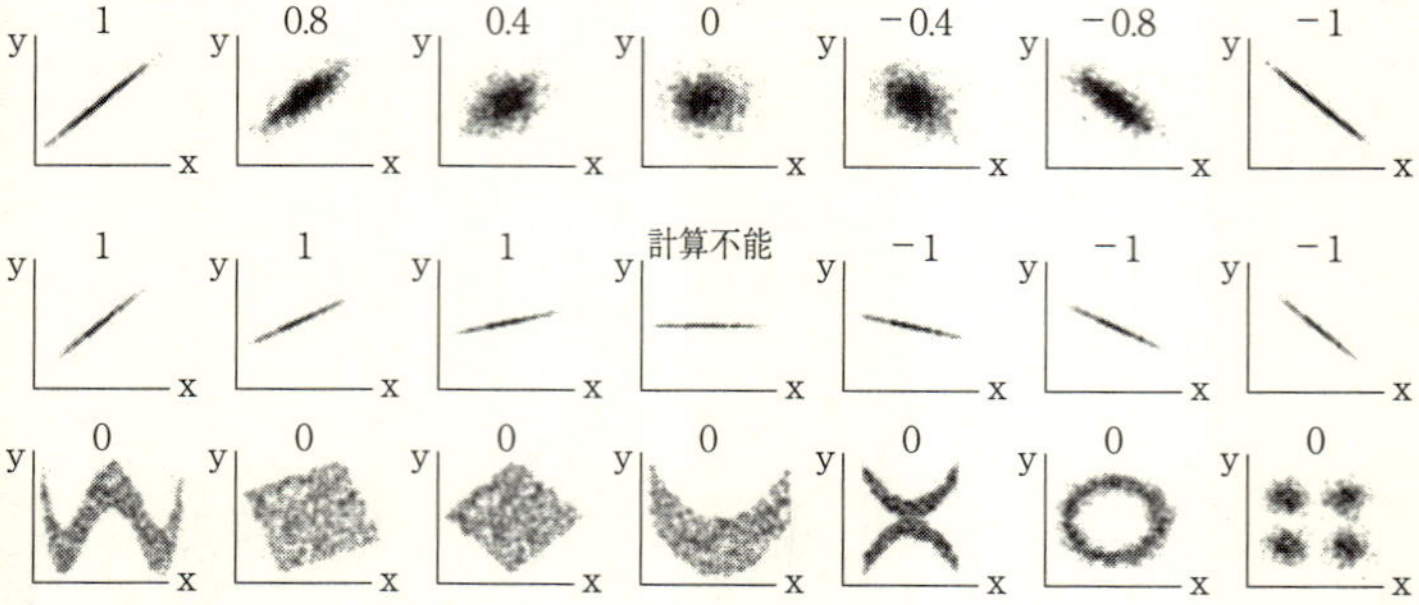

［注］　散布図の上の数値は相関係数を表す。
［出典］　Wikimedia Commons.

が強ければ、絶対値は大きくなる。身長の値によって所得が一義的に決まる、つまりある身長の人はみんな同じ所得になる場合は、相関係数の絶対値は一になる。全く関係がなければゼロとなる。**図5-1**でイメージをつかんでほしい。

ただし、ここでも有意確率が問題になる。両者に本当は何の相関もない（帰無仮説）にもかかわらず、たまたま、そのような相関が生じる確率が計算されることになる。なお、この説明から明らかなように、有意である、つまり有意確率が充分に小さいことは、共変関係が強いことを意味するわけではないので気をつけてほしい。

先の世論調査データを用いて、相関関係を見てみよう。人々の政治への満足度は、経済状況への評価と強く関係していると考えられている。二〇一二年のアメリカ大統領選挙では、オバマ大統領は七パーセント台という高い失業率にもかかわらず再選され、二〇二四年十月のアメリカの失業率は四・一パーセントと低かったが、バイデン大統領は

表5-7　政治への満足度，景気動向への認識，暮らしへの満足度

			景気の状態	暮らしの満足度
スピアマンの順位相関係数	政治の満足度	相関係数	0.411	0.247
		有意確率（両側）	0.000	0.000
		N	1333	1343
	景気の状態	相関係数		0.297
		有意確率（両側）		0.000
		N		1344

［データ出典］　早稲田大学 GLOPE 2006 年世論調査。

再選されなかった。しかし、過去のデータを見ると、選挙直前の失業率が結果に大きな影響を与えてきたことが知られている。日本ではどうだろう。GLOPE調査では、政治への満足度、景気動向への認識、暮らしへの満足度について、「大変良い」から「大変悪い」までの五段階尺度で聞いている。この間の共変関係を知るために、相関係数（スピアマンの順位相関係数）を計算した結果が表5-7である。政治への満足度は、景気の状態についての認識との間で〇・四一一の正の相関となっており、その関係は〇・一パーセント水準で有意である。つまり、景気が良いと思う人ほど政治にも満足している、という共変関係が確認される。暮らしへの満足度も、同じく政治への満足度との間に共変関係があるが、その関係の強さは景気への認識ほどではない。人々は、自分の暮らし向きという個人的な事情よりも、社会全体の経済状況によって政治への満足度を決めているのかもしれない。政治学では、前者をポケットブック的な評価、後者をソシオトロピックな評価という。このように、共変関係を見ていくと、いろいろとおもしろい発見をすることができる。これこそ、研究の醍醐味である。

そして、共変関係の確認は、因果関係を推論する上での第一歩である。しかし、共変関係の確認には、慎重な検討と手続きが必要であることを本章では見てきた。では、共変関係の確認が妥当な形でなされたとして、そこから因果関係の存在を主張できるか。それには、まだいくつかの関門がある。章を改めてその関門を考えよう。

コラム⑤　帰納的推論の正当化——そのお茶飲んで大丈夫？

本章では、超能力の存在を積極的に実証することは困難であるため、「超能力がない」という帰無仮説を置いて、証拠がその仮説を五パーセント（あるいはそれ以下の）水準で反証しうるときに、超能力はないとは言えない、すなわち超能力はあるだろうという推論をすることになると論じた。このような、一見まどろっこしい手法がとられることは、科学哲学の世界で論じられる「帰納《きのう》の正当化」問題とかかわっている。

今、ペットボトルに入っているお茶を半分飲んだところだとしよう。さて、ボトルに残っている液体は何だろうか。あなたは、もちろんお茶だと答えるだろう。でも、なぜそのように断言できるのだろうか。上半分がお茶だったから？　ペットボトル入りのお茶を今まで何度も飲んできて、いつもそれが最後の一滴までお茶だったから？　下半分の液体もいつものお茶の色をしているから？　このような答えはすべて帰納的推論に基づいている。つまり、今までの経験に基づいて、これから飲む残りの液体もお茶だろうと推論しているのである。

しかし、このような帰納的推論はなぜ正しいと言えるのか。これが帰納の正当化問題であり、哲学者のデイヴィッド・ヒュームによって提起されたことで有名である。この帰納的推論の特徴は、演繹《えんえき》的推論と比較することによってはっきりする。演繹的推論とは、前提が正しければ、結論も必ず正しくなるような推論である。たとえば、三角形の内角の和は一八〇度であるという前提を置けば、四角形の内角の和は何度と考えられるだろうか。四角形は、二つの三角形から成り立つので、内角の和は一八〇度の二倍の三六〇度になると推論できる。このように、前提が真理であれば結論も真理であり続ける（真理保存的な）性格を演繹的推論は持つ。言い換えれば、演繹的推論では前提から結論を導く際に情報量は増えていないのである。

しかし、帰納的推論は、前提が正しいからといって、結論も正しいとは限らない。ペットボトルに入っていた残り半分の茶色の液体は、何らかの理由でウィスキーなのかもしれない。帰納的推論では、前提に含まれる情報以上の新しい情報を結論に持ち込むのである。そして、この新しい情報が真実である保証はないのである。このことは科学的研究に大きな意味を持つ。すなわち、ある仮説が実験や観察に基づいて支持されても、そこからその仮説は正しいという根拠はないことになるからである。朝顔の葉に太陽光を与えないとデンプンが生成されないという仮説を実験で確認したとしても、他の朝顔でもそのようなメカニズムが働くだろうと結論することを正当化しない。

このことを深刻に考えたのが、有名な哲学者であるカール・ポパーである。彼は、正当化することができない帰納的推論は科学に持ち込むべきではない、と考えた。科学の世界で確実に言えることは、仮説が反証されたか反証されなかったかだけである、と言うのである（反証主義）。実験によって仮説が反証された（あるいは反証されなかった）という結論には、仮説が支持されたので今後も仮説は正しいと結論する場合と異なり、新たな情報は付加されていない。すなわち、反証には帰納的推論は含まれない。ポパーは、科学的な研究においては仮説の反証ができるだけで、仮説の積極的な確証（すなわち、仮説は正しいのだと言うこと）はできない、と結論づけた。「超能力がないとは言えない」という言明はできても（帰無仮説の反証）、そのことは「超能力がある」こと（仮説の確証）を意味しないと言うのである。

帰無仮説を用いた仮説検証は、ポパーのこのような議論をふまえつつ、最後のところで「超能力がないとは言えない」を、「超能力がある」という言明にすり替えているとも言える。しかし、科学の世界でこの「すり替え」をいっさい認めなければ、飛行機を飛ばすこともスマートフォンでネットゲームをすることもできなかったであろう。

なお、ポパー自身、仮説が確証される、あるいは実証される（verify あるいは validate）という言葉は使わないが、それと区別して corroborate という言葉を、仮説が反証されなかった場合には使っている。日本語では、これも確証と訳すのである。彼自身もすり替えの必要を認めていたように思えてくる。興味のある人は、このコラムが参考にした戸田山和久『科学哲学の冒険――サイエンスの目的と方法をさぐる』を読んでほしい。

第6章
原因の時間的先行
因果関係の向きを問う

「風が吹けば桶屋が儲かる」

見出しのことわざは『大辞林』によれば、「何か事が起こると、めぐりめぐって意外なところに影響が及ぶことのたとえである」とされる。このたとえ話は、十返舎一九《じっぺんしゃいっく》の『東海道中膝栗毛』に登場し、落語でも有名になったものである。ただし、そこでは桶屋ではなく、箱屋が儲《もう》かるとなっている。村松友視の現代語訳で、以下に紹介しよう（『村松友視の東海道中膝栗毛』）。東海道を旅していた弥次さんと喜多さんが、蒲原《かんばら》の宿で巡礼者から、自らの体験談としてこの話を聞かされるという設定である。

「わしが江戸にいたある年のことだったが、夏のはじめから秋にかけて、やけに強い風のふいたことがあったんですよ。で、この風から金もうけを思いついたってわけでね。」

「風と金もうけねえ……。」

「で、まず箱屋をはじめた。重箱、櫛箱《くしばこ》……まあつまり、あらゆる箱を売ろうというアイディアだね。」

「よくわからねえなあ、風がふいたから箱屋をやってもうけるのかい。」

「つまりね、風がふけば砂ぼこりが立ちますわなあ。」

「まあ、それはいえるね。」

「砂ぼこりが立てば、それが人の目に入ることになる。」

「なるほど。」

「すると、目を悪くする人がたくさん出る。」

「まあね。」

「目を悪くして目が見えなくなってしまうとだね、しかたないからというので、三味線《しゃみせん》でも習おうかということになる。すると三味線屋がもうかるんだが、三味線の胴の皮にするために、そのへんにいる猫が犠牲になる。つまり、猫が殺されるということになる。そうなったらよろこぶのはねずみ、ねずみの大あばれがはじまるという。」

「ま、ものが順にいってはいるがねえ。」

「ねずみが大あばれして、世間の箱という箱をかじるでしょ。そこで箱を売り出せばですね、めちゃくちゃに売れるんではないかと。」

「はあ、それで売れましたか。」

「いや、さっぱり売れなかった。」（村松 二〇〇一、八七―八八頁）

図６-１　桶屋が儲かるまでの七つのステップ

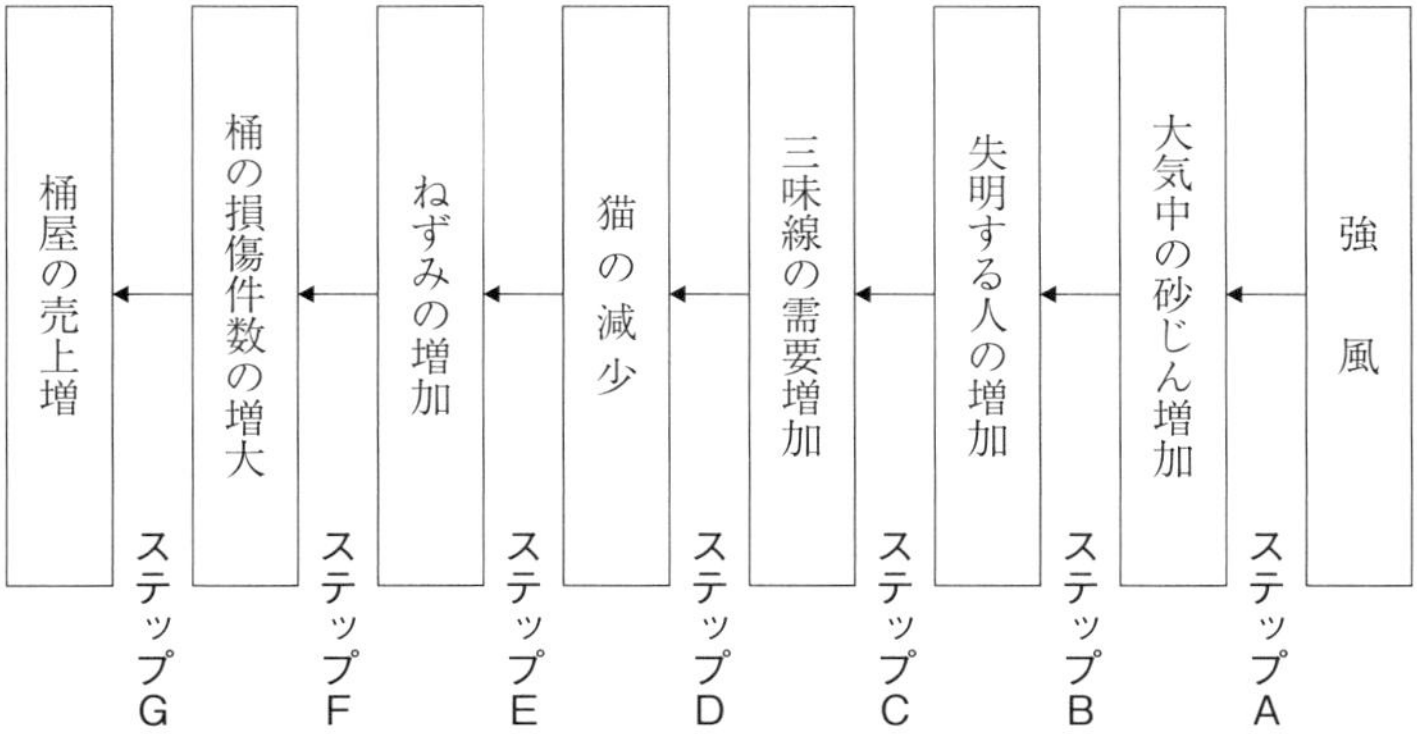

ここでは、風が吹くことを原因として、そこから始まる因果の連鎖が語られている。当時は目の不自由な人が三味線弾きになることが多かったことが、この話の前提になっている。現在では猫の皮が高価になり、また動物愛護の観点から三味線の胴には人工皮革が張られることも多くなった。この因果の連鎖を成り立たせる前提は、もはや存在しない。しかし、それはともかく、この因果の連鎖を信じて勝負に出たこの語り手は、結局事業に失敗して巡礼に出ることになったというお話になっている。

この話を題材に、確率についてわかりやすく論じた丸山健夫は、「風がふけば桶屋が儲かる」が想定する因果関係の連鎖は、**図６-１**のように八つの事象とそれを結ぶ七つのステップから成っていると整理した（丸山 二〇〇六）。では、この商売が成功する確率は、そもそもどれほどあったのだろう。丸山は、各ステップがそれぞれ成立する確率を、相当大きめに見て五〇パーセントとする。その場合、このすべてのステップが成立するのは、二分の一の七乗となり、それは〇・〇〇七八一二五となる。〇・八パーセントを切ってしまう。巡礼に出るほかなかったということであろう。（丸山 二〇〇六、二四頁）

ところで、ここで示されている因果の連鎖について注目しておきたいことがある。ここでは、原因とされる事態が生じ、その後に結果が生じるという、時間の前後関係が明瞭に示されていることである。原因は、結果の前に生じると想定しているのである。原因の結果に対する時間的先行が、本章のテーマである。

こう書くと、そんなことは当たり前だろうという反応が予想される。

「そういえば、最近は蒲原でもねずみが増えて、箱がよく齧《かじ》られるね」

「困ったものだ。きっと来月には、強い風が吹くだろう」

という会話は、先の話の延長上には成り立たない。ただし、ねずみが箱を齧ることで、強風が吹いたりしないということを言いたいのではない。「複雑系の理論」が好んで引用するように、「ブラジルでの蝶の羽ばたきが、北京に嵐をもたらす」という「バタフライ効果」が認められれば、ねずみにだって嵐を起こせるかもしれない。しかし、北京に嵐が起こると、過去に遡ってブラジルで蝶が羽ばたくという因果関係は想定できない。時間の前後関係が取り違えられていることが問題なのである。これでは、弥次さんも「ま、ものが順にいってはいる」とは言ってくれないだろう。

しかしながら、原因の時間的先行という条件を無視した議論が、実際にはなされることがけっこう

図６-２　合計特殊出生率（1947–2010年）

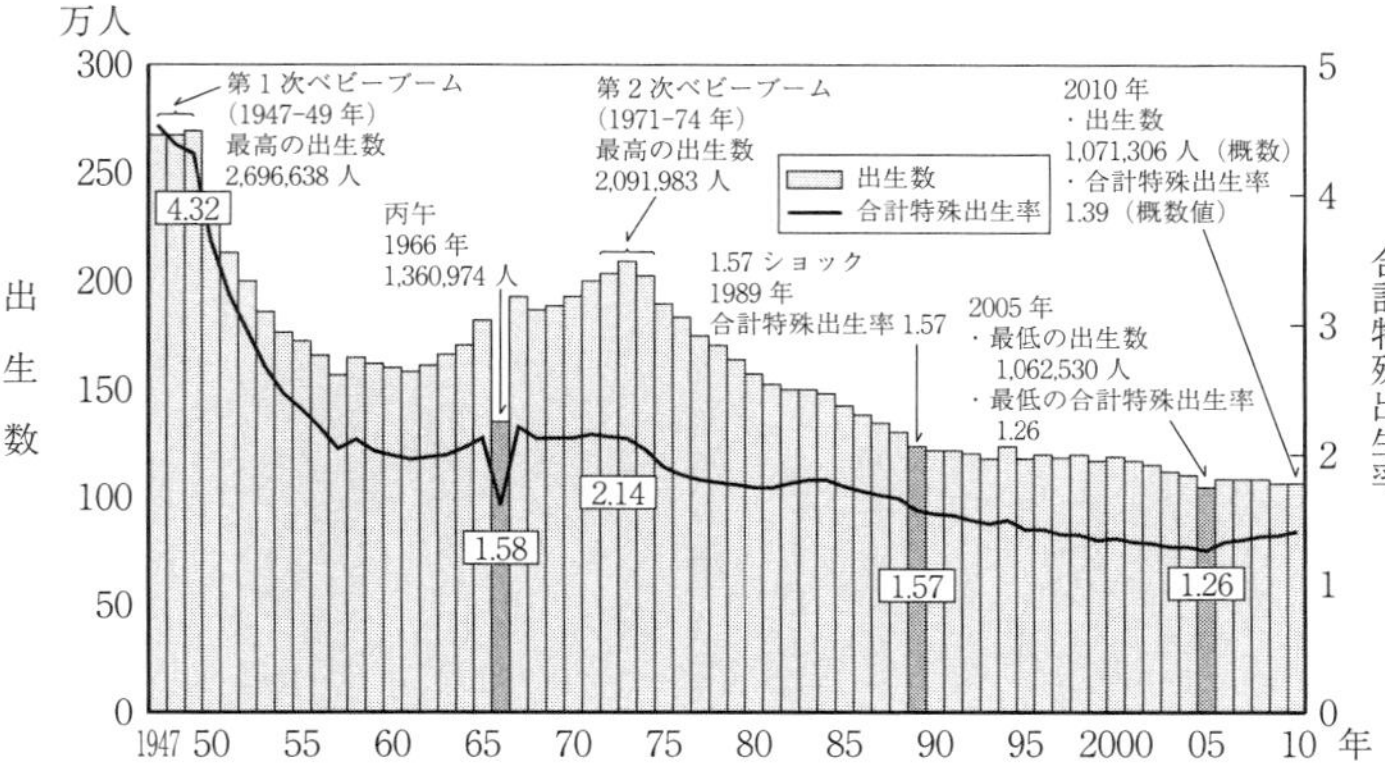

［注］ 1947〜1972年は沖縄県を含まない。2010年の出生数および合計特殊出生率は概数である。

「調査対象において，年齢 x の女性が１年間に産んだ子供の数」を $f(x)$，「調査対象における年齢 x の女性の数」を $g(x)$ とすると，その年の合計特殊出生率は $\sum_{x=15}^{49} \frac{f(x)}{g(x)}$ となる。

［出典］ 内閣府『子供・子育て白書〔平成23年版〕』。

ある。

少子化をもたらす原因とは？

日本において急速に進む少子化が、大きな問題となってきた。図6―2は、一九四七（昭和二十二）年から二〇一〇（平成二十二）年までの合計特殊出生率のグラフである。合計特殊出生率とは、一人の女性が一生の間に産む子どもの数を言う。具体的には、その年の十五歳から四十九歳まで（十五歳未満や五十歳以上で出産する人もいるだろうが、統計の便宜上である）の女性の年齢別出生率を合計したもので、一人の女性が、その年次の年齢別出生率で一生の間に子どもを産むと仮定したとき、何人の子どもを産むかを示している。

図６－２から明らかなように、第二次世界大戦後すぐの時期には、一人の女性が四人以上子どもを産むのがふつうであった。しかし、その後子どもの数は減少傾向を示してきた。メディアで、最初にこの少子化が大きく取り上げられたのは一九八九年である。この年、合計特殊出生率が一九六六年の一・五八を初めて下回り、関係者の間で「一・五七ショック」と言われることになった。図で見ると、一九六六年には突然出生率が急低下して、その翌年にはまたもとのレベルに戻っている。この一九六六年という年は、干支《えと》で言うところの丙午《ひのえうま》にあたる。丙午に生まれた女子は、気性が激しく夫の寿命を縮めるという迷信がまだ広く信じられていたために、その年に出産するのを控える人が多く、出生率が大きく低下したと言われている。その意味では、これは異常な事態であった。

しかし、一九八九年には、この異常事態であった一九六六年の出生率を、丙午でもないのに下回ることになったということで、「一・五七ショック」と言われることになったのである。しかも、その後も出生率は低下傾向を続けてきた。

では、なぜ問題なのか。少子化は、社会の高齢化とあいまって、経済成長を減速させ、社会保障制度の持続可能性を損ねるなど、さまざまな弊害をもたらすと憂慮されている。少子化対策が提起されることになるのも、当然であると言えよう。

少子化対策

実際、二〇〇三（平成十五）年には少子化社会対策基本法が制定された。同法は、「我が国における急速な少子化の進展は、平均寿命の伸長による高齢者の増加とあいまって、我が国の人口構造にひずみを生じさせ、二十一世紀の国民生活に、深刻かつ多大な影響をもたらす。我らは、紛れもなく、有史以来の未曾有《みぞう》の事態に直面している」との認識を示した上で、「家庭や子育てに夢を持ち、かつ、次代の社会を担う子どもを安心して生み、育てることができる環境を整備し、子どもがひとしく心身ともに健やかに育ち、子どもを生み、育てる者が真に誇りと喜びを感じることのできる社会を実現し、少子化の進展に歯止めをかけることが、今、我らに、強く求められている」（前文）としている。そこで、打ち出されたのが「男女共同参画社会の実現」であった。

同法では、具体的な対策として、「国及び地方公共団体は、子どもを生み、育てる者が充実した職業生活を営みつつ豊かな家庭生活を享受することができるよう、育児休業制度等子どもを生み、育てる者の雇用の継続を図るための制度の充実、労働時間の短縮の促進、再就職の促進、情報通信ネットワークを利用した就労形態の多様化等による多様な就労の機会の確保その他必要な雇用環境の整備のための施策を講ずるものとする」（第十条）としたのである。雇用環境を整備して、働く女性が安心して子どもを持てるような体制を作ろう、というのがその趣旨である。

政策提言と因果関係

少子化対策としてこのような政策が打ち出される背景には、因果関係に関する推論が存在する。こ

図6-3　女子（25-34歳）の労働力率と出生率（1995年）

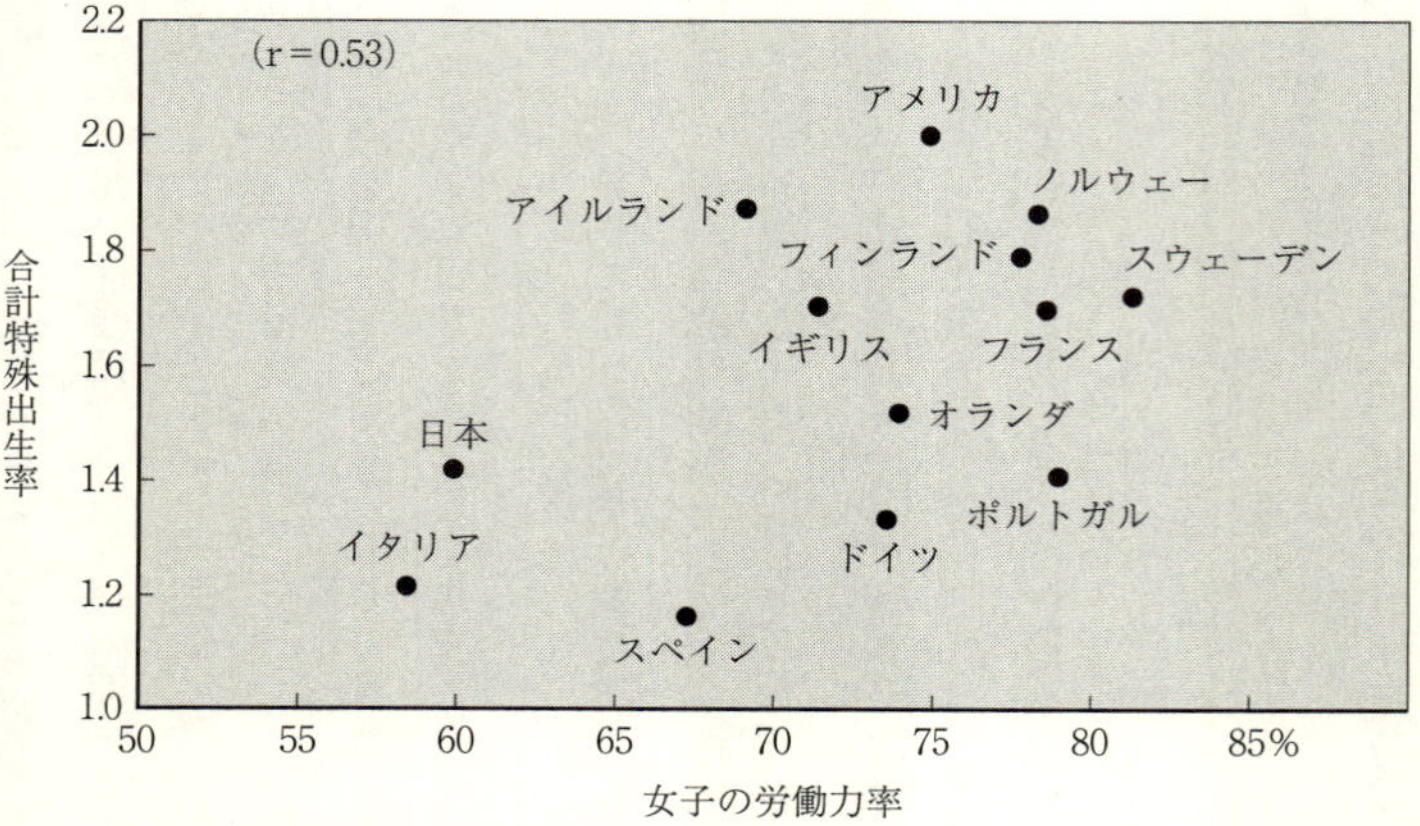

［資料］　女子の労働力率はOECD, *Labour Force Statistics*, 1996，出生率はCouncil of Europe, *Recent Demographic Development in Europe*, 1997.

［出典］　阿藤 2000，202頁。

の少子化対策が打ち出された時期に前後して、女性の社会進出と出生率の関係に注目する研究が多く出された。赤川学による『子どもが減って何が悪いか！』という論争的な図書に紹介されているように、たとえば、人口学者の阿藤誠による『現代人口学』では、OECD諸国のデータを用いて、女子労働力率と出生率の間に正の相関があることが示された（**図6−3**）。

また、日本国内について見ても同様の知見が示されていたことが赤川によって指摘されている。たとえば、金子勇は一九九九年のデータを用いて、女性の労働力率と合計特殊出生率の間に正の相関があることを示し、女性が働く比率が高いところは少子化現象に直面していないと主張している（金子 二〇〇〇、二七四頁／赤川 二〇〇四、三九頁）。

これらの観察は、女性の社会進出を促進すれば出生率が高まるという因果推論の根拠とされ、男女共同参画社会の実現が有効な少子化対策であるという主張を支えることになった。

しかし、赤川学が論じるように、この因果推論にはサンプル選択におけるバイアスや他の変数をどのように統制しているのかなど、さまざまな問題がある。本章との関係では、因果関係の向きについての赤川の指摘が重要である。ここで示されているのは、女性の労働力率と出生率の相関関係、共変関係の存在である。しかし、この両者のどちらが原因で、どちらが結果かは直ちにはわからない。子どもが生まれると、その養育費を稼ごうと母親が職に就くのかもしれない。共変関係があるからといって、そこから直ちに因果関係を主張することはできない。相関関係は因果関係ではないとしばしば注意されるのは、そのためである。

統計データの誘惑

この点について、データを利用してもう少し見ておこう。ネット上に、独立行政法人統計センターが管理運営している「政府統計の総合窓口（e-Stat）」というサイトがある（http://www.e-stat.go.jp/SG1/estat/eStatTopPortal.do）。さまざまなデータが簡単にダウンロードできて非常に便利である。都道府県別のいくつかのデータを取り出して、出生率との関連を見てみよう。

まずは、二〇一〇年の各都道府県の出生率と女性労働力率を散布図にしたものが、**図６-４**である。両者の間には、〇・三五六の正の相関がある（五パーセント水準で有意）。すでに見たとおりの共変関係

図6-4　各都道府県の出生率と女性労働力率（2020年）

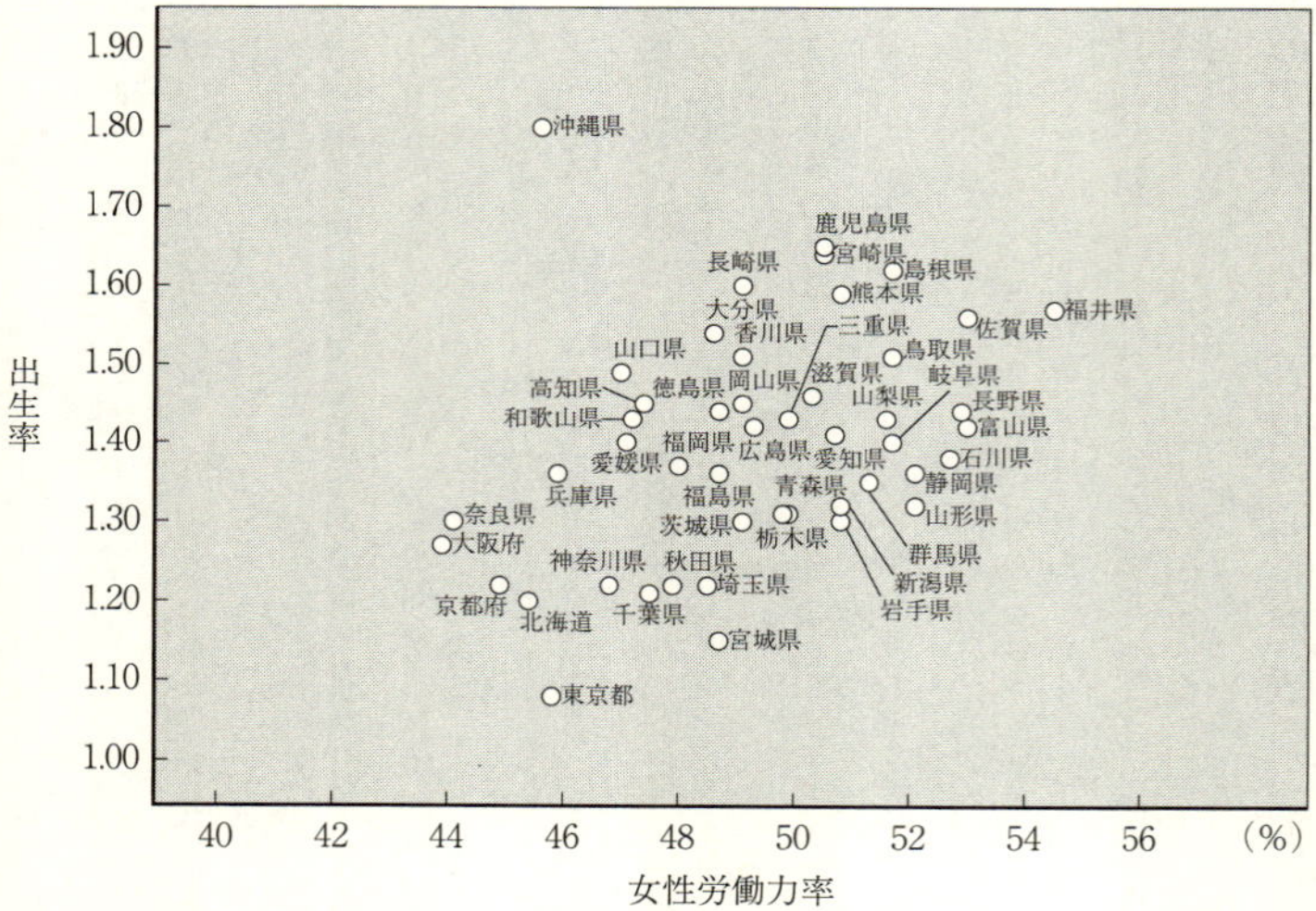

［データ出典］　社会生活統計指標―都道府県の指標―2024。

が、二〇二〇年にも確認されているということになる。さらに、いくつかの変数と出生率の間の相関を計算した結果が**表6−1**である。

この結果は、なかなか興味深い。まず、住宅面積と出生率は有意に相関している（ただし、データの関係で二〇〇八年のデータを用いている）。広い家にゆとりを持って住むと子どもも生まれやすいのか。刑法犯認知件数（警察など捜査機関によって認知された刑法犯罪の数）は、逆に負の相関である。治安が悪いと子どもも安心して持てないと言えそうな気もする。平均気温は正の相関をしている。やはり暖かいところに住むと開放的になって子どもを作りやすいのかもしれない。因果関係をいろいろ推論できそうな結果に見える。

表 6-1　いくつかの変数と出生率の相関係数

	女性労働力率（2020 年）	刑法犯認知件数（2020 年）	平均気温（2020 年）	住宅面積（2008 年）
出生率（2020 年）	0.356*	−0.395**	0.553***	
出生率（2008 年）				0.363*

［注］　有意水準　*5%，**1%，***0.1%
［データ出典］　社会生活統計指標―都道府県の指標―2024。
世帯当たり住居面積のデータのアップデートがなかったため，2008 年のものを利用している。

しかし、ここでも慎重な検討が必要である。住宅面積を考えてみよう。このデータは、住宅面積を広くすることで出生率が上がるという因果関係を示しているようにも見える。実際、一九九九年十二月十七日に少子化対策推進関係閣僚会議で決定された「少子化対策推進基本方針」では、子育てを支援する良質な住宅、居住環境の整備を掲げ、「ゆとりある住生活の実現により子育てがしやすい環境を整備するため、良質なファミリー向け賃貸住宅の供給を促進するなど、子育て世帯の広くゆとりある住宅の確保を支援する」と謳っていた。

しかし、赤川も指摘するように、人は子どもが生まれて家が手狭になるので、広い家に引っ越すということもあるだろう。そうであるならば、先の政策は因果関係を十分に検討していない、有効性の乏しい政策であるということになる。

因果関係を考える際に、想定している独立変数が従属変数に時間的に先行しているかどうかを考えることは、当たり前のようであるが、しばしば見逃される。

実験と観察

独立変数の時間的先行という条件をクリアする最善の方法は、実験である。第1章で取り上げた光合成の実験を思い出そう。そこでは、朝顔の葉の半分を光を通さないアルミ箔で覆う。そして、数時間太陽光の下に置く。その後に、朝顔の葉にデンプンが生じたかどうかを調べている。太陽光という独立変数は、デンプンの生成という従属変数の確認に先行して処置（treatment）されている。

しかしながら、観察に基づく因果関係の推論では、時間的先行を人為的に実現することは不可能である。先に見た、出生率と住宅面積の関係で、われわれが観察しているのは、平均住宅面積の大きい県は出生率が高くなる傾向があるという事実である。もし実験が可能なら、ランダムに選んだカップルのグループを、広い家と狭い家に住んでもらって、両グループで子どもの数に差が生じるかを確認すればよい。しかし、この実験を実施することは困難であろう。通常われわれは、観察に基づいて相関を確認し、そこから因果推論をしようとする。もちろん、独立変数については従属変数のデータよりも、前の時期のデータを用いるなどの工夫はできよう。しかし、因果関係の向きがどちらに向かうかを完璧に判断することは、実験とは異なって難しい。たとえば、t年度の住居面積と$t+1$年度の出生率の相関を確認できたとしよう。しかし、$t+1$年度に出生率の高かったところは、t年度にも出生率は高く、t年度の住居面積は出生率の影響を受けているかもしれないのである（コラム⑥参照）。

内生性

ところで、平均気温の高いところで出生率が高いという相関関係や、治安の良いところで出生率が高いという相関関係については、住宅面積と違い、因果関係の向きは想定しやすいだろう。子どもがたくさん生まれるところでは、気温が高くなったり、治安が良くなったりするという因果関係は、論理的には想定しにくいからである。この場合は、この相関関係が本当の因果関係かどうかを検討する次のステップに進むことになる。次章のテーマである。

では、平均気温や犯罪発生率と異なり、逆の因果関係が疑われる住居面積の特徴は、どこにあるのだろう。先にあげた相関係数は同じ調査年度のデータを用いて計算している。平均気温や犯罪発生率が、出生率に時間的に先行しているわけではない。ここでの違いは、先に見たように、論理的に考えて、従属変数と想定している「出生率」が、独立変数と想定する「住居面積」に影響している可能性があるのに対して、平均気温や犯罪発生率ではそのようなことが論理的に想定されないという点にある。この問題は、内生性（endogeneity）の問題として統計学では扱われてきた（第7章に出てくる回帰分析において、独立変数と誤差項の間に相関関係があるときに、その変数は内生変数だと言われる。このような場合に、最小二乗法に基づく直線回帰を行った場合、その推定結果に歪《ゆが》みが生じることが知られている）。内生性は、独立変数が少なくとも部分的に従属変数の影響を受ける場合に発生すると言うこともできる（キング＝コヘイン＝ヴァーバ 二〇〇四、第5章）。具体的な例を通して見ていこう。

ビジネス書は信じるにたるか？

年々厳しくなる就職戦線。成功するには企業についてしっかり知識を得ておく必要がある、と言われる。新卒で勤めた会社で、定年まで働くということは少なくなったといえども、自分の勤める会社はできれば成功を続ける良い会社であってほしいと思うだろう。そこで、意識の高い学生の多くが、書店のビジネス書のコーナーでいろいろと参考になりそうな本を物色する。どのような会社が成功を続けるのかという関心は、実際に企業を経営する人やベンチャーを始めようという人も持つだろうし、企業に投資を考える人も持つだろう。そのため、多くの類書が発売され続けている。

その中でも、最も長く売れ続けているものに、ジェームズ・C・コリンズとジェリー・ポラスによって一九九四年（邦訳は一九九五年）に出版された『ビジョナリーカンパニー』がある。その後、『ビジョナリーカンパニーZERO』まで六冊にわたって出版され、いずれも大いに売れている。うらやましい限りではある。

第一作の内容を見よう。著者たちは、同書は「将来にわたって繁栄する組織をつくるための設計図面」（Collins & Porras 1994, p.xxiv; コリンズ＝ポラス　一九九五／ローゼンツワイグ　二〇〇八、一五七頁）であり、「これを読めば、誰でも傑出した組織づくりの先導者になれる。これらの企業の教えは、あらゆるレベルの管理者が学びとって応用できるものだ」として、「あなたも、学べる。実践できる。そしてビジョナリーカンパニーをつくれる」（Collins & Porras 1994, p.21; コリンズ＝ポラス　一九九五／ローゼンツワイグ　二〇〇八、一五七頁）と書いている。大変な自信の著である。しかしながら、同書は大きな問題点を持つことが、経営学者であるフィル・ローゼンツワイグ著の『なぜビジネス書は間違うのか』という刺激的な図書で指摘されることになった。以下、その批判を紹介しよう。

はたして、『ビジョナリーカンパニー』では、どのような秘訣が示されたのだろう（ローゼンツワイグ 二〇〇八、一五六頁）。以下にあげてみよう。

○会社の意思決定と行動を導く基本理念をもつ。
○強力な企業文化をきずく。
○従業員のやる気と長所を引き出すような大胆な目標をさだめる――いわゆる「BHAG《ビーハグ》（社運を賭けた大胆な目標）」。
○人材を育成し、社員に自発的に向上させる。
○実験精神とリスクを厭《いと》わない姿勢を養う。
○卓越した企業になろうと鋭意努力する。

実はこの秘訣は、一九八二年に出版されたアメリカのコンサルタント会社であるマッキンゼー社のトム・ピーターズとロバート・ウォータマンによる『エクセレント・カンパニー――超優良企業の条件』（ピーターズ＝ウォータマン 二〇〇三）が提唱するものとよく似ている。そこでも、「人」を通じての生産性向上、価値観に基づく実践、行動の重視、会社の中心となる価値観を徹底的に浸透させるとともに、その価値観に従う社員の自主性を尊重するといった、優良企業が実践すべき原則が提唱されていた（ローゼンツワイグ 二〇〇八、一四二―一四三頁）。

一見、なるほどと納得しそうになるアドバイスである。では、どのようにしてこのような秘訣や条件が見出されたのだろう。ここが、ローゼンツワイグによる厳しい批判の肝にかかわる。実は、『エクセレント・カンパニー』は、適当なデータを捏造《ねつぞう》して書かれたものであったことが、著者の告白で明らかになっている（Peters 2001, pp. 81, 144）。これは論外である。しかし、今も売れ続ける『ビジョナリーカンパニー』は違う。社史や自伝を含む多くの本を読み、論文から企業の刊行物、ビデオに目を通し、『フォーブス』誌などの雑誌や『ウォールストリート・ジャーナル』紙のような新聞はもちろん、ハーヴァード大学やスタンフォード大学のビジネススクールの教材となったケーススタディ（事例研究）まで、膨大なデータに当たっている。

ここまでやればよいのではないかと思えるが、ローゼンツワイグは大きな問題をこの方法に見るのである。それは、彼が言うところの「ハロー効果（halo effect）」である。ハローとは、理想化された人物や事象を取り巻く「後光」という意味である。著者たちは、調査対象である優良企業を、厳格な条件に基づいて選んでいる。それらは、①業界における卓越した企業である。②見識ある経営者や企業幹部たちの尊敬を広く得ている。③消えることのない足跡を社会に残している。④最高経営責任者（CEO）が世代交代している。⑤最初の主力製品やサービスのライフサイクルを超えて、今も繁栄している。⑥一九五〇年以前に設立され、今も成功している。この条件を満たしているのは、まさに時代を超えて成功し続ける押しも押されもせぬ優良企業だろう。しかし、それゆえに調査は難しい。このような超優良企業であれば、そこで行われていることは何であれすばらしく見える。後光が差してしまい、正確な事実が把握できないというのである。

ここは、ローゼンツワイグに語ってもらおう。

徹底した調査だといいながら、コリンズとポラスは基本的な問題にとり組んでいない。基本的な問題とは、いうまでもなくハロー効果である。集めたデータの大半は雑誌や新聞や企業の刊行物からのものので、ハロー効果でゆがめられているおそれがある。また、経営者にインタビューし、経験をふり返って成功の理由を説明するよう求めたが、これもまたハロー効果に影響されやすいやり方だ。データにハロー効果が含まれているなら、それを何箱分集めようと意味はない。大きな成功をおさめている企業を選び、自己評価か新聞雑誌の記事をもとにふり返ってみれば、すばらしい企業文化と揺るぎない価値観をもち、卓越した企業であろうとする堅い志があったという答えが導かれることだろう。そうではない答えが返ってきたら、そのほうが驚きだ。（略）業績から独立したデータを集めてハロー効果を回避しないかぎり、好業績の要因を説明することはできない。（ローゼンツワイグ 二〇〇八、一五七―一五八頁）

ここでは、まさに「内生性」が問題にされていることがわかるだろう。秘訣を守ってきたから成功したのではなく、成功したからそれが秘訣に見えるという逆の因果関係である。だからこそローゼンツワイグは、業績から独立したデータに原因を求める必要を述べるのである。彼によれば、エクセレントやビジョナリーとされた企業のかなりが、予想に反して実はその十年後には業績を低迷させていたのは、このような分析上の欠陥によるとされる。成功の秘訣も、超優良企業も、そう簡単には見つからないのである。

残念ながら、類似のビジネス書は世に溢れている。たとえば中沢孝夫は、日本の企業の現場を訪ねて「強い企業」の秘訣を探り、多くの図書を出版している（中沢 二〇〇八）。具体的なミクロな経済分野を専門とし、その丹念な取材には定評があるということである。しかし、その手法も成功した企業への聞き取り調査を中心としたものである。さらに、『ビジョナリーカンパニー』とは異なり、そこには対象の選択に関する方法論的な自覚も、体系的な分析の試みもほとんど見られない。『ビジョナリーカンパニー』では、成功した企業と同じ業界で、そこまでは成功しなかった企業との体系的な比較が試みられている。これは、第9章で論ずる差異法である。中沢の著書『すごい製造業』（典型的には第三章）にはそのような社会科学的な分析の枠組みは用いられず、単に見聞録が並べられているのみである。就職活動をする学生には、このようなビジネス書でなく、ぜひともローゼンツワイグのすばらしい図書を読むことをお勧めしたい。

選挙活動の効果

内生性のもたらす問題について、もう一例をあげて考えておこう。

二〇二四年についに総理となった石破茂は、二〇一二年に自民党幹事長に就任した後、自党の機関誌『自由民主』（第二五二八号）で、選挙に強い自民党をどう作るかという問いに対して、以下のように答えている。

小選挙区であれ中選挙区であれ、選挙の基本は一緒です。「歩いた家の数しか票は出ない。握った手の数しか票は出ない」と思っています。毎日、３００～４００軒歩くのは当たり前、自分の体験では６００軒歩けます。

大事なのは、必ず有権者の方の目線より下から手を握り、頭を下げることです。会社回りのときも、必ず従業員の方一人ひとりに接し、会合に呼ばれたら、その団体や企業が抱えている課題をしっかりと語ることです。市町村などの自治体に出向くときも同様です。投票日に自分の名前を書いていただくことがどれだけ大変か認識すべきです。（http://www.jimin.jp/activity/colum/118837.html）

同僚議員との人間関係の構築が不得手だとされる石破の発言としても興味深い。それはともかく、「歩いた家の数しか票は出ない。握った手の数しか票は出ない」というのは、田中角栄元首相の言葉であり、その弟子とも目された小沢一郎なども同じような発言をしている。しばしば、「どぶ板選挙」と揶揄《やゆ》され、日本の選挙の悪しき特質であるかに言われることもある。しかし、アメリカの選挙も大きく事情は変わらない。たとえば、オバマとロムニーが争って大激戦となった二〇一二年のアメリカ大統領選挙でも、ground operation と呼ばれる激しい投票動員が、各選挙区で行われた（*Wall Street Journal*, October 8, 2012）。そこでは、有権者に飲食を提供してそのまま投票所へと送り込んだり、車で投票所まで送り届けたりするような選挙活動まで行われた。日本の新聞も、これを「どぶ板選挙」と報道した（『日本経済新聞』二〇一二年十一月六日付）。トランプとハリスも、二〇二四年に同じような選挙戦を繰り広げた。

民主主義体制の下で、政治家にとっては選挙に勝利するかどうかは最大の関心事である。「猿は木から落ちても猿のままだが、政治家は選挙に落ちればただの人になる」と言ったのは、戦前からの保守政治家で自民党副総裁も務めた大野伴睦であったが、当選することが政治家の至上命題であることは洋の東西を問わない（Fenno 1978）。当選したいあまりに「どぶ板選挙」に打って出るのは、当たり前のことであろう。

さて、ここで日本の衆議院議員選挙（小選挙区）で、このタイプの選挙戦術がどれほど有効なのかを実証的に検証しようとしたとする。ここでは、独立変数は「どぶ板選挙」をどの程度やるかであり、従属変数は得票率となろう。石破幹事長は、ここに有意な正の相関があり、それは因果関係であると主張している。そこで、各候補者が選挙区有権者の何パーセントと握手をしたかで「どぶ板選挙活動」を操作化し、それが得票率にどれほど寄与したかを検討するとしよう。しかし、ここで問題が生じる。確かに、石破を含む多くの政治家が信じるように、どぶ板選挙は得票を増加させ、得票率の上積みにつながりそうに思える。しかし、そもそも当選が確かな候補者は、そこまでがんばってどぶ板選挙をしなくても高い得票率を得るだろう。他方、苦戦している候補者ほど、どぶ板選挙にがんばるが、得票率はそれほど上がらない。

ここでも、内生性が問題となっている。従属変数であるはずの得票率が、逆に独立変数であるどぶ板選挙の度合いに影響してしまう。得票率が高くなりそうな人は、あまりどぶ板選挙をせず、得票率が低くなりそうな人はがんばる。その結果、どぶ板選挙をしなかった人でも得票率の高い人が存在することになり、どぶ板選挙の効果は全体として見たときに、過小評価されてしまうのである。この結果を信じて、石破幹事長のアドバイスを軽視する候補者はきっと痛い目を見ることになる。ここでは、従属変数である得票率にも独立変数であるどぶ板選挙にもともに影響を及ぼす「候補者の選挙でのもともとの強さ」という他の変数、すなわち交絡変数を考慮に入れていないこと（変数無視のバイアス）が問題を生じさせている、とも言える。次の章では、このような問題をどのように解決すべきかを、さらに考えてみよう。

コラム⑥　棄権することで損をする若者？——時系列データに気をつけて

本章でもふれたように、今やインターネット経由でさまざまなデータが簡単に入手できるようになった。誤った情報やいいかげんなデータも多いので、その扱いに際しては情報の出所を確認するなど注意は必要であるが、便利な時代になった。他方、Ｒのような統計ソフトも無料で利用できるようになり、ＣｈａｔＧＰＴなどの生成ＡＩにアドバイスをもらえばＲのスクリプトやＰｙｔｈｏｎのコードも容易に書ける。その恩恵を筆者も大いに享受している。ゼミでも、計量分析を利用して研究する学生が多くいる。「ＡＩ民主化」による計量分析への参入障壁の低下を実感している。しかし、手軽に分析できるようになっただけに、必ずしも充分な注意を払わずに分析を行ってしまう危険があることを、本章では説明した。ここでは、そのような例をもう一つ見ておこう。

若者の投票率は年々低くなってきた。他方で、国債という国の借金は毎年どんどん増えてきた。国債は、基本的には将来世代への借金のつけ回しである。若者が熱心に政治に参加しないから、政治家は若者へのつけ回しを安心してやってきたのではないか。同様の主張は、森川友義『若者は、選挙に行かないせいで、四〇〇〇万円も損してる!?』（森川 二〇〇九）でもなされている。おもしろい仮説である。

実は、この仮説を検証した分析が、東北大学のウェブサイトに二〇一三年七月十二日付で「若年世代は1%の投票棄権でおよそ13万5千円の損!?」と題して掲載された。このプレスリリースは、学部のゼミの研究発表を紹介したものである。そこで示されたのは、若年層の投票率が下がると、若年世代一人当たりの新規国債発行額が上がり、若者と高齢者の間で一人当たりの社会保障給付の差が拡大するという分析結果である。第7章で説明する、重回帰分析を用いた分析となっている。こんなに損をするなんて大変なことである、という気になる。

しかし、この主張のもとになるデータの分析には、少し問題がある。ここでは、投票率、国債発行額、社会保障給付の年ごとの時系列データが用いられている。これらのデータはいずれも時間とともに一定方向へのトレンドを持って変化している。このため、そこでは簡単に相関関係が観察される。しかし、これらの変数間の共変関係は、見かけ上の相関を含んでいる可能性が高い（系列相関）。この分析についての具体的な検証を行った飯田健「東北大学プレスリリースについての疑問と再分析」（飯田 二〇一三）は、このような因果関係はこのデータからは見出せないことを示している。時系列データを使って分析する際には注意が必要であることが、よくわかる。詳しくは統計学の教科書で学んでほしい。

ただ、ここでもう一つ指摘したい点がある。この因果関係のモデル自体についてである。ここでは、若者が一人（あるいは、一パーセント）投票に行かないことで、一定の金額の損を被るというモデルを設定して分析がなされている。逆に言うと、一パーセント投票率が上昇するごとに、一人について一三万五〇〇〇円得をするという直線的なモデルになっている。しかし、あなたの一票で選挙の当落が変わることはまずありえない（北山・久米・真渕 二〇〇九）。政治家が、若者の利益を真剣に考慮しようと思うのは、ある一定程度まで若者の投票率が上昇して後のことである。そうであるならば，このような直線的な因果関係を単純に想定することは問題である。政治の世界での利益の実現には集合行為が必要であることを理解することが，政治現象を理解する第一歩である。

第7章 他の変数の統制
それは本当の原因ですか？

朝ご飯食べた？

朝ご飯を食べない子どもが増えている。平成二十四年版『食育白書』(http://www8.cao.go.jp/syokuiku/data/whitepaper/2012/book/index.html) では、「子どもたちが健やかに成長していくためには、適切な運動、調和のとれた食事、十分な休養・睡眠が大切である。しかしながら、最近の子どもたちを見ると、「よく体を動かし、よく食べ、よく眠る」という成長期の子どもにとって当たり前で必要不可欠である基本的な生活習慣に乱れが見られる。今日の子どもの基本的な生活習慣の乱れは、学習意欲や体力、気力の低下の要因の一つとして指摘されている」として、このような生活の乱れの現れを、朝食をとらない子どもたちの多さに見出している。文部科学省の平成二十二年度「全国学力・学習状況調査」では、朝食を食べないことがある小・中学生の割合は、小学校六年生で一一パーセント、中学校三年生で一六パーセントに達しているという。そしてその調査では、**図7-1**が示すように、朝

図7-1　朝食の摂取と学力調査の平均正答率との関係

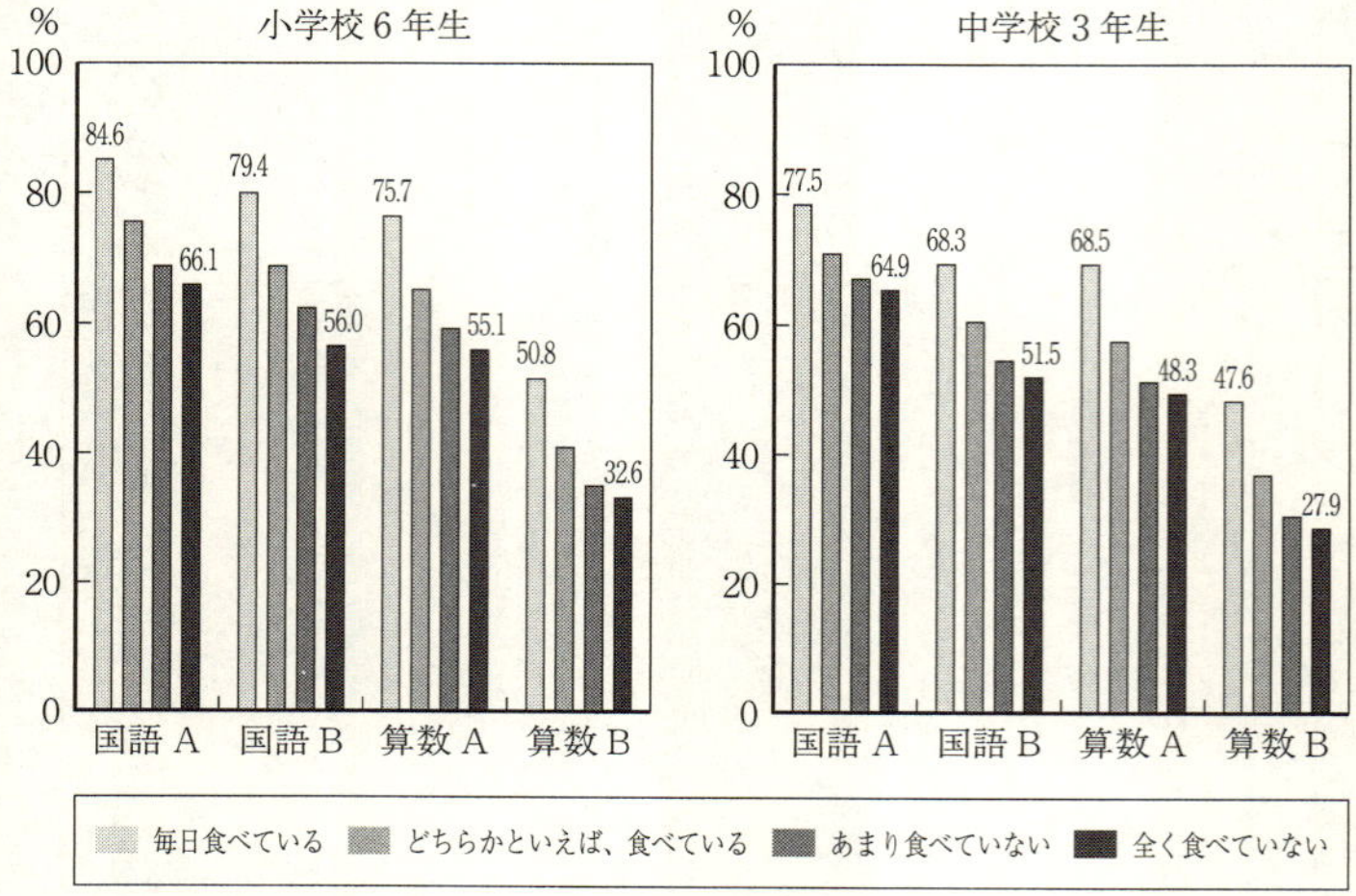

［資料］　文部科学省「全国学力・学習状況調査」(平成22年度)。
［出典］　内閣府ホームページ。

食をとるかとらないかで、勉強のできが違ってくるという。

少なくとも試験前には朝食をとった方がよさそうである。

非行と朝食

さらに興味深いことには、内閣府が行った「第4回非行原因に関する総合的研究調査」(平成二十二年三月)は、朝食をとっているかどうかと非行に走るかどうかが関連しているとの結果を発見している。この調査は、全国の公立小・中・高生と公立大学生、そして補導された少年、少年鑑別所に入っている少年を対象とする大規模なものである。結果を見ると、なるほど非行少年は明らかに朝食をとっていない場合が多い(**図7-2**)。ますます、朝食を食べようとい

図７-２　朝食の頻度

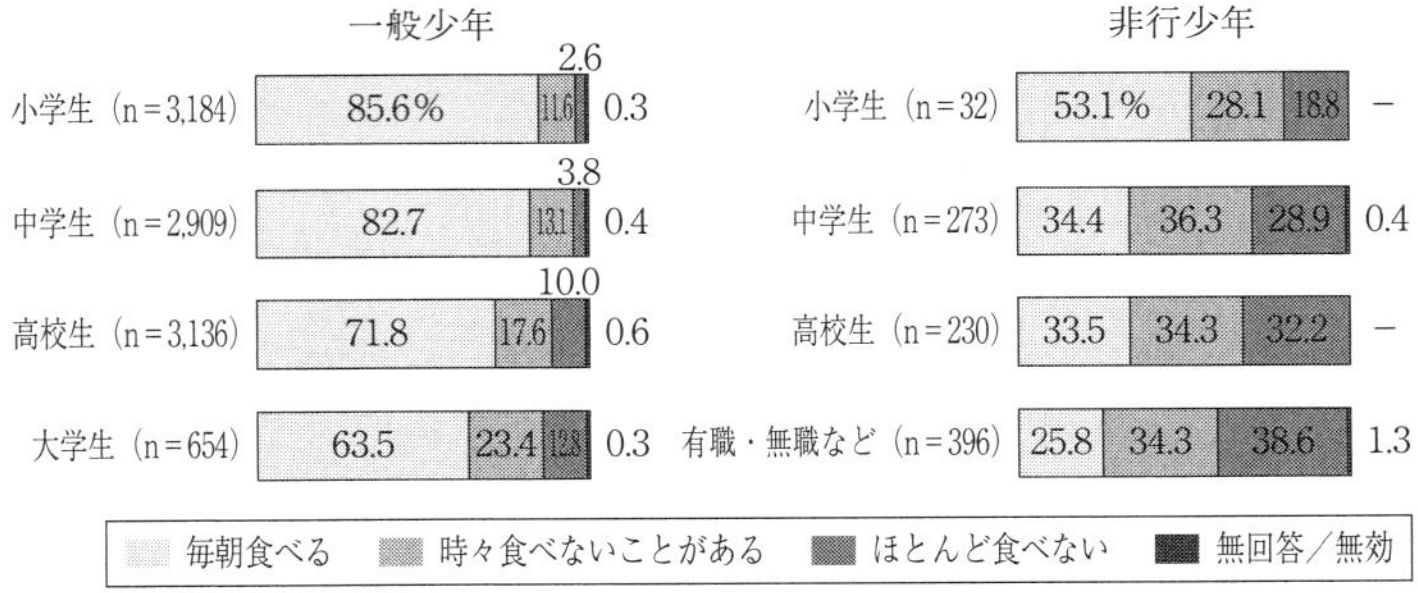

［出典］　内閣府ホームページ。

う気になるだろう。

二〇〇五（平成十七）年には、国民が生涯にわたって健全な心身を培い、豊かな人間性を育むため、食育に関し基本理念を定め、国、地方公共団体などの責務を明らかにするとともに、食育に関する基本的事項を定めることを目的とする食育基本法が施行されているが、内閣府の調査はこれをふまえたものである。また同年には、未来を担う子どもたちやその保護者、日本経済を担う成人に対し、「食」の啓蒙活動および「食育」に関する知識の普及活動を行い、健康な社会の基盤づくりに寄与することを目的とするＮＰＯ法人日本食育協会が活動を始めている。

この協会のホームページ上の「食育講座」には、朝食をとらない子どもが非行に走る因果関係について、詳しい解説が載せられている。少し見ておこう（日本食育協会ウェブサイト）。

> 朝食を摂らないと、血糖が低下し始め、体温も下がり、体の抵抗力は弱まって脳の働きが悪くなってきます。エネルギーを補給するために、肝臓からグリコーゲンを取り出し血糖（グル

コース）を、また筋肉のタンパク質を分解し、その中のアミノ酸を糖に変え脳に供給します。そのときに血糖を高めて、脳の活動を維持する色々なホルモンが分泌されます。イライラや攻撃性・興奮・ストレスに関与するアドレナリン、ノルアドレナリンや副腎皮質ホルモンの分泌が、精神的に微妙な影響を与えるのです。

ここでは、因果関係のメカニズムが説明されている。そして、この講座では茨城県警と筑波大学が共同で調査した報告書が、非行少年の朝食をとる率の低いことを報告していることを併せて指摘し、「朝食を摂らない非行少年は、脳の糖代謝が前頭葉の部分で低下し、偏食による低血糖やビタミン、ミネラルの欠乏と相まって抑制が効かなくなり、その結果非行に暴走するということを示しています」と結論づけているのである。

因果関係の検討

確かに、空腹時にイライラすることはだれしも経験する。教授会が長引いて、教員たちのお腹がすいてくると、議論がとげとげしくなったりもする。先の、生理的なメカニズムが働くのかもしれない。しかし、ここはもう少し慎重に検討しよう。

はたして、因果関係は先の主張のとおりに流れているのだろうか。非行で補導される少年は、夜遅くまで街で遊んでいたりするだろう。その結果、朝起きられなくて朝食を抜くこともあるかもしれない。この場合は、非行行為が原因となって、朝食を抜いてしまうという逆の因果関係が存在すること

図7-3　朝食と非行の関係

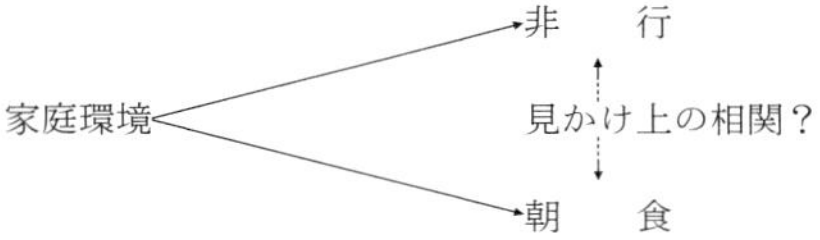

になる。前章で見た「内生性」が、ここで生じていると言える。そうだとすると、朝食を一所懸命とらせても、非行はそれほど減らないかもしれない。

しかし、食育協会の因果推論の問題はそれだけではない。朝食をとらない子どもと毎日とる子どもとを考えてみよう。はたして、朝食をとらない子どもは、親が用意してくれたおいしい朝食に目もくれずに出掛けるのだろうか。そういう家庭もあるかもしれない。しかし、そもそものような朝食が用意されない家庭もあるだろう。家庭環境が、朝食を食べる子どもと食べない子どもで異なっている可能性がある。朝食を用意してくれるような恵まれた家庭環境とそうでない家庭環境の違いが、非行に影響しているのかもしれない。そうすると、前項で観察される、朝食と非行の共変関係、相関関係は、見かけ上の相関関係かもしれないのである（図7-3）。

ここでは、観察している「朝食」と「非行」の関係に、他の変数である「家庭環境」が交絡変数として介在している可能性があることになる。変数無視のバイアスが、問題になる。

本章の課題は、このような他の変数の影響を考慮した上で因果関係の推論を行う重要さを考えることにある。ある独立変数が、従属変数に影響しているという主張をするときには、他の変数の影響を取り除いた上でそのような影響がなお存在することを示す必要がある。

観察と他の変数の統制

非行の例を続けよう。朝食をとるかとらないかは、家庭環境の影響を受けている可能性がある。そこで、本当の朝食の影響を見るための工夫が必要になる。家庭環境の影響をコントロールして朝食摂取の影響のみを取り出す方法を考えよう。何らかの方法で家庭環境が同じ程度のサンプルを取り出して、その中で朝食をとるグループととらないグループの非行率を比較できれば、家庭環境という他の変数をコントロールできたことになる。家庭環境をどのように操作化するかは難しい問題ではあるが、たとえば、弁当を持参しているグループとそうでないグループに注目するという方法があるかもしれない。子どもに弁当を持たせる家庭の方が、平均的に見て子どもにとっての家庭環境は良いと言えると想定する。弁当を持たせるような良い家庭環境の生徒だけを対象に調べてみて、それでも朝食摂取の違いで非行率に差が出れば、朝食が独立変数であるという結論は本当らしくなるだろう。

重回帰分析

このような推論を、統計的に洗練された方法で行うのが重回帰分析である。二〇一一年に早稲田大学高等研究所のプロジェクトで、筆者も参加して行ったインターネット世論調査を利用して説明しよう。

この調査では、貿易自由化をめざすＴＰＰ（環太平洋パートナーシップ協定）への賛否を五段階尺度で聞いている。ここで、ＴＰＰへの態度を決めている原因を探りたい。いろいろな原因があるだろう。男女で自由貿易への態度が違うことは、さまざまな研究で明らかにされている。自由貿易のメリットを理解するにはある程度の知識が必要だとすると、学歴も影響するかもしれない。同じく、人生経験が増えると貿易のメリットもよく理解するようになるとすれば、年齢も影響するかもしれない。ＴＰＰへの態度（ここでは、賛成＝1から反対＝5までの五段階尺度）が、性別（男性＝1、女性＝2）、年齢（実年齢）、学歴（中卒以下＝1、高卒＝2、専門学校・短大卒＝3、大卒以上＝4）のそれぞれによってどの程度影響されるかを推定するのが重回帰分析である。誤差は三つの独立変数以外の要因によってもたらされる部分である。数式にすると、以下のようになる。

ＴＰＰへの態度＝a×性別＋b×年齢＋c×学歴＋定数＋誤差

詳しくはここでも統計学の教科書を参照してほしいが、重回帰分析では、a、b、cの値を推定することで、性別、学歴、年齢がどの程度ＴＰＰへの態度を決めるかを判断する。表7-1に、分析結果を示そう。

この結果は、たとえば年齢が一歳高くなると、ＴＰＰへの態度が賛成の方向へ〇・〇一八ポイント動き、学歴が一区分高い方に動くと、やはりＴＰＰ賛成の方向へ〇・〇七六ポイント動くことを示している。性別は、女性の方が〇・二七一ポイント反対に傾く（標準化されていない係数のBを見ている）。この係数から、ＴＰＰへの態度は男性と女性では〇・二七一ポイントしか違わないけれども、二十歳

表 7-1　TPP への態度（性別，年齢，学歴による影響）

	標準化されていない係数		標準化係数		
	B	標準誤差	β	t 値	有意確率
（定数）	3.413	0.173		19.693	0.000
性　別	0.271	0.049	0.102	5.481	0.000
年　齢	−0.018	0.002	−0.182	−9.821	0.000
学　歴	−0.076	0.030	−0.048	−2.562	0.010

［注］ ここでは，従属変数を便宜上連続変数と見て，OLS 直線回帰分析を行っている。モデルは，本分析も次分析も 1% 水準で有意であるが，調整済み R2 乗は，0.047，0.058 といずれも小さい。本来は，従属変数は順序変数であるので，順序ロジットを行うのが望ましい。なお，このデータを順序ロジットモデルで分析しても同じような結果になる。また，OLS 回帰を行う際には，推定誤差の分散の安定性（homoscedasticity）など，いくつかの前提条件が満たされなければならない。これらについても，統計学の教科書で学んでほしい。ここでは，重回帰分析のイメージをつかんでもらうことに主眼がある。

［データ出典］ 早稲田大学現代日本社会システム研究所／河野勝代表。

の人と六十歳の人では、四〇歳の年齢差があり四〇×マイナス〇・〇一八で、〇・七二ポイント差があることがわかる。三つの独立変数の相対的な影響を簡単に比較するには従属変数と独立変数を、いずれも平均ゼロ、分散一に標準化して計算した係数、標準化係数β（ベータ）を見る方法もある。そうすると、年齢がマイナス〇・一八二と最も係数の絶対値が大きいので、三つの独立変数の中では、最大の影響を及ぼしていることがわかる。これらの結果は、それぞれ五パーセント水準で有意である（有意確率が、すべて〇・〇五以下になっている）。

しかし、近年、男女の進学率に差がなくなりつつあるとはいえ、今回の調査は全年齢層を対象としており、平均的に言って男性の方が女性より学歴は高い。そうすると、性別による影響は、学歴の影響を含んでいるのではないかという疑念が生じる。しかし、この重回帰分析にはすでに学歴という独立変数

表7-2　TPPへの態度（性別，年齢，学歴，所得による影響）

	標準化されていない係数		標準化係数		
	B	標準誤差	β	t 値	有意確率
（定数）	3.495	0.183		19.118	0.000
性　別	0.287	0.052	0.107	5.536	0.000
年　齢	−0.016	0.002	−0.163	−8.290	0.000
学　歴	−0.045	0.032	−0.028	−1.410	0.159
所　得	−0.085	0.014	−0.114	−5.854	0.000

［データ出典］　早稲田大学現代日本社会システム研究所／河野勝代表。

が含まれている。ここでの結果は、学歴という変数を統制した上での、性別の影響を推定しているのである。この点をもう少し見よう。

今、学歴が高いほどＴＰＰを支持するという知見を得た。しかし、学歴が高い人は所得が高い傾向にある。そうであれば、所得の高い人がＴＰＰを支持しているということで、学歴は見かけ上の相関を示しているのではないかという疑念が生じる。そこで、先の重回帰モデルに所得（二〇〇万円未満から一四〇〇万円以上までの八段階）を加えて、再度分析をしてみよう。その結果が**表7-2**である。

標準化係数βで見ると、学歴の影響はマイナス〇・〇二八とずいぶん小さい。それだけではなく、この係数は一〇パーセント水準でも有意ではない。学歴の影響は、所得をコントロールしたことによって消えてしまった。学歴は、ＴＰＰへの態度に対して見かけ上の相関をしていたと考えるべきであろう。言い方を変えれば、所得という他の変数を統制すると、独立変数である学歴の影響は消えてしまったということになる。少なくともこのデータからは、学歴はＴＰＰへの態度を決める要因ではない、という結果になったのである。

このように、観察データを用いて因果関係を探る際には、重回帰分析が他の変数を統制する大変有用な手法になる。しかしながら、この手法にも問題がある。もしわれわれが、想定する独立変数の影響を正しく推定する上で統制すべき他の変数、交絡変数を知っていればそれを重回帰分析に投入すればよい。先行研究があれば、そこで統制されている変数を用いることができるだろう。また、因果メカニズムを理論的に想定して統制すべき変数を決めるという手もある。しかし、それでもなお見過ごされている他の変数があるかもしれない。また、データのサイズによっては投入できる統制変数に制約が生じることもある。他の変数の統制は、なかなか困難な作業である。

解決法としての実験とその不完全性

では、その解決方法はあるだろうか。第1章で見た光合成実験を再び振り返っておこう。そこでは、同じ朝顔の葉に対して、光の当たり方だけを変えて、それ以外の条件（他の変数）を一定にし、デンプンが生成されるかどうかを検証した。非行と朝食に関する研究と比較して、この実験では他の変数を人為的に統制しようとしている。因果推論として、より厳密であることは明らかである。一組の一卵性双生児を連れてきて、一方には朝食を与え、他方には与えない。それ以外の条件は同じにして、一年間観察をするならば、同じ程度には他の変数を統制したことになるだろう。しかし、ここには問題がある。このような実験が倫理的な観点から許されない、ということだけではない。いま述べたこれらの実験は、いずれも因果推論を行う方法としてまだ問題を含んでいる。統計学者のポール・W・ホランドが「因果推論の根本問題」として示したのがそれである（Holland 1986, pp. 945–960）。

因果推論の根本問題

この根本問題を理解するために、因果関係が何を意味するかについて、第1章で紹介した因果関係に関する反実仮想モデルに基づいて再度確認しよう。われわれは、ある原因によって一定の結果が生じるときに因果関係があると言う。より厳密に言うならば、他の条件を変化させずに独立変数の値だけを変化させたときに、従属変数の値がそれに応じて変化する、すなわち因果効果が生じる場合である。前項で述べた実験でこの因果効果は容易に確認できるように思われるかもしれない。しかし、よく考えると、光が当てられた部分と当てられなかった部分とは、同じ朝顔の葉とはいえ、その葉の違う部分である。双子の二人も、違う人間である。厳密に因果関係を確認するためには、反事実的(counterfactual)な推論を行わなければならない。こう書くと難しく聞こえるが、要するに、まずは朝顔の葉に光を当ててデンプンの生成を確認し、その後にタイムマシンに乗って過去に遡り、同じ葉に今度は光を当てずにおいて、デンプンが生成されないことを確認する。こうすれば二枚の朝顔の葉が持っているかもしれない異なる属性も完全に統制して、独立変数としての光の有無のみを変化させることができる。きわめてシンプルな解決策であるが、もちろん実現はできない。

キング＝コヘイン＝ヴァーバは、「研究設計がどれほど完全なものであっても、集めた資料がどれほど大量であっても、観察者がどれほど鋭い感覚を持っていても、研究助手がどれほど勤勉であっても、そして、どれほど多くのことを実験的に制御したとしても、けっして因果的推論を確実には行いえない」という意味で、この問題が「根本」的であると論じている（キング＝コヘイン＝ヴァーバ 二〇〇四、九四頁）。

根本問題の「解決」方法

では、われわれはここであきらめるべきだろうか。ホランドは、この問題を解決する方法が二つあると言う。その一つは科学的解決である。先の朝顔を用いた光合成実験について、方法論的に異論が出されることはまずない。それは、朝顔の葉に光が当たれば、デンプンが生成されるということをわれわれが認めており、それを前提にして、葉に光を当てない場合にデンプンが生成されないという結果が出れば、それは光の持つ因果効果を確認したと考えてよいと判断するからである。それまでの科学的知識から、実験に用いられる朝顔の葉の比較対象部分は、いずれも光が当たればデンプンが生成されるであろう同質のもの（単位同質性があるもの）と認めることで問題を「解決」しようとするため、科学的解決と呼ばれる。

もう一つの方法が、統計的解決である。そこでは、ランダム化比較試験（Randamized Controlled Trial: RCT）を想定している。先の朝食と非行の例では、二人の子どもを連れてきて、一方には朝食をとらせ、他方にはとらせないで、その後の二人の行動を観察するという実験を考えた。しかし、たとえ双子であっても二人の子どもの間には、朝食をとるかどうかという独立変数以外に、なおいくつもの違いがある。朝食の影響だけを見ることができないという問題があった。そこで、ある中学の三年生を対象に、抽選で朝食を与えるか否かを決めて実験を行う。その結果、朝食を与えられたグループＡと朝食抜きのグループＢができる。この二つのグループにおいて非行行動の観察をしてグループ間の平均非行率を比較をする。この場合も、ＡとＢは異なるグループであるため、因果推論の根本問題は完全には解決しない。しかし、この二つのグループは、ランダムに作り出されているので性別、身長、性格といったさまざまな属性が、平均してみれば等しくなっていると期待できる。この結果、この実験デザインでは、朝食という独立変数以外の変数は統制されている、と考えることが可能になるのである。

ランダム化比較試験——消費者は自由貿易を好む？

先の例は架空の実験であるが、ランダム化比較試験のイメージは理解できるだろう。以下では、実際の例として、筆者とカリフォルニア大学サンディエゴ校の直井恵が行った実験を紹介しよう。貿易の自由化は、海外の安い商品が流入し国内産業が被害を受けるとして反対論を巻き起こす。例外なしの関税撤廃をめざすＴＰＰについても、安い農産物の流入を恐れる農家が強く反対している。輸入品と競合する産業に働く人も、自らの雇用や収入への悪影響を心配して反対する。しかし、自由化により安い商品が手に入るならば、消費者としては喜ばしいことだろう。

さて、多くの人は雇用や収入を心配する生産者であるとともに、消費者でもある。この両面性のゆえに、自分を消費者として意識するなら輸入の増加に賛成し、生産者として意識すると反対するのではないか、と考えたわれわれは、二〇〇八年十二月初旬に、二十歳から六十五歳までの人々を対象とし、インターネットを利用した実験調査を行いこの仮説を検証した。そこでは、調査の冒頭に消費者としての自分を意識させるスーパーマーケットなどの写真を見せた回答者グループ（消費者意識グループ：実験群）、生産者としての意識を喚起させるため工場などの写真を見せた回答者グループ（生産者意識グループ：実験群）、そして何も見せなかったグループ（統制グループ：対照群）各四〇〇人に対して、自由貿易に関する質問に答えてもらった。生産者としての刺激を与えた場合と消費者としての刺激を与えた場合に、人々の自由貿易への態度はどのように影響されるのかを知るための実験デザインである。ここでは、刺激を与えたか否かということ以外については、それぞれのグループの平均的な属性が同じであることを確認している（ただし、ここでの実験の対象者は、インターネット調査会社ヤフーリサーチ〈当時〉に登録していたモニターである。その意味では、別のバイアスがありうる。詳しくは、Naoi & Kume 2011; Naoi & Kume 2015 を参照）。

その上で、「近年、外国からの輸入が増えています。このことについて、あなたのご意見をお聞かせください」という質問に答えてもらったところ、悪いことだとする保護主義的な回答の割合は、消費者意識「実験群」で、統制グループ（対照群）に対して一三ポイント少なく、統計的に有意な差だった。これに対して、生産者刺激を与えても保護主義的な回答は刺激を与えない場合よりも四ポイント多くなるにとどまり、統計的に有意な差ではなかった。消費者意識は、自由貿易に対する支持を高めるという結果が確認できたのである（**図7-4**）。

図７-４　輸入増加を悪いことと答えた比率

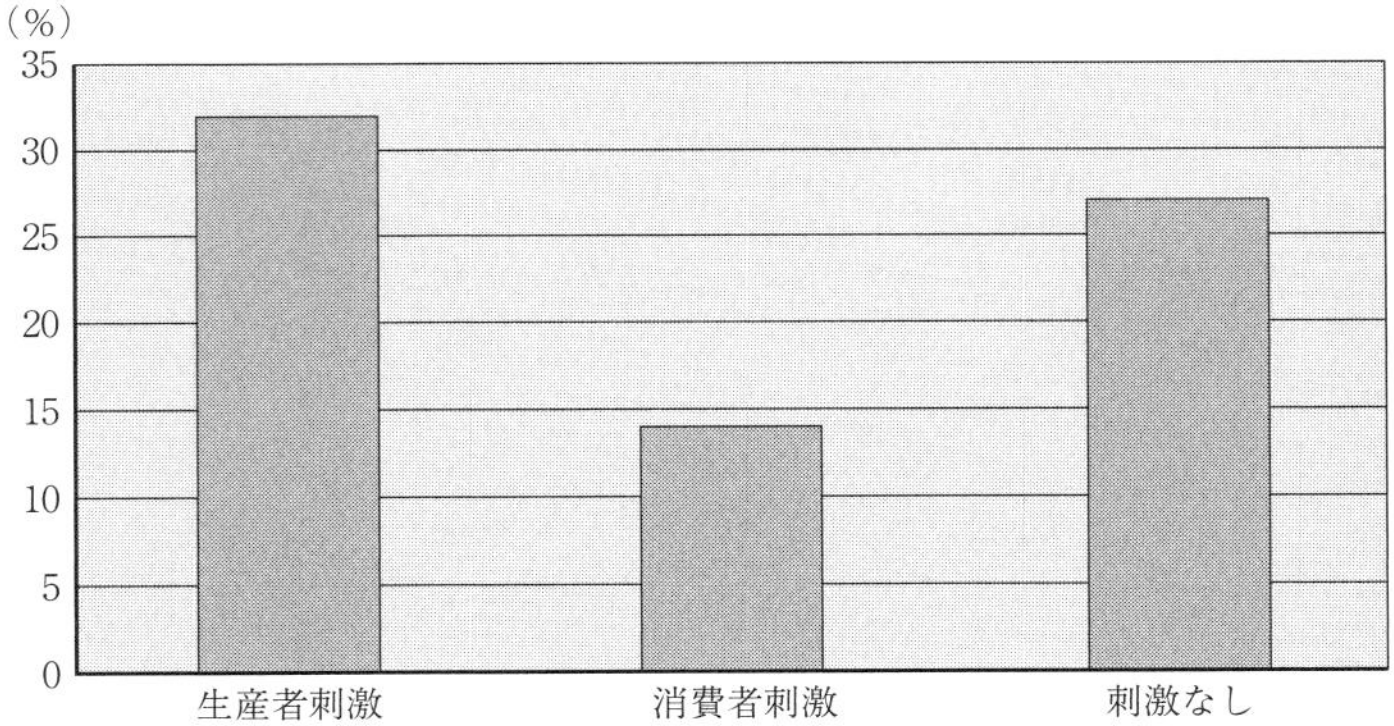

［出典］ Naoi & Kume 2011, pp. 771-795.

ここでは、独立変数である消費者刺激、生産者刺激以外の変数は、三つのグループの間で同じであると想定できる。そこで、従属変数である自由貿易への態度のグループ間の違いは、独立変数によってのみもたらされたと推論できるのである。さらに、このデザインにおいては、刺激を与えた後で自由貿易に対する態度を聞いている。前章で見た、独立変数の時間的先行という条件もクリアしているのである。

統計的因果推論

しかしながら、このように人為的に「処置」(treatment)をランダムに与えて実験刺激群と対照群を作るランダム化比較試験が、いつもできるわけではない。そこには、倫理的な問題（中学生に朝食を与えない！）や予算の制約による実現可能性の問題がかかわってくる。それに代わる手法として近年、注目を集めているのが、統計的因果推論の手法である。先の朝食の例を用いるなら、朝食を食べた中学生の非行の度合いに対して、同じ中学生が食べなかった場合の非行の度合い（反事実）を何とか推論することで、本当の朝食の効果を推定しようとする手法が取られる。この後見る偶然に出現した実験的な状況を利用して、実験群と対照群にあたる集団を見つけ出して、因果推論を行う自然実験や、観察データをうまく処理してランダム化比較試験と同じような状態を作り出そうとする試みがさまざまになされている（中室・津川 二〇一七、二二五頁）。

自然実験

たとえば、学校教育においてクラスが少人数であるほど教育効果が高い、という仮説を検討したいとしよう。そこで、生徒数が二〇人以下のクラスと四〇人のクラスを一〇〇選んで、学力テストの結果を比較して、仮説の検証を試みたとする。しかし、少人数クラスは、地方の過疎地域に多く、多人数クラスは都市郊外に多いとすると、この地域特性が従属変数である成績に影響しているかもしれない。クラスの規模以外の他の変数が統制されていないのである。

しかし、これを解決する研究デザインを見出すことができる。ヨシュア・アングリストとヨルン・ステッフェン・ピシュケが、*Journal of Economic Perspective* 誌であげる例を見よう（Angrist & Pischke 2010, pp. 3–30; Angrist & Lavy 1999, pp. 533–575）。イスラエルでは、一クラスが四〇人を超えることは法律で認められない。あるクラスで、定員を一人でも超えると、そのクラスは二〇人のクラスと二一人のクラスに分割される。イスラエルでは少人数クラスと多人数クラスが、偶然によって作られるのである。そのため、多人数クラスと少人数クラスには、平均的に言ってその特徴に違いはない。あたかも、ランダムに多人数クラスと少人数クラスを作ったような状況が生まれている。違うのはクラスサイズだけである。これは、自然が作り出してくれた理想的な実験状況である。大小のクラスの平均成績を比較して、彼らはクラスのサイズが有意に成績の差をもたらすことを示すのに成功している。このような手法は自然実験と呼ばれる。

差分の差分法

別の手法も見ておこう。従来経済学の主流の考えでは、最低賃金を法律で引き上げた場合、雇用主は労働コストの上昇を嫌って雇い入れを減らすため、失業率が上昇するとされてきた。これに対して、カードとクルーガーは、一九九二年に最低賃金を引き上げたニュージャージー州と引き上げなかったペンシルベニア州のファストフード産業における雇用動向を比較して、最低賃金引き上げは雇用の減少をもたらさないことを示した（Card & Krueger 1994）。しかし、両州はいろいろな面で異なる属性を持っているのに、なぜそのような結論が引き出せたのか。彼らは、両州の経済条件が類似しており、一九九二年以前までの失業率の変動はよく似た動きをしてきた、すなわち「平行トレンド」を示してきたことに注目する。しかし、最低賃金引き上げという「刺激」が与えられたニュージャージー州の失業動向は今まで連動してきたペンシルベニア州の動向と乖離したのである。この乖離分を刺激がもたらした因果効果と考えるのが、差分の差分法の発想である。しかも、ニュージャージー州においてむしろ失業率は低下したという。このような検討を通して、彼らは通説と異なる最低賃金引き上げの因果効果を主張し大きな注目を浴びたのである。ここでは、ニュージャージー州のファストフード店が実験群、ペンシルベニアのそれが対照群として扱われている。ただし、これで本当に他の変数が統制されているかには議論の余地はあろう。

これ以外にも、操作変数法（補章参照）、回帰不連続デザイン、マッチング法などさまざまな統計的因果推論の手法が利用されるに至っている。『「原因」と「結果」の経済学』や『データ分析の力』など多くのわかりやすい解説書が出版されているので、参照してほしい。これらの手法は、因果推論を厳密に行う点でその論証の「内的妥当性（internal validity）」は高い。しかしながら、上記の例からもわかるように、イスラエルあるいはニュージャージー州での分析結果が、より広い対象にとっても成立するかという「外的妥当性（external validity）」の面では、課題も抱えている。政治学分野においてどのように利用されているかについては、松林哲也『政治学と因果推論』（松林 二〇二一）が有用である。類書と異なり統計的因果推論の優位性と限界をバランスよく提示する好著であり、政治学における推論方法の多様性を意識した上での因果推論入門書となっている。より深く学ぼうとする人には、森田果『実証分析入門――データから「因果関係」を読み解く作法』（森田 二〇一四。水準は落とさずに、おもしろく、引き込まれる解説書！）やハーヴァード大学で政治分析方法を教える今井耕介の『社会科学のためのデータ分析入門（上・下）』（今井 二〇一八）をお薦めする。

本章では、因果推論を行う上での重要な条件である、他の変数の統制について説明してきた。取り上げた重回帰分析、ランダム化比較試験、自然実験等の統計的因果推論は、この条件をクリアしようとする試みであるが、いずれも多くの観察を前提とする計量分析（ラージN型研究）を用いたものである。歴史研究や事例研究のような質的研究（スモールN型研究）の意義はどこにあるのか。これについては、第9章と第10章であらためて検討する。

コラム⑦　リサーチクエスチョンと回帰分析——知りたいことは何ですか？

本章では、ＴＰＰに対する支持態度を従属変数とする重回帰分析を題材に、その説明を行った。では、この分析手法によってどのような問いに答えることができるだろうか。表7‐1と表7‐2を見ながら、もう一度考えよう。まず、何がＴＰＰ支持を決めているのかという問いを見よう。そこで、教育を受けることによって経済学的な知識が増えて、自由貿易を評価するようになり、ＴＰＰも高学歴の方が支持するのではないかと考えたとする。教育の程度が支持を決めるという仮説である。表7‐1から、四段階の学歴区分で一段階高学歴の人は、賛成方向へ〇・〇七六ポイント動くことがわかる。たとえば、高卒の人よりも大卒の人の方が、支持をするという結果である。そしてこの結果は、〇・一％水準で有意である。さて、仮説は支持されたと言えるだろうか。ここでは、統計的有意性は充分であったとしても、学歴がどれくらい支持の度合いを決めているかという実質的な評価をする必要がある。学歴一段階で〇・〇七六ポイント賛成に動くということは、中卒以下の人に対して大卒以上の人は、五点尺度で〇・二三ポイントしか支持に動かないということである。そうすると、この効果はかなり小さいと判断せざるをえない。さらに本文中で見たように、所得をコントロールするとこの関係は消えてしまう。想定する独立変数の効果を知りたいときには、その係数が統計的に有意か、その変数が従属変数に与える影響は意味あるぐらいの大きさか、さらに他の変数を統制してもその影響はあると言えるか、と順次検討する必要がある。

次にありうる問いは、どの独立変数がより強い影響を持つかである。たとえば、年齢と性別だとどちらの方がTPP支持に影響しているのだろうかという問いである。ここでも、他の変数の統制が重要であるが、その問題を少し横に置くとすると、独立変数間での係数の大きさを比較することで答えを導ける。標準化係数を使っての比較もその有用な手段であることは本文中で触れた。

以上の問いは、注目する独立変数が従属変数に実質的に影響しているかという問いである。

これに対して、そもそも、TPPへの支持を決めているメカニズムは何かという問いもありうる。そのような問いに答えるためには、本文中では触れていないが、表に記載している「調整済みR2乗」(決定係数) に注目する必要がある。この数値は、重回帰分析に投入した独立変数によって、従属変数の分散のどれくらいが説明できているか、その説明力を示すものである (調整済みという意味は、投入した変数の数それ自体の効果を取り除いているを示すが、ここでも、詳しくは統計学の教科書を見てほしい)。表7-1では○・○四七、表7-2では○・○五八となっている。これは、前者には三つの独立変数が、後者では四つ目の独立変数が投入された結果、後者の方が値が大きくなっていると見ていいだろう。しかし、四つの変数を投入しても、TPP支持の度合いの六パーセント程度しか説明できていないことを示してもいる。もしわれわれが、TPP支持というものがそもそもどう決まっているのかいう全体像を知りたい、あるいはある人のTPP支持の度合いを予測したいならば、ここで示した重回帰分析では全く不充分であり、自分たちのモデルの説明力を高めるために他の独立変数も探していくことになる。

重回帰分析をどう進めるかは、われわれがどのようなリサーチクエスチョンを持つかによって決まってくると言える。

第8章

分析の単位、選択のバイアス、観察のユニバース

前章までにおいて、因果関係の推論をする上で注意すべき方法論的な課題を考えてきた。本章では、そのような観点に立って社会学の名作を取り上げ、それらの課題を復習した上で、さらなる課題について考えていこう。

デュルケムの『自殺論』

フランスの社会学者エミール・デュルケムに、『自殺論』（デュルケーム 一九八五）という社会学の古典とされる著書がある。彼は、自殺を将来への悲観であるとか絶望といった個人の心理的要因や遺伝、あるいは気候・風土といった原因からではなく、社会的な現象として社会学的に理解することの重要性を主張した。そこでは、異なる社会の間に見られる自殺率の差に関心が向けられた。

デュルケムが注目したのは、ヨーロッパにおいて同じキリスト教徒であっても、カトリック信者の

表8-1　カトリック系とプロテスタント系の自殺率

	カトリック系	プロテスタント系
ドイツ系	自殺率　低い	自殺率　高い
フランス系	自殺率　低い	自殺率　高い

方がプロテスタント信者よりも自殺率が低いことであった。彼は、いろいろなデータを集めてこの点を確認する。たとえば、スイスにはドイツ人系とフランス人系の州があると同時に、州ごとに宗派も異なる傾向があるので、四種類の州を取り出して自殺率を比較できる。その結果、**表8-1**のようなパターンが観察できた。

ここでは、ドイツ系かフランス系かという民族の違いは自殺率に差をもたらしておらず、宗派の違いが差をもたらしていることが確認できる。民族という他の変数をコントロールした上でも、宗派と自殺率の間に共変関係が見られるのである。さらに言えば、自殺してから宗派を選ぶことはできないので、独立変数の時間的先行も満たされている。このことから、宗派の違いが自殺率の差を生む原因と言えそうだとデュルケムは考えたのである。

デュルケムは、このような因果関係の背景には、神の代理人である法王を頂点とした教会組織を持つカトリックの方が、神と個人の直接の関係を説くプロテスタントよりも、信者の社会的結合の度合いが高いことがあると考えた。ここで想定されているのは彼の分類による自己本位的な自殺であるが、社会における人々の結び付きが弱ければ、生きていく上での不安も高くなって自殺が増える、というのである。抽象的な理論仮説として、社会的結合の度合いを独立変数、不安を従属変数と考えたのである。

表8-2　原因と結果

	原　因	結　果	
一般的概念	社会的結合（高，低）	不安（低，高）	理論の平面
作業定義	宗派（カトリック，プロテスタント）	自殺率（低，高）	仮説の平面

仮説の検証

まさに、お手本となるような因果推論がなされている。高根正昭も、『自殺論』を格好の題材として『創造の方法学』第3章「理論と経験をつなぐ——具体的証拠を集める」で取り上げている。**表8-2**は、高根によるデュルケムの主張の整理である。ところで、このような一般的な理論が導ければ、それを作業定義のレベルで具体的仮説に置き換えて確かめることが可能になる。第3章で見た一般化・理論化が持つ重要性を、ここで思い出してほしい。

高根は、この点を以下のように述べている。

もちろん一つの仮説が一組のデータによって検証されたからといって、その背後にある理論が絶対的真理となるようなことはない。しかし仮説は、検証というテストに落第するよりは、合格した方がよいに決まっている。仮説が経験的データの裏づけを獲得したとき、その背後にあった理論への信頼性は、いちだんと高まるからである。

（高根 一九七九、六八頁）

さまざまに仮説を検証することで、理論はより確からしいものとなる。つまり、理論の堅牢性（robustness）が高まるというのである。

高根は、デュルケムのこの理論を検証するために、採用しうる宗派と自殺率に関する仮説を三つ例示している。それらは、

「プロテスタント国の方が、カトリック国よりも自殺率が高い」

「ドイツにおけるプロテスタント地方の方が、カトリック地方より自殺率が高い」

「フランスにおけるプロテスタント信者の方が、カトリック信者より自殺率が高い」

この三つである。これらの仮説がデータに基づいて確証できれば、理論の信頼度は一段と高まると高根は書く。

さあ、ここで考えよう。これら三つの仮説の間に、理論を実証する上で優劣の差はあるのだろうか。それとも、これらは並列に考えてよいのだろうか。

第一の国別比較を見よう。たとえば、カトリック国のイタリアとプロテスタント国のスウェーデンを比較する。世界保健機関（WHO）のデータを見ると、一〇万人当たりの自殺者数（一九九九年）は、スウェーデンが一三・八人で、イタリアは七・一人である（厚生労働省ホームページ：http://www.mhlw.go.jp/toukei/saikin/hw/jinkou/tokusyu/suicide04/11.html）。さて、仮説の予想どおりなので理論は確からしいと言えるだろうか。ここで、考えないといけない点は、デュルケムが『自殺論』を書いた時代と異なり、社会が世俗化して宗派の違いが社会的結合の度合いの差を必ずしも示さなくなっているかもしれないということに加えて、両国間に宗派の違い以外にも多くの点で差があることである。たとえば、気候である。スウェーデンは高緯度地域にあって冬は日照時間が短い。寒く暗い日を過ごすスウェーデンと、太陽溢れるイタリアでは、自殺率も違ってくるだろう。料理の違いや音楽をはじめとする文化状況も違うだろう。この分析では、他の変数の統制が不充分である。

では、ドイツの地域間比較はどうだろう。同じ国内なので、国別比較ほどの差はないかもしれない。しかし、そうはいっても地域間の違いはやはり大きい。そう考えると、第三の仮説のフランス国内で信者を比較するのは、けっこう有望そうである。やろうと思えば、学歴や所得が同じレベルの人で、宗派が違う二つのグループに注目して比較をすることもできる。同じパリに住んでいる人のグループで比較してもよいだろう。他の変数のコントロールがしやすいのである。

一　分析の単位

では、なぜ第三の仮説においては、他の変数のコントロールを行いやすいのだろうか。三つの仮説において観察のレベル、あるいは分析の単位が異なっていることが、違いを生んでいる。第一の仮説では、分析の単位は国であり、第二の仮説では地方である。これに対して第三の仮説は、個人に分析の単位が置かれている。第三の仮説では、分析の単位が個人であるためにサンプルサイズが大きく、個人のさまざまな属性に注目して、他の変数のコントロールを行うことが容易なのである。

このように考えると、第三の仮説が最も理論の検証法としてよさそうに見える。しかし、ここで注意したいのは、理論のレベルで想定していた因果メカニズムである。デュルケムが理論的な独立変数として想定していたのは、社会的結合の度合いであって、宗派ではない。宗派はあくまで社会的結合の度合いという理論的・抽象的な概念を操作化する手段として用いられているのである。そうであれば、第三の仮説の問題が見えてくる。そこでは、個人個人の宗派が観察される。しかし、ある人がカトリック信者であるということと、その人が教会組織の中で緊密な人間関係を築いているということとの間には差がありうる。カトリック信者であると答えていても、大都市に一人で住んで教会生活とは無縁かもしれない。そうであれば、個々人の教会生活のデータがない限り、個人を観察の単位とする第三の仮説は、理論の検証手段としては不適切であろう。むしろ、国や地方という社会に目を向ける第一仮説や第二仮説の方が、デュルケムの考えた社会的結合を操作化した仮説として望ましいことになる。「社会」が分析あるいは観察の単位として置かれているからである。

理論と分析の単位

以上の考察は、理論によって望ましい分析の単位が異なることを示している。ここで、もう少し考察を進めよう。以下に四つの仮想の研究デザインを例示してみる。

① 少人数クラスが、クラスのまとまりのよさを高めると考えた。そこで、国の標準である一学級四〇人のクラスと、地方自治体独自の政策によって二〇人から三〇人の規模になっているクラスをそれぞれ一〇〇サンプル集めて、学園祭へのクラス参加の比率を比較する。

② 親の所得が高いほど子どもの成績が良くなると考えた。そこで、親の平均所得五〇〇万円超の学級と四〇〇万円以下の学級をそれぞれ一〇〇サンプル集めて、平均成績を比較する。

③ 高学歴になるほど、人は子どもを産まなくなるのではないかと考えた。そこで、都道府県別の

出生率と大学・大学院卒業者比率の相関を調べる。

④　政府による公共事業支出が多いほど，与党への得票が増えるのではないかと考えた。そこで，選挙前年度の国による各都道府県への公共事業支出額と，選挙における与党得票率との相関を調べる。

さて，以上の研究デザインは，他の変数のコントロールの問題など解決されるべき問題を含んでいる。しかし，ここではそれをひとまず置いて，四つの研究デザインで似ているものをグループに分けてみよう。どのようなグループ分けができるか考えてほしい。

これら四つの研究デザインの研究関心はばらばらである。しかし，因果関係が働くと想定するレベルと観察する単位のレベルに注目すると，二つのグループに分けられるだろう。②と③では，親の所得あるいは教育程度という独立変数は，個人のレベルで働いている。しかし，観察は学級あるいは都道府県という集計されたレベルでなされる。理論のレベルと観察のレベルにずれが生じている。これに対して，①と④は，クラスあるいは都道府県という単位で，因果関係が働くことを想定し，その同じレベルで観察を行っている。そこにはずれがないのである。

さて，一般的に言ってデータを集めるときには，集計データの方が集めやすい。③の例を考えよう。この仮説を厳密に考えると，女性は高学歴であるほど子どもを産まなくなる傾向があるということになろう。そうであれば，たとえば，現在五十歳の女性を対象にランダム・サンプリングを行い，今までに産んだ子どもの数と最終学歴を聞いて、その相関を調べるといった個人レベルで仮説検証を行う方が、より望ましい。しかし、この方法を実行するのにはかなりコストがかかる。インターネット上には、幸いなことに第6章でも紹介した「政府統計の総合窓口（e-Stat）」という便利なサイトがあり、さまざまな都道府県別統計が利用可能である。そこには、都道府県別出生率と大学・院卒者比率というデータがある。これを利用して相関を調べようとなりがちである。データの利用可能性を考えると、これには仕方のない面もある。最初の一歩と考えれば、それ自体直ちに避けなければならないわけでもない。

しかし、このように理論のレベルと観察のレベルにずれが生じる研究デザインを採用する際には、注意が必要である。そこで意識されるべき問題が、生態学的誤謬《ごびゅう》（ecological fallacy）である。

生態学的誤謬

いま、簡単な例をあげてみよう。二〇一二（平成二十四）年に、学生時代の得意科目と所得が関連しているという研究結果が報道された（『読売新聞』二〇一二年四月十一日付）。大学入試で数学を受験した文系出身者はそれ以外の文系出身者と比べて所得が高い、というのである。学力低下論争でも活躍をした西村和雄を中心とする調査研究が、この報道のもとになっている。大卒以上の学歴を持つ者のみを一万一三九九人抽出して行った、大規模なインターネット調査の結果である。文部科学省のゆとり教育を批判する意図もあって、この報告書では就学時に採用されていた学習指導要領別にサンプル

図8-1　得意科目別平均所得

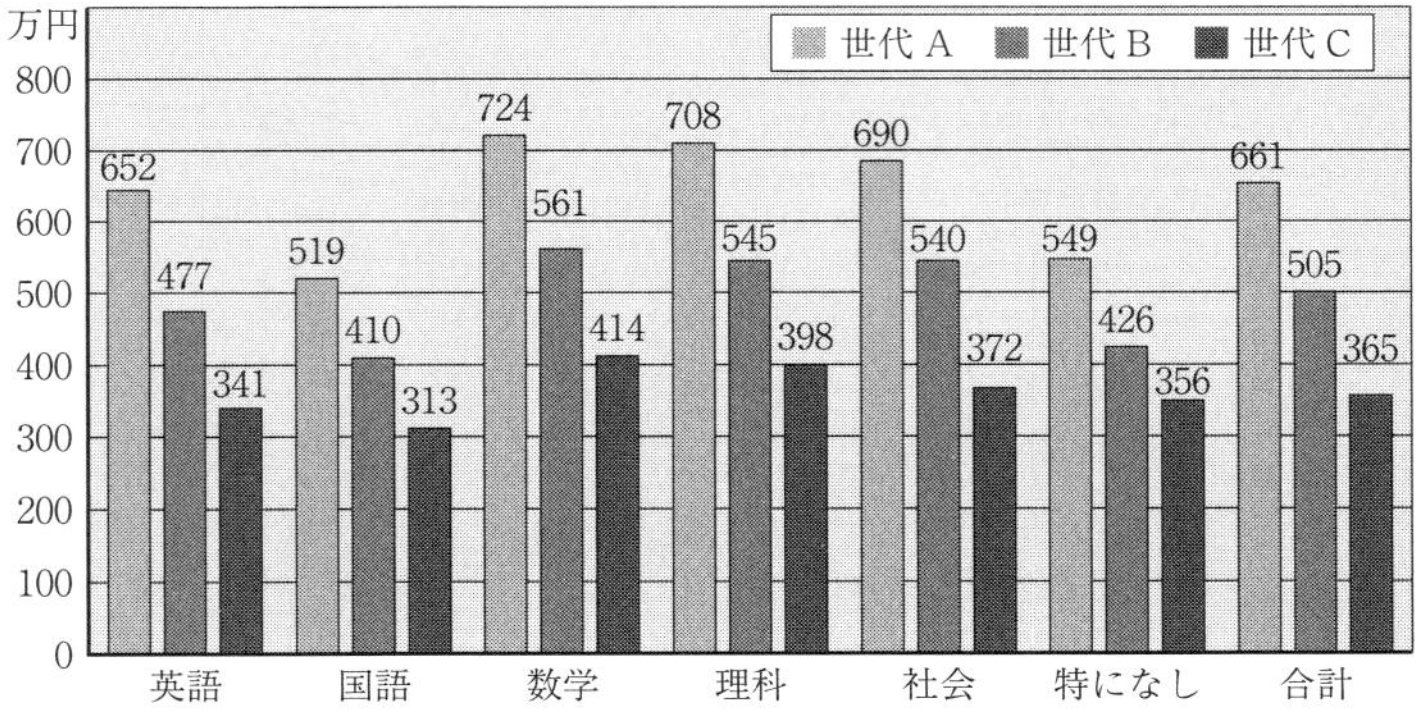

［出典］　西村ほか 2012，13頁。

を三分割し、世代A（〜一九六六年三月生まれ）、世代B（一九六六年四月〜一九七八年三月生まれ）、世代C（一九七八年四月生まれ〜）に分けて、他の変数の影響も考慮した分析が行われている。ここでは、得意科目別の所得を示すグラフを見てみよう（**図8-1**）。どの世代でも、数学が得意だった人ほど所得が高いことがわかる。

本書の第1章では、身長が所得に影響するかもしれないという、身長の低い人にはちょっと申し訳ない研究を紹介した。数学の成績も所得に影響するという研究結果は、数学が不得意な人でもまだこれから挽回《ばんかい》がきくかもしれないので、我慢して読み進めてほしいところである。

でも、もういまさらがんばれない、無理だと思った人が、この研究を否定するデータを集めることにしたとする。ここからは、仮想のお話である。いろいろ調査していると、大卒で現在四十歳の男性から成る二つのグループに関するデータが得られた（**表8-3**）。

グループAの数学の平均成績は六〇点で、Bの七〇点

表8-3　集計レベルで見た数学の点数と所得の関係

	数　学	所　得
グループA	60点	640万円
グループB	70点	510万円

表8-4　個人レベルで見た数学の点数と所得の関係

	A数学	A所得		B数学	B所得
個人　1	100点	2,000万円	個人　6	70点	510万円
2	50点	300万円	7	70点	510万円
3	50点	300万円	8	70点	510万円
4	50点	300万円	9	70点	510万円
5	50点	300万円	10	70点	510万円

より低い。しかし、平均所得はAの方が一三〇万円も高い。数学の成績と所得には相関はないどころか、むしろ逆ではないか。机上で数学を勉強するよりも、その時間を遊びやいろんなことに使った方が将来所得は高くなるんだ、と満足してよいだろうか。

ここでは、集計データを用いて相関を確認している。しかし、因果関係は言うまでもなく個人レベルで生じている。データも個人レベルで見ておく必要があるということで、個人レベルのデータを見たところ、**表8-4**のような実態がわかった。

やはり数学の成績と所得は相関していた、ということを知ることになる。もちろんこれは仮想の事例である。集計結果で見た場合と個人レベルで見た場合に、違いが生じない場合も当然ある。しかし、このような齟齬《そご》、すなわち生態学的誤謬が生じる可能性を意識する必要がある。実際の例として有名なものに、アメリカでの「移民」と「識字」の関係がある。一九三〇年のアメリカにおいて移民の比率と字を読めない人の比率の関係を各州ごとで見ると、マイナス〇・五二六の負の相関になった。移民が多い州ほど字を読めない人が少ない、つまり識字率が高いという、直感と反する結果である。しかし、個人のレベルで相関をとってみると、弱いながらも〇・一一八の正の相関となった。やはり、海外で生まれてアメリカにやってきた移民は、平均してみれば教育程度が低く識字率も低いことが示されたのである（Robinson 1950）。

集計データで見る場合の注意

これに関連して、理論が想定する分析・観察の単位を集計してしまうことによって生じる、もう一つの問題点についてもふれておこう（Robinson 1950）。

筆者は、読売新聞社が二〇一二年総選挙に立候補した候補者に対して行ったアンケート調査に協力した。ちなみに、これは本当の話である。そこでは、景気、雇用対策、国会議員の定数削減などの選挙制度改革、財政再建、行政改革、消費税などの税制改革、東日本大震災からの復興・防災対策、年金・医療制度などの社会保障改革、原子力発電などのエネルギー政策、外交・安全保障、農業問題、ＴＰＰ、地方自治、憲法改正、教育改革、政治とカネの問題、その他の一六項目をあげて、選挙で訴えたい問題を答えてもらっている。この回答結果を主成分分析と言われる手法で分析すると、回答パターンから各候補者を特徴づけるいくつかの得点化された次元を析出できる。最も重要な次元は、景気について訴えるか、消費税や原発を訴えるかであり、第二の次元は、行政改革や地方自治といった

図 8-2　選挙で訴えたい問題

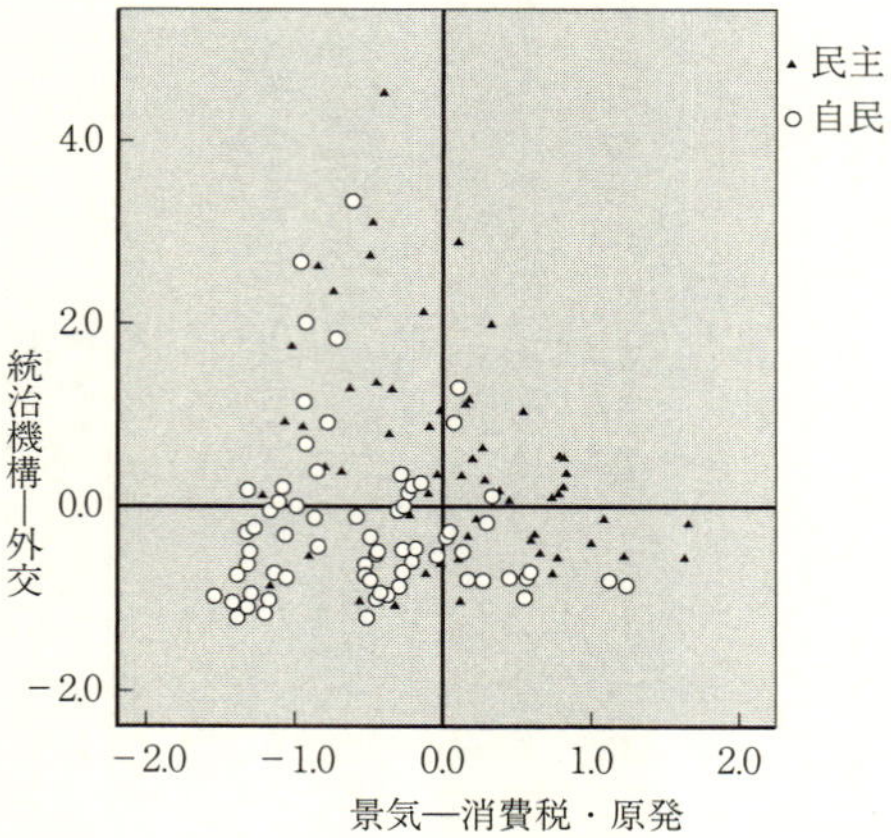

［データ出典］　読売新聞社アンケート，2012 年。

図 8-3　民主党と自民党の位置

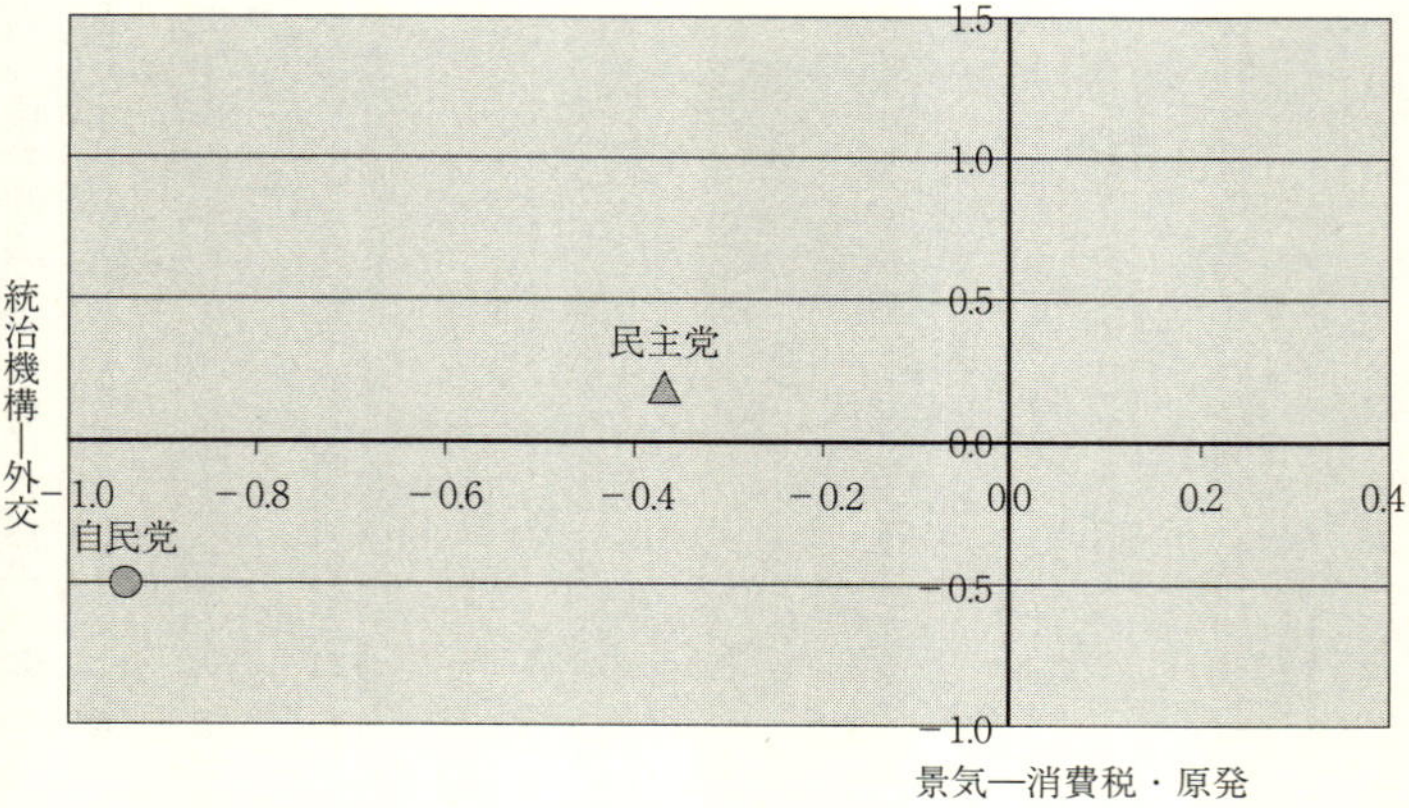

［データ出典］　読売新聞社アンケート，2012 年。

統治機構の問題を訴えるか、外交を訴えるかであった。

この二つの次元から成る平面上に、当時与党であった民主党と自民党の各候補者の位置を記した散布図が**図8-2**である。どんな印象を受けるだろうか。自民党候補者は、消費税や原発問題を避けて景気を争点にする傾向があるようにも見える。民主党はかなり散らばりが大きく、あまり特徴がないようである。しかし、いずれにせよこのグラフから明確な両党間の違いを読み取るのはけっこう難しい。

そこで、両党候補者のこの二つの次元に関する得点を平均して（つまり集計して）、民主党と自民党の位置を示した（**図8-3**）。これを見ると、民主党は外交政策で味噌《みそ》をつけたので外交は争点にしないんだな、自民党も、消費税増税で民主党と手を組んだのであえてこの問題については争点化しないんだな、といった解釈ができそうな気がしてくる。ばらばらだった候補者データを集計することで、特徴が鮮明になった気がする。しかし、実は両党の違いが鮮明に見える気がするのは、集計を行ったからである。集計データのみに頼ることによって、本来はそれほど明確でない特徴が明確に見えてしまい、誤った推論に及ぶこともありうるのである。ここでも、分析の単位をどこに置いているのかを意識する必要がある。

二　選択のバイアス

さて、分析あるいは観察の単位をどこに置くかは、検証する理論との関係で決めるべきであるということを見てきた。では、観察対象はどのように選ぶべきだろう。

従属変数に基づく選択

所得と数学の成績の話に戻ろう。数学の成績が所得に影響するという関係を確認しようと、調査をデザインする。そこで、年収が一〇〇〇万円以上のサラリーマンを選んで高校時代の数学の成績と現在の所得を教えてもらい、成績の効果を調べることにした。このサンプルの選択には問題があるだろうか。われわれの関心が、所得の高い人の属性にあるのだからエリート・サラリーマンを調べるだけでよさそうに思える。しかし、このようなサンプルでは数学の成績の効果を正しく測れないことが知られている。キング＝コヘイン＝ヴァーバによる『社会科学のリサーチ・デザイン』での説明を、少しデフォルメして解説しよう。

再び、仮想のデータ例をあげて考える。今、縦軸に年間所得（万円）、横軸に高校時代の数学の成績（一点から一〇点）にとった散布図（**図8-4**）のようなデータがあったとしよう。もし、数学の成績だけで所得が完全に決まるのであれば、個々のサンプル（一人一人のサラリーマン）を示す丸印は直線上にすべて集まる。しかし、数学の成績以外にも所得に影響する要因があるので、同じ成績をとった人の間でも所得に一定の差が生じる。同じ成績をとった人の間で生じている所得の差を、成績では決まらない部分（誤差）と考える。おおよそ、成績が一点良くなると所得が一〇〇万円高くなる関係が、ここからは読み取れるだろう（OLS回帰分析を行うと、この仮想データでは所得＝九九・九九×成績＋二一

図 8-4　仮想散布図①

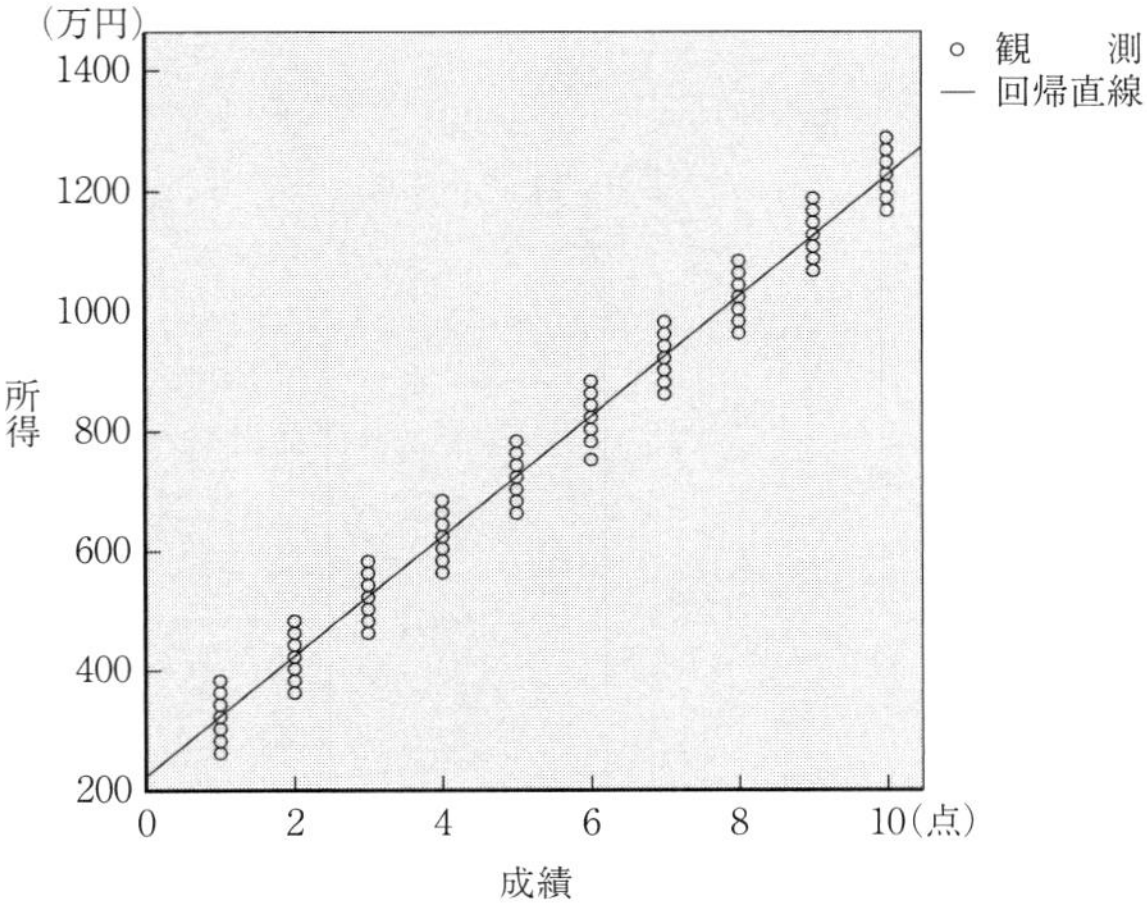

図 8-5　仮想散布図②

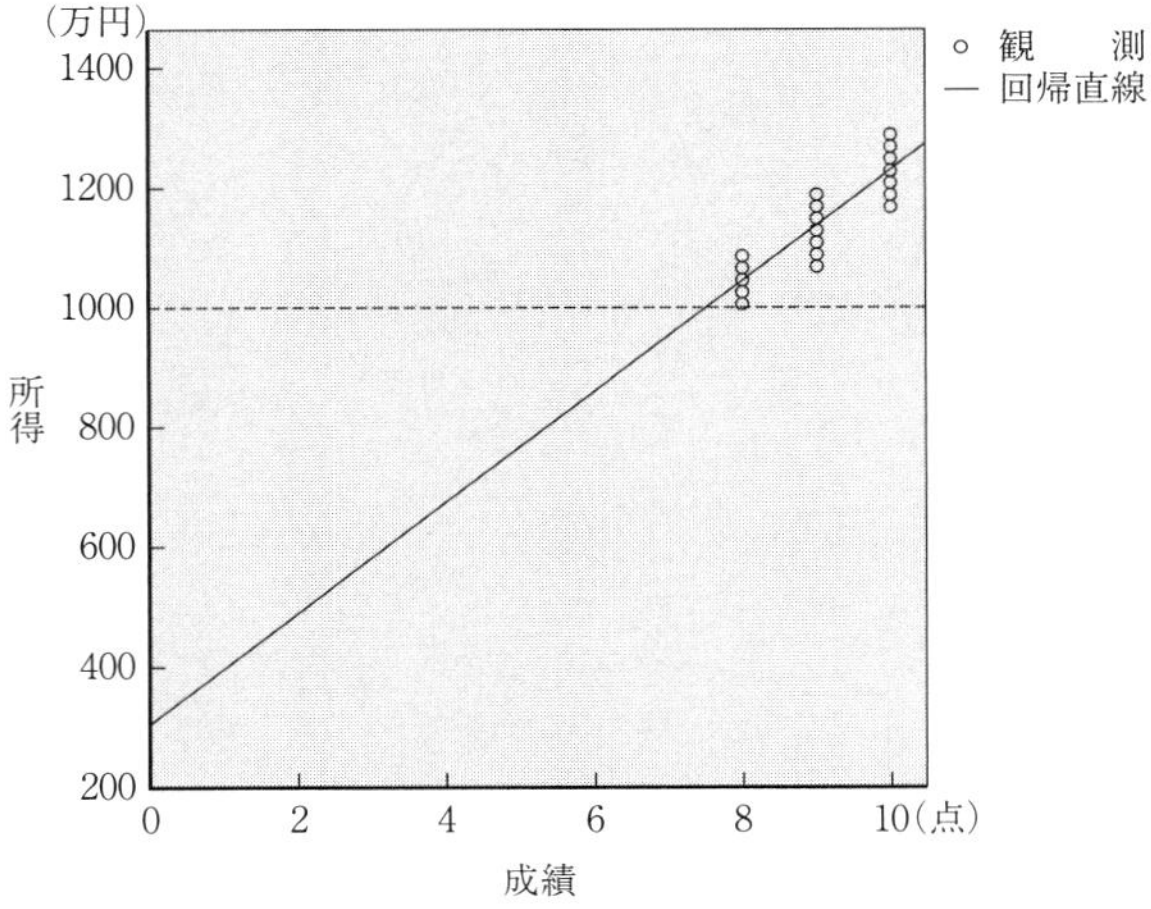

図8-6　仮想散布図③

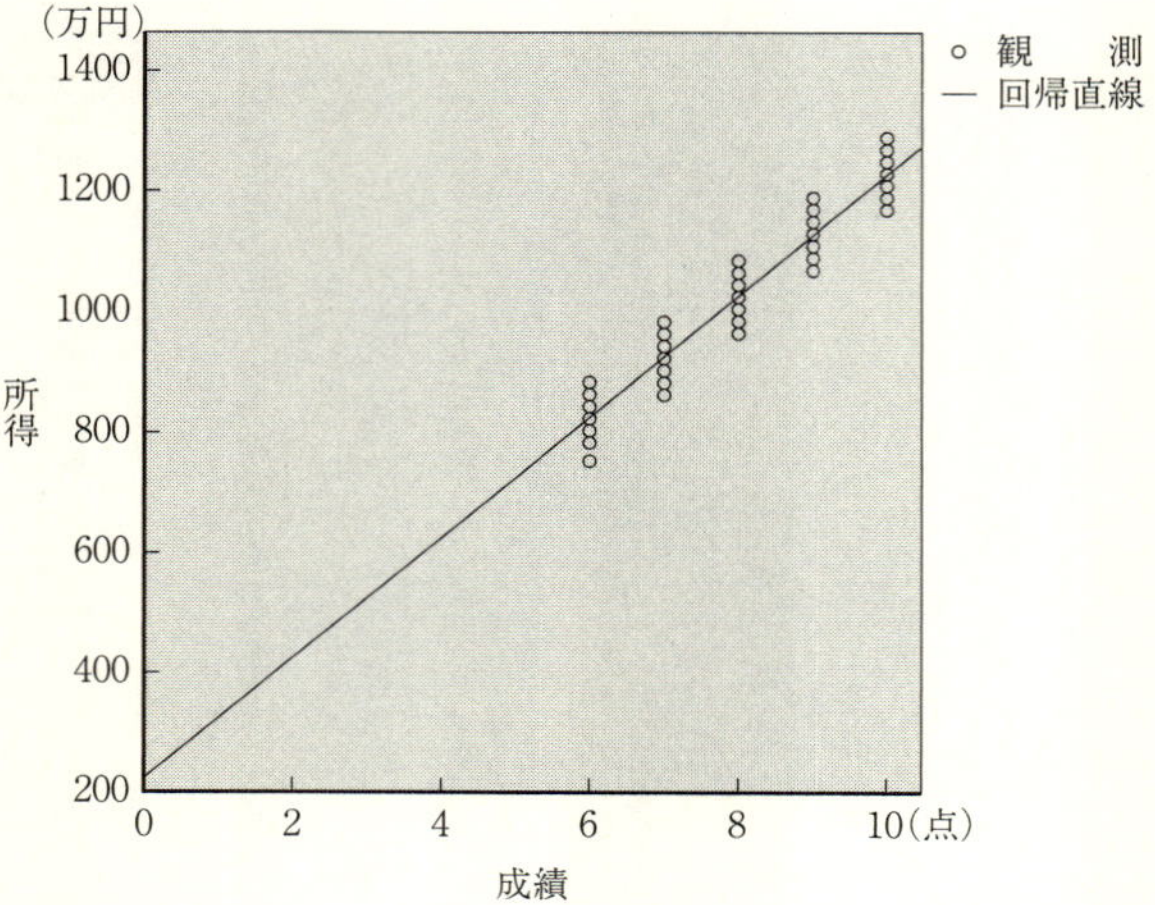

九・九一＋誤差項という回帰式で推定できる）。

　では、年収が一〇〇〇万円以上の人だけにサンプルを絞って見てみる。その結果が**図8-5**である。二つの図の比較がしやすいように、目盛りはそろえてある。サンプルを一〇〇〇万円以上の所得を稼ぐ人に絞ると、直線の傾きが少し緩くなることがわかるだろう。計算すると、成績が一点良くなることで増える所得は、九〇万円になる（回帰式は、所得＝九〇・六三×成績＋三一〇・六三＋誤差項となる）。全サンプルで見た場合は、一〇〇万円の増加だったので、サンプルを絞った結果、成績の与える効果が過小に推定されてしまったことになる。どのようなサンプルを選ぶかによって、因果関係の推定にバイアスが生じてしまうのである。

　なお、独立変数に基づいてサンプルを選ぶ場合はこのようなバイアスは生じない。この点は、**図8-6**を見ると直感的に理解できるだろう（この違いは、従属変数である所得が一〇〇〇万円以下のケースを除外するとき、成績で八点をとりながら一〇〇〇万円を稼げていない人が分析から外されていることによって生じる。成績が六点未満のケースを除外したサンプルで分析した場合は、このようなことは生じていないことに注意)。

恣意的事例選択のバイアス

しかし、事例選択によるバイアスは、このようなテクニカルな理由によって生じるだけではない。先に紹介した、少子化問題の研究について方法論的に重要な指摘を行った赤川学の議論を再度見ておこう。赤川は、女性の雇用が増えるほど子どもも増えるという因果推論に基づいて、男女共同参画社会の推進が少子化対策として提唱されることに異論を唱える（赤川 二〇〇四、一〇―一一頁）。彼が著書の冒頭で批判的検討の対象としたのが、前に見た（**図6-3**）次のグラフ（**図8-7**）である。OECD諸国において出生率と女性の労働力率（何パーセントの女性が雇用されているか）が相関していることを示したグラフであり、さまざまなところでこの政策を推進するための根拠として用いられたという。なるほど、両者に共変関係がありそうである。

しかしながら、OECD諸国というわりには、グラフ上に登場している国の数が少なくないか。赤川は、それ以外のOECD諸国も加えて、なおこの関係が成立するかを確認する。その結果が、**図8-8**である。主張されていた正の相関関係は消えてしまうのである。恣意《しい》的な事例の選択によって誤った因果関係の推論がなされている事例、と言えよう。

図 8-7　女子（25-34 歳）の労働力率と出生率（1995 年）

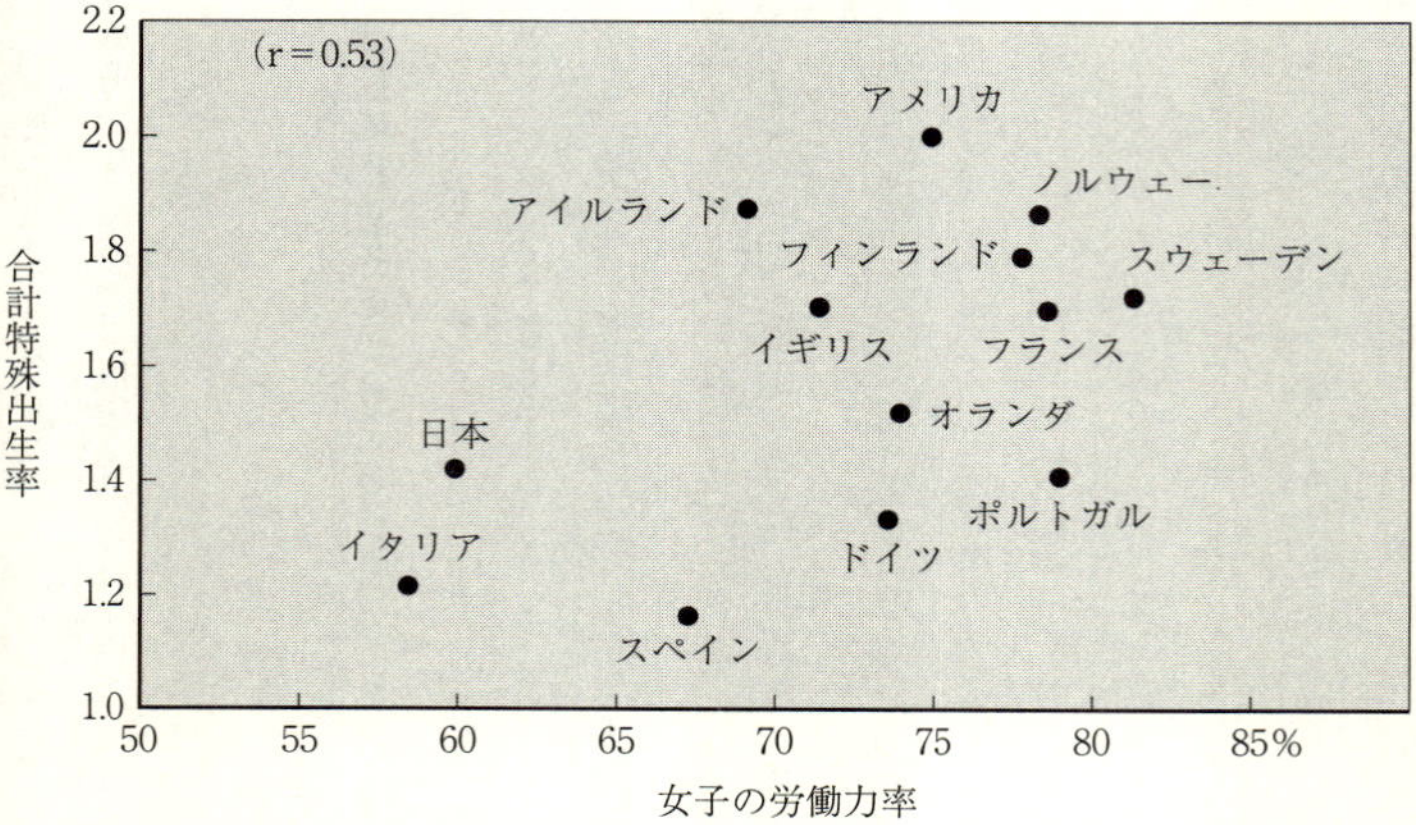

［資料］　女子の労働力率は OECD, *Labour Force Statistics*, 1996, 出生率は Council of Europe, *Recent Demographic Development in Europe*, 1997.
［出典］　阿藤 2000，202 頁。

図 8-8　OECD24 カ国の女子労働力率と出生率

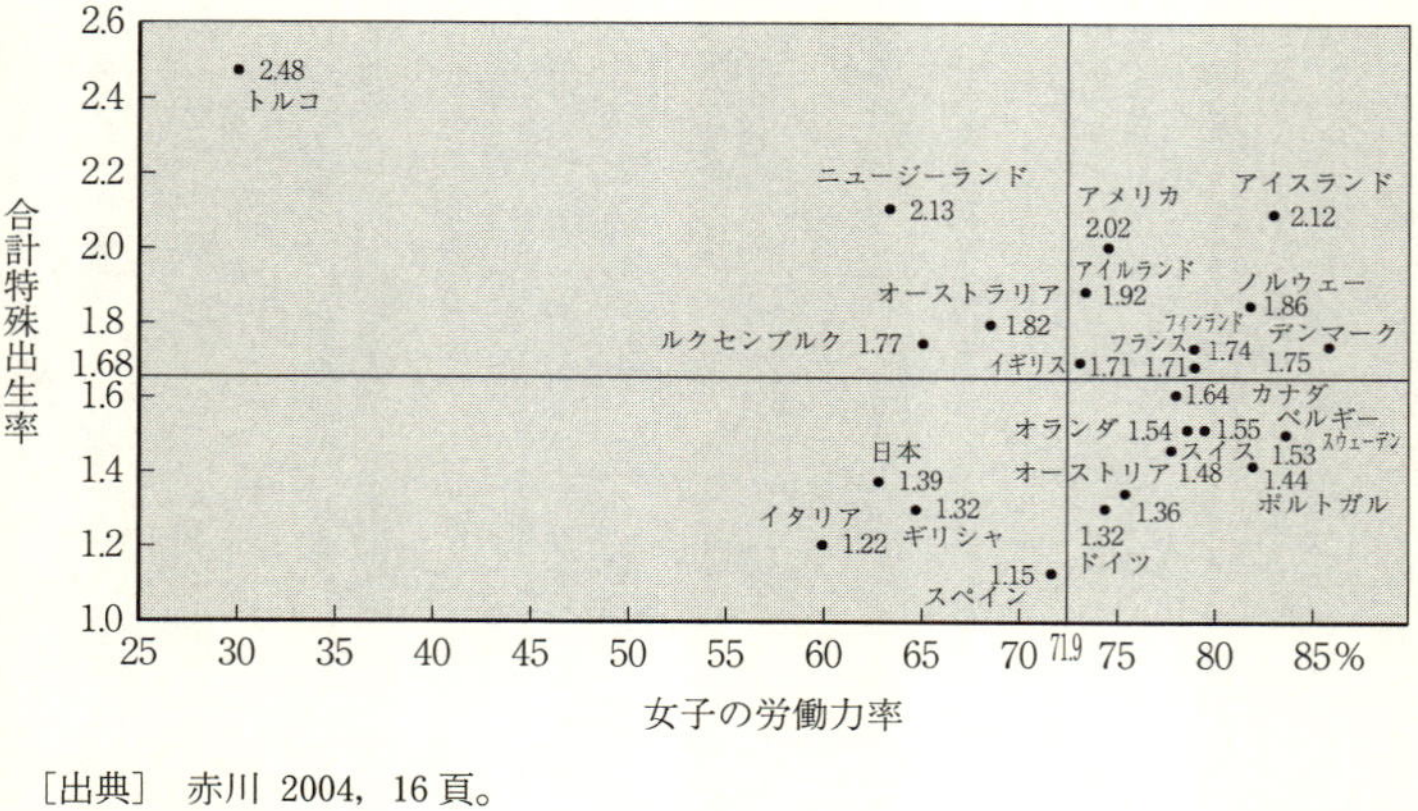

［出典］　赤川 2004，16 頁。

図8-9　アジア諸国における「労働抑圧」

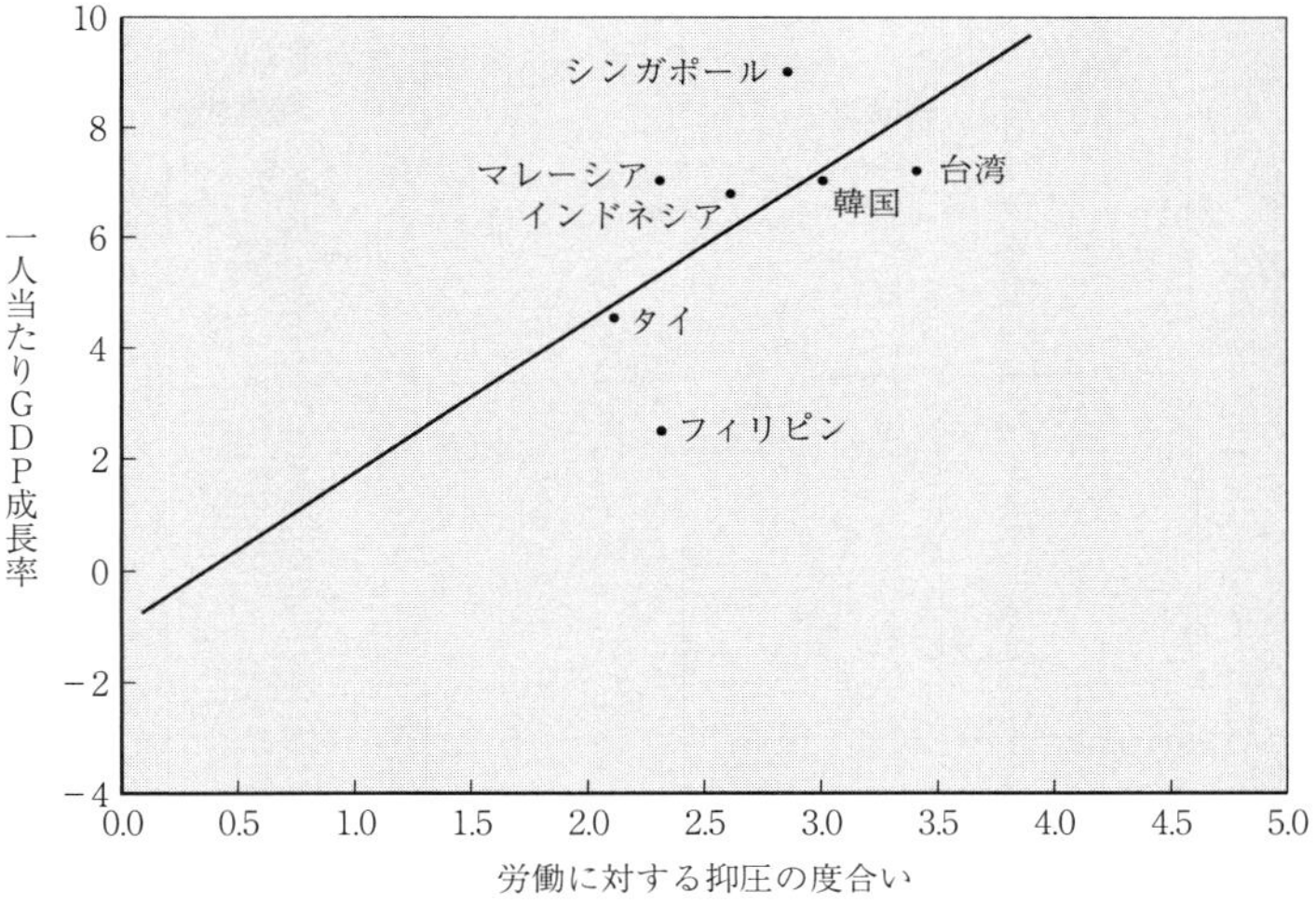

［注］ Slope coefficient （B）＝2.73, R^2＝0.36
［出典］ Geddes 2003.

研究上の問いが生み出すバイアス

このような恣意的な事例選択は論外だとしても、それ以外にもバイアスが生み出されることがある。方法論に関心の高い政治学者のバーバラ・ゲデスは、この問題を東アジアの経済発展をめぐる研究を題材として論じている（Geddes 2003）。東アジアの国々は、一九六〇年代から一九九〇年代の三〇年間にわたって年平均七パーセント前後の高い実質ＧＤＰ成長率を維持し、世界銀行によって「東アジアの奇跡」と呼ばれた（World Bank 1993）。その後、経済成長は東アジアを越えてアジア全域に広がるのであるが、一九八〇年代には、東アジアの成長がなぜ可能だったのか、また第二次世界大戦

図8-10　外的妥当性の検討

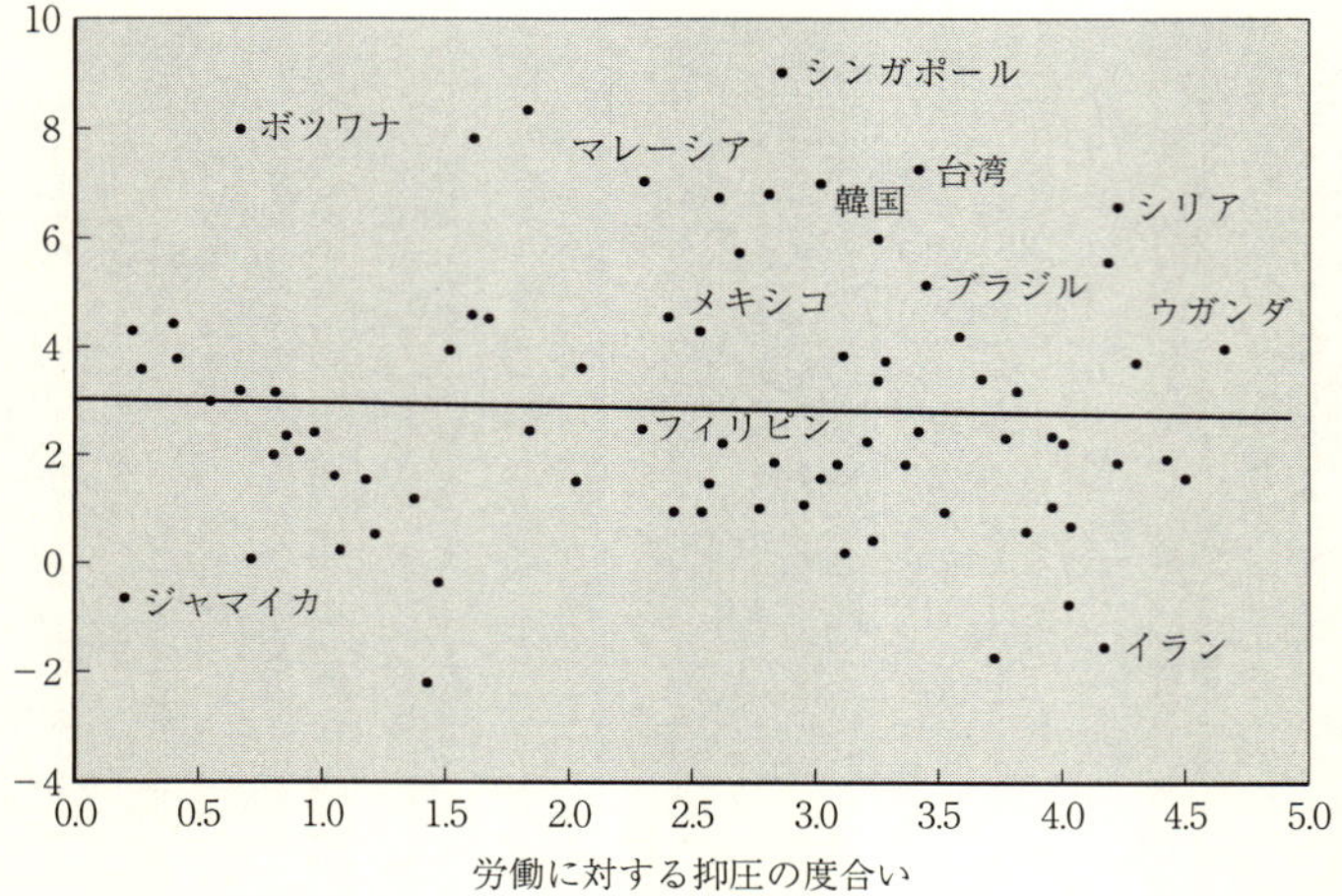

［注］　Slope coefficient（B）＝－0.07, R^2＝0.001

［出典］　Geddes 2003.

後、資源にも恵まれ成長軌道にあると思われたラテンアメリカ諸国を東アジアの国々が経済発展において逆転したのはなぜかといった、政治経済学的な問いが多くの研究者の関心を引き付けた（Haggard 1990）。

その一つの答えとして注目されたのが、東アジア諸国における「労働抑圧」であった。ラテンアメリカの国々においては、労働組合が相対的に大きな影響力を持ったのに対して、東アジア諸国では開発独裁体制がとられ、賃上げや労働条件改善を求める労働組合の活動は厳しく抑え込まれた。しかし、それゆえに経済成長の初期にとりわけ必要な資本蓄積が可能になったとする説明である。このような研究の根拠の一つとされたのが、**図8-9**に示されるデータであった、とゲデスは言う。縦軸は、一人当たりGDPの伸び率、横軸は

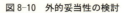

労働に対する抑圧の度合いである。労働に対して比較的寛容であったフィリピンやタイで成長率が低く、反対に厳しく労働が抑圧された台湾、韓国、シンガポールでは高成長が実現しているのである。この共変関係に、「東アジアの奇跡」を理解する鍵を見出せると考えたとしてもおかしくはない。

しかしながら、ゲデスはここで注意を喚起する。確かに、図8-9に示された観察のユニバース（対象群）においては、この関係を観察できる。しかし、労働抑圧が経済成長をもたらすというのは、アジアを越える一般的命題ではないのか。この因果関係をアジアに限定する理論的な根拠はないだろう。すなわち、発展途上国全体に観察のユニバースを広げてよいはずである。方法論的な表現を使えば、アジアでの発見が、より広い文脈で妥当性を持つかという、外的妥当性を検討するということである。そのために彼女が示したグラフが図8-10である。ここでは、アジアを対象にして発見された共変関係が消失するのである。アジアに分析を絞って見ていたことによって因果推論にバイアスが生じていた可能性が高い、というのが彼女の批判である。

三　観察のユニバース

このような事例選択が生み出すバイアスを避けるためには、ランダム・サンプリングを行うという解決策が考えられる。あるいは、すべてのケースを分析対象にするという方法もあろう。ゲデスが、途上国全体を分析したのはそれである。しかし、その方法がいつも正しいとは限らない。この点を、政治学における重要テーマである民主化を取り上げて考えよう。

民主化と経済成長

世界は民主化しているのか？　人類にとって重要な問いであるとともに、政治学者が強い関心を抱く問いである。世界各国の民主化の度合いを知るために、利用される指標の一つが国際的な非政府組織（NGO）であるフリーダムハウスによる民主化指標である。この指標は、市民的自由と政治的権利のそれぞれについて、最良の一点から最悪の七点までの評価を与えるものである。データは一九七二年から毎年更新され続けている。試みに、一九七二年と二〇〇三年の世界の民主化の度合いを比べてみよう。市民的自由は、四・二四点（一四八ヵ国平均）から三・三〇点へ（一九二ヵ国平均）、政治的権利も四・四九点から三・三七点へと改善している。この平均の差は統計的にも有意な差である。喜ばしいことに、世界は民主化してきたようである。まさにこの時期は、政治学者サミュエル・ハンチントンによって民主化の第三の波が起こった時期ともされている（ハンチントン 一九九五）。ただし、近年は、民主化の揺り戻し、逆行も目につき始めている二〇一〇年以降、民主主義の後退に関する研究が多く出されている（Fukuyama 2012; Diamond 2015; Przeworski 2019）。

では、そもそも民主化はいかなるメカニズムで起こるのか。この因果関係に関する問いは、多くの政治学者をとらえてきた。そして、本書で見てきたように、因果関係の推論は共変関係の発見からスタートする。シーモア・M・リプセットが一九五九年に明らかにして以来、民主化と経済発展の間に相関関係があることは、繰り返し確認されてきた（たとえば、Lipset 1959; バロー 二〇〇一／Przeworski et al. 2000)。リプセットや初期の近代化論者は、経済発展にともなう、教育水準の向上、経済的平等の進展、都市化などによって、国民の政治参加要求が高まりそれが民主化を推し進める、という因果推論を行った。

民主化と見かけ上の相関

しかし、このような因果推論に対して緻密な計量分析によって批判を加え、政治学の世界に大きなインパクトを与えたのがアダム・プシェヴォルスキたちであった（Przeworski et al. 2000)。彼らは、専制国家が経済成長をとげるにつれて民主化する傾向があるというのは誤りであることを、データとともに主張した。経済成長は、民主化をもたらす独立変数ではないというのである。彼らによれば、経済成長と民主化の間に共変関係が見出されるのは、見かけ上の相関にすぎない。民主化は経済発展とは関係のない（外在的な）さまざまな原因によってもたらされる。ただし、民主化した国がその後も民主主義であり続けるかどうかは、経済発展の度合いで決まる。豊かな民主主義国は存続する一方、貧しい民主主義国は簡単に専制体制へと逆行する。この結果、あたかも豊かになることが民主化する原因であるかのように見えていたのだ、と言うのである。彼らの研究は、比較政治学における民主化研究に地殻変動を起こしたとされる（Boix & Stokes 2003, pp. 517–549)。

しかし、これに対して再批判もなされる。説得的な再批判を行ったのがカールズ・ボイッシュとスーザン・ストークスである。ボイッシュ自身、著書で経済発展が民主化をもたらすという因果推論に対して、重要なのは経済発展がもたらすことの多い所得の平等化や資産の流動化であると述べたのであるが、経済発展がこのような変化をもたらす上で重要だったとも主張する（Boix 2003; Acemoglu & Robinson 2006も参照）。因果関係のメカニズムを精緻化したと言える。ここでは、あまり細かい議論に立ち入ることはしないが、簡単に彼の理論を見よう。

専制体制において、支配者が民主化要求に妥協するかどうかは、民主化した後に彼らの富が多数派の国民によりどの程度奪われるかによって決まる。貧富の格差が大きいほど、多くのものを奪われることを支配者は危惧する。また、自分たちの富が持ち出すことのできない石油のような資源に由来するものであれば、多数派の国民の分配要求から逃れることは難しい。しかし、金融資産のように国外への移転が容易なものであれば、奪われないよう対応が可能である。そうであれば、民主化要求を抑圧するコストを払うよりも、それを受け入れようと妥協的になるだろう。経済発展によって格差が縮小し、資産の流動性も高まるので、経済発展は結局民主化をもたらす、と言うのである。ここではやはり、経済成長が民主化をもたらす因果経路が主張される。

民主化と事例選択

ボイッシュとストークスは、プシェヴォルスキたちが、本来存在するはずの経済発展と民主化の関係を見出せなかった理由の一つは、彼らの事例選択の仕方にあると主張する。プシェヴォルスキたちは、一九五〇年以降のデータを分析しているが、その時代にはすでに民主化が相当進んでおり、そこを出発点とした分析では、本来の因果関係が見出せないと言うのである。ボイッシュとストークスは、世界の国々の間で経済発展の度合いに差が見られ始めた一八〇〇年から現在までのデータを用いて分析をすることで、経済発展と民主化の関係を再度実証した。ここでは、先に見た事例選択の持つバイアスが争点となっていることがわかる。民主化が進行した後の事例のみを観察することのバイアスを指摘し、観察のユニバースを拡大することを主張したのである。

理論仮説と観察のユニバース

しかし、ここに割って入ってくるのが、先にも出てきたゲデスである。彼女は、民主化研究の包括的な文献レビューを行った上で、民主化と言ってもそれをもたらす因果メカニズムが時代やコンテクスト（文脈）に応じて性格が異なることに注意を喚起する（Geddes 2009）。たとえば、一九八〇年代以降の民主化では、国際的な圧力が大きな影響を与えるようになった。これは、中東で民主化の動きが生じた「アラブの春」において、先進民主主義国からの民主化支援が重要であったことを見ても明らかであろう。また、歴史的に早い時代の民主化は、選挙権の段階的拡大という形で進行したのに対して、第二次世界大戦後の民主化は普通選挙制を一挙に導入する形をとる。当然、そこでは異なる政治プロセスが発生し、因果メカニズムも異なるだろう。支配者が地主や富豪といった私的財産の保有者である伝統的な社会と、国営企業などを支配下において共産党独裁を行う中国のような場合とでは、民主化をめぐる対立状況は変わってくる。理論的に想定される因果メカニズムは、これらのコンテクストに応じて異なる。そうであれば、たとえばハンチントンの言う民主化の波ごとに想定する因果関係のメカニズムは異なり、その理論を検証するための観察のユニバースも、それに応じて選ぶべきだということになろう。ゲデスの問題提起は、本章の冒頭で見たデュルケムの『自殺論』における理論をどのような具体的仮説として実証するのがよいか、という問題とつながっているのである。

第1部においては、量的なデータを用いて原因を推論する際の方法論を論じてきた。いずれも多くの観察を前提とする計量分析（ラージN型研究）を用いたものである。歴史研究や事例研究のような質的研究（スモールN型研究）ではどのようにすればよいか。これについては、第2部（第9章と第10章）であらためて検討する。

コラム⑧　女性の社会進出と出生率――働く女性は子だくさん!?

女性の労働力率と合計特殊出生率の間に正の相関があることに注目してなされてきた、女性の社会進出を促進すれば出生率が高まるという主張に対して、赤川学はデータが恣意《しい》的に用いられていることを厳しく批判した。たとえば、第6章で取り上げた阿藤のデータは、OECD諸国のデータと言いながら、すべての加盟国を分析せずに恣意的な結論を導いている、と批判する（赤川 二〇〇四）。

このようなサンプル選択におけるバイアスは論外であるが、この問題を時系列的に見ると、さらに興味深い観察が得られる。OECD諸国について女性の労働力率と出生率の関係を見ると、一九七〇年には労働力率が高いほど出生率が低かったものが、一九八五年には無相関となり、二〇〇〇年には正の相関となっている。一九八〇年代半ばを境に、両者の関係が変化しているのである。内閣府男女共同参画局「少子化と男女共同参画に関する専門調査会」が述べるように、調査対象二四カ国の平均女性労働力率が上昇したことの結果かも知れない（『少子化と男女共同参画に関する社会環境の国際比較報告書』平成十七年）。

他方、山口一男によるより詳細な分析によれば、二〇〇〇年以降も女性労働力率は出生率を低下させる効果を持っているが、女性の雇用を促進する政策によってこの負の関係が弱まってきているという。女性労働力率以外の変数の影響を受けて、時代によって女性の社会進出と出生率の関係は変化している（山口 二〇〇五）。これは、第7章で扱った「他の変数の統制」という問題や、本章で考えた「観察のユニバース」という問題ともかかわっている。

第3部

質的研究の世界

第9章 比較事例研究の可能性

ある現象Yを引き起こした原因がXであるという因果関係に関する主張を評価する際には、ここまで見てきた三条件が成立しているかを確認することが重要である。しかし、第1章でも見たように、そもそも仮説の構築を行う、あるいはその仮説の妥当性を検討する際には、三条件を順次検討するプロセスが有用となる。その際にも記述的推論は重要な位置を占める。第6章で見たように、観察数が多いほどその推論は正確になされる。ラージN型研究の優位性はそこにもある。そうであるならば、少数事例を扱う質的な研究に意義はないのだろうか。以下の2章では、質的研究が仮説構築において持つ意義に焦点を当てて、その方法論的課題を考えていく。

就職活動は、大学生にとって一大関心事である。大学入学とともに就活を気にし始める学生も増えてきた。そんなに焦らずに、まずは大学で学べることをしっかり学んだ方がよいのではないかと思ってしまうが、一生がかかっていると考えるとそう呑気《のんき》になれない気持ちもわからなくはない。さらに学生の就活を間近に見ていると、いとも簡単に人気企業の内定をいくつも手にする学生がいる一方、四年生の夏休みを越えてもまだ内定先が決まらず焦っている学生もいる。後輩の学生からすれば、当然、就活における成功失敗を分ける原因が気になるだろう。

ここでも原因の探求が始まることになる。サークルやゼミの先輩に、就活の結果と性格テストの結果を聞いて、やはり性格テストで積極的と判定される方が商社系に強いんだなとか、悩まない、プレッシャーに強いと判定された人が金融系には強いんだなと推論する。これは、就職の成否と性格診断結果を聞いて、両者の間の共変関係から推論をしていると言えよう。より確からしい推論をするためには、本書で見てきたように、できるだけ幅広くいろいろな先輩の情報を集めて判断する方がよい。

しかし、実際の企業の選考は、適性試験に始まり集団面接、個別面接へと続く。人事担当者によるより時間をかけた選考が待っている。性格テストの結果ではないレベルの、深い人間観察がなされることも多い。そこでは何が重要な考慮要因になり、先輩は成功したのか。じっくり話を聞くことなしにはわからない世界があるだろう。

そこで、人数を絞って先輩数人に話を聞くことにする。さて、この際どのように先輩を選ぶか。ここに選択の問題が出てくる。どちらも尊敬できる先輩でありながら、内定をたくさんもらった先輩とまだ苦しんでいる先輩とに話を聞いてみる人もいるだろう。他方、超人気企業から内定をいくつももらった先輩数人に絞って、成功の原因を探る人もいる。本章では、少数の対象に絞って因果推論を行う上での方法を考えることにする。

定量的研究と質的研究

本書では、質的な研究においても統計分析を用いる定量的研究における場合と同様、因果関係の推論を行う際に方法論的な注意が必要であることを論じてきた。キングたちの言葉を借りるならば、定量的研究と質的研究という二つの方法には、一つの共通のロジックがあるということになる。因果関係が存在すると言えるための三つの条件は、いずれの方法をとるにせよ、因果推論を行う限り確認しなければならない。

では、どのような場合に定量的研究ではなく質的研究がとられることになるのだろうか。先の就活の例でたくさんの先輩から情報を集める方法は、定量的・計量分析的な手法であり、少数の先輩に話を聞く方法は質的・定性的手法である。通常、この二つの手法にはトレードオフがある。たくさんの先輩から話を聞く場合、性格テストでの結果のような比較的単純な情報を聞くのが精一杯であろう。詳しい話を聞いていたのでは、就活が始まるまでに充分なデータが集まらない。少数の先輩に絞ることで、深い話が聞ける。しかし、それは先輩にだけ当てはまる特殊な事例かもしれない。このようなトレードオフは、政治学の研究でも存在する。

再度、民主化研究を見よう。民主化をもたらす原因についての研究では、従属変数である民主化の度合いをフリーダムハウスの民主化指標などを用いて操作化し、国ごとの民主化度合いの違いをもたらす原因を統計的に探ることが多いと言った。その結果、経済発展の段階を示す一人当たりGDPや所得の平等度といった変数が、独立変数であると推論されることになる。このような定量的な研究では、一〇〇カ国を超える国々についてデータを分析することになるので、自分で一国の民主化の度合いや経済指標を一から測ることは不可能である。そのため、既存のデータを利用することになる。

確かに、一人当たりGDPや所得の平等度などは、ある程度客観的に測定できるのでそのようなデータ利用に問題は少ない。しかし、ある国の民主化の度合いを測定することはそれほど簡単な作業ではない。その判断は専門家の間でさえ必ずしも一致するわけではなく、それ自体が研究の対象になることもありうる。

たとえば、一見民主的に見える手続きでも、さまざまな社会的文脈においては異なった意味を持つことがある。田舎の村において村民が集まる寄り合いで村全体の意思決定が行われている場合を考えよう。一見するとこれは民主的に見える。しかし、そのような手法が「民主的」であるかどうかは、たとえば、そこに存在する社会的な規範が「親分子分的」なものか否かによって大きく異なるかもしれない。いくら全員参加で物事が決められているように見えても、そこに親分子分関係が根深く存在しているなら、実質的には民主的な決定とは言えないという批判もありうるからである。フリーダムハウスの民主化指標は、各国の専門家にその国の民主化の度合いについて判定してもらうことで作成されているが、専門家の主観的な判断による部分が大きいとすれば、それをどこまで信用してよいかが問題になろう。

専門家の判断に基づいて測定をする手法は、エキスパート・サーベイと呼ばれ、近年よく用いられる手法である。筆者も、日本の政党がさまざまな政策についてどのような立場に立っているかに関して答えてほしいという依頼を、国際的な比較政党研究プロジェクトから定期的に受ける。しかし、これに答えることはきわめて難しいことを実感した。たとえば、二〇一二（平成二十四）年総選挙時点で民主党と自民党がＴＰＰに対してどちらがどれくらい積極的であったか、一〇点満点で評価してほしいと言われて、適切に答えることはきわめて困難である。けれども、日本政治のエキスパートと考えられる政治学者の答えが集計されて、自民党と民主党の対外経済政策についての平均点が出てしまえば、それはあたかも客観的な指標であるかのように扱われ、数字が一人歩きすることになるだろう。しかし、それが真実かどうかは慎重に考慮することが必要である。

民主化指標以外にも、各国の政治腐敗度や統治の効率性、司法の独立度など、多くの指標が今やインターネット上で利用可能である（たとえば、スウェーデンにある The Quality of Government Institute のホームページ：http://www.qog.pol.gu.se/）。これらのデータの蓄積と公開が、政治学の発展に大きく貢献していることは明らかである。しかし、これらのデータは、統計ソフトウェアパッケージの発達ともあいまって、簡単に計量分析にかけられる傾向にある。地域研究者は、このような安易な指標の利用にしばしば反対する。多くの国々のデータを用いて統計的に厳密な分析をしても、よって立つデータが怪しければその結論を信じることはできないと批判する。ハーヴァード大学の経済学者カーメン・ラインハートとケネス・ロゴフが計量分析に基づいて財政赤字が経済成長に与える負の影響を示して、各国の財政政策に大きな影響を与えた論文が、データの取り扱いのミスを指摘されて著しく信用性を減じた例は、このような批判に根拠があることをあらためて示した（*Financial Times* April 19, 2013; Reinhart & Rogoff 2010; Herndon, Ash & Pollin 2013）。むしろ対象を絞って、いくつかの国について深く研究を進めた上で、それらの少数の事例に基づいてしっかりとした分析を行う方がよいという立場にも、充分な説得力があるだろう。少数の先輩の話を聞いた方が、役に立つことがあるのと同じである。では、このような少数の事例に基づいて因果関係の分析をする際にはどのような方法論的な課題があるのだろうか。それを考えていこう。

ジョン・スチュアート・ミルの差異法と合意法

少数の先輩に詳しく就活体験を聞くときに、成功した先輩に絞る方法と失敗した先輩にも聞く方法があることを見た。この二つの方法は、ジョン・スチュアート・ミルが名づけた合意法と差異法に分類される。それぞれのメリットとデメリットを考えることが、少数事例に注目して分析をする質的研究の方法を学ぶ上で役に立つ。まず二つの方法を整理しよう。

差異法（method of difference）では、異なる結果を示している複数の事例を比較して、その違いをもたらした原因を推論する。デュルケムの『自殺論』（デュルケーム 一九八五）においてとられた方法である。そこでは、自殺率が高い社会と低い社会を比較し、その原因を二つの社会において支配的であるキリスト教宗派の違い（カトリックかプロテスタントか）に求めた。

合意法（method of agreement）とは、逆に複数の事例に共に生じたある事象の原因として、これら複数の事例に共通して存在する要因を探すことで、因果関係の推論を行う方法である。たとえば、ある町の病院に急性の腹痛を訴える患者が立て続けに何人も運び込まれたとき、医者はこれら患者に何を食べたかを質問し、同じものを食べていないかを確認するだろう。患者が全員同じ料理店で同じものを食べていたことがわかれば、それを原因と考える。このアプローチは合意法に基づいている。

比較事例研究法は、先に見たように計量分析の対象になりにくい事例に対してとられることが多い。政治学におけるそのような事例の典型的なものは、マクロな歴史的現象であろう。社会科学の世界には比較歴史分析といわれる分野が存在し、多くの古典的研究を生み出してきた。以下では、差異法と合意法をとった研究例をいくつか取り上げて、方法論上の課題を考えていこう。

一　比較事例研究と差異法

バリントン・ムーアの『独裁と民主政治の社会的起源』

一九六六年に出版されたバリントン・ムーアによる『独裁と民主政治の社会的起源』（ムーア 一九八六・一九八七）は、一九七〇年代から一九八〇年代の比較歴史分析の隆盛をもたらすきっかけとなった古典的な研究である。当時の学界では、十六世紀のヨーロッパに始まる近代化という人類史的な変化は、それに続くどの国々でも同じような経緯をたどると考える近代化論が主流であった。ムーアはそれに対して、近代化にはブルジョア革命、上からの革命、農民革命という三つの異なるルートがあるという主張を行った。イギリス、フランスでは、伝統的な地主支配が打倒され資本主義的民主主義体制が出現した。これに対して、伝統的地主層が産業化の過程でも支配的な地位を維持したドイツや日本では、上からの近代化を経て「ファシズム」が出現した。さらに、強力な産業資本家を欠いたロシアや中国では、農民革命が伝統的地主を打倒し共産主義をもたらした。近代化過程のあり方は、その過程においてどのような社会階級が力を持ったかによって決まる、というのがムーアの理論的主張であった。彼は、この主張をイギリス、フランス、アメリカ、日本、中国、インドの近代化過程を事例として比較し、その主張の妥当性を示したのである。

彼の研究は、カール・マルクスやマックス・ウェーバーの伝統を受け継いだ壮大な比較歴史分析として、当時の学界に大きな知的刺激を与えることになった。日本研究の知的巨人であるロナルド・ドーアは、大英博物館あるいはハーヴァード大学のワイドナー記念図書館に籠もって近代世界に関する大著を書きたいと夢想したことのある研究者であれば、ムーアの著作を嫉妬《しっと》なしには読めないだろうという、少しひねくれた賛辞を送っている（Dore 1969）。その後、各国の歴史的事実やその解釈については新たな証拠に基づいて批判がなされてきたが、出版以来四〇年以上の年月を経た今も、同書は民主化を研究するものに多くのインスピレーションを与え続けている（Sidel 2008）。

比較政治経済体制

このようなマクロな政治現象を差異法に基づく比較事例研究の手法で分析する研究は、一九七〇年代以降に大きな潮流となっていった。いくつか例をあげよう。

一九八〇年代には、先進資本主義国の中での政治経済体制の違いに注目する研究が多く現れた。たとえば、ジョン・ザイスマンは、国際経済の変化に対応して先進諸国の産業がとる調整策には顕著な差があることを指摘した。アメリカやイギリスでは企業主導の、フランスや日本では国家主導の、そして（旧）西ドイツでは政府、産業、金融、労働の間のコーポラティスト的協調に基づく産業調整が行われてきたとする。そして、このような従属変数の差をもたらしたのが、産業界、銀行、そして政府との関係であると主張した。具体的に彼が注目したのは産業界の資本調達方法の特色であり、価格メカニズムに基づいて資本市場で資金調達を行うか（アメリカやイギリス）、金融機関からの融資に基づくものの金利が政府によって規制されているか（日本やフランス）、同じく金融機関の融資によるものの金利が金融機関によって自主的にコントロールされているか（西ドイツ）が、この差を説明するとした。

その後、日本やドイツも含めてこれらの先進国経済は大きくその性格を変えていくことになるが、この分析は当時の世界経済の実態とそれへの知的関心を強く反映したものであり、同じような関心からの分析を数多く生むことになった（Zysman 1983; Katzenstein 1985; Hall 1986）。このような先進国における政治経済体制の違いへの関心は、資本主義の多様性論として現在に引き継がれている（Hall &

Soskice eds. 2001; 青木 二〇〇三)。

比較福祉国家研究

同じように差異法に基づく比較歴史分析を用いて、福祉国家研究に大きな影響を与えた研究が、エスピン＝アンデルセンによる『福祉資本主義の三つの世界』である（エスピン－アンデルセン 二〇〇一）。エスピン＝アンデルセンは、先進国に見られる福祉国家には、国民が権利として普遍的な福祉政策を享受できる社会民主主義モデル（北欧諸国）、アメリカのように各自の自己責任を原則としつつ政府の福祉政策を最小限とする自由主義モデル（アメリカ）、そして社会福祉の供給が職業や社会階層ごとに分けて行われている保守主義モデル（ドイツやオーストリア）の三類型があることに注目した。そして、このような違いは、福祉国家を求める政治的連合がどのような形で形成されたかによって決まった、という主張を行った。労働者が農民、そしてその後はホワイトカラーのサラリーマンと幅広く手を結んで福祉国家を要求してきた北欧諸国、労働者が結局は有力な味方を見つけられなかったアメリカ、そして保守派と官僚や管理職労働者などのホワイトカラーとの連合が成立したドイツやオーストリアで、異なる福祉国家が生じたというのである。ここでも、福祉国家の形成というマクロな政治発展を題材に、差異法に基づく比較歴史分析がとられている。

なお、日本の政治学者による本格的な比較歴史分析は多くないが、先進国における大型間接税導入の成否を福祉国家建設のタイミングとの関係で論じた加藤淳子の研究は、国際的に発信された日本人による重要な業績である（Kato 2003）。

差異法のメリットとデメリット

因果関係の推論を行う上で、差異法をとることのメリットはその推論の構造が実験と類似している点にまずある。そこでは、独立変数の値が異なるときに、従属変数の値が異なっている、すなわち独立変数と従属変数の共変関係を確認する構造になっている。実験においては人為的に独立変数の値を変えるわけであるが、差異法ではそれを観察によって確認する。さらに、因果関係が成立するためのもう一つの条件である独立変数の時間的先行についても、その研究デザインを慎重に設計することで満たすことができる。ムーアは、革命が生じる前に存在していた伝統的地主とブルジョアジーや、その他の社会集団との関係から、革命の特徴を説明した。ザイスマンにおける独立変数である金融制度も、従属変数である産業調整政策よりも先行して存在している。エスピン＝アンデルセンにおける政治的連合も、福祉国家の形成の前に出現しているのである。差異法は、この意味において因果推論を行う実験と同じような構造を持つ。

しかし、差異法の最大の弱点は、他の変数のコントロールである。実験では、統制群と実験群を設けることで、他の変数の統制を行うことができた。定量的研究でも、重回帰分析のような手法で他の変数の影響をある程度コントロールしうる。しかし、差異法に基づく事例研究では、これが難しい。ムーアの研究を例にとろう。すでに見たように『独裁と民主政治の社会的起源』はきわめて高い評価を受け、その後の民主化研究に大きな影響を与えた。しかし、ムーアの研究も批判を受けなかったわけではない。むしろ、大きな反響を呼んだだけに、それへの批判もさまざまになされた。そこでは、ムーアの分析がマルクス主義的な経済決定論であり、イデオロギーや理念の影響、経済的な利害関係とは独立な政治的要因（国際政治環境や革命前の国家構造の違いなど）の影響を見ていない、といった批判がなされた（Skocpol 1973, pp. 1–34; Weiner 1976）。この批判を方法論的に読み替えるならば、ムーアの見た独立変数以外の他の変数が従属変数に影響を与えている、という批判であったと言えよう。

差異法における方法論的前提

差異法に基づく比較事例研究によって因果推論を行う場合、他の変数をどのようにコントロールできるかが非常に重要になる。そしてこのことは、どのように事例を選択するかにかかってくる。高福祉国家と低福祉国家の二事例を比較することを考えよう。スウェーデンと北朝鮮を比較する場合、確かに両事例において、従属変数である福祉の発展度合いは大きく異なる。この違いをもたらしたのが、スウェーデンにおける労働組合の高い組織率と北朝鮮における自由な労働組合の不在であると推論したとしよう。しかし、この両国では言うまでもなく、経済発展の水準、民主主義的政治制度の存在、経済に占める軍事支出の規模、文化や宗教的伝統まで他の多くの変数が異なる。これでは、因果関係の推論は困難である。

Most Similar Systems Design

差異法においては、他の変数ができるだけ類似していて、従属変数と独立変数の値のみが異なる事例を探す必要がある。このアプローチは、Most Similar Systems Design と呼ばれる（Przeworski & Teune 1970）。ＲＣＴ実験において刺激を無作為に与えることで統制群と実験群が作り出され、刺激の有無以外はグループ同士は平均的に同じ特質を持つように設計されるのと同様に、理想的には事例の間に単位同質性が存在しなければならない。スウェーデンと北朝鮮とはあまりにも違いすぎる。そこで、同じ民主主義体制で高度に発展した資本主義国でありながら、福祉政策の拡充度に差があるアメリカを比較事例として選択するとしよう。そして、福祉政策の違いは、スウェーデンにおける労働組合の組織率がアメリカよりも非常に高いことによってもたらされていると推論することは、北朝鮮との比較からする推論よりも明らかに妥当性があるだろう（表９−１）。

では、北朝鮮との比較をあきらめずに、両国の福祉政策の拡充度の違いは、労働組合の力だけではなく、民主主義政治制度の存在と経済発展の度合いによって生み出されていると論じればどうだろうか。すなわち、独立変数を労働組合だけでなく、民主主義と経済発展を加えて三つとする（表９−２）。これだと、確かに真実らしく思える。福祉国家に限らず、世の中に生じているさまざまな現象は、単独の独立変数によって説明できるような単純なものではない。複雑な現象の全体像を明らかにすることをめざすといった決まり文句が、専門的な研究にもしばしば出てくる。

しかしながら、少なくともいま述べたスウェーデンと北朝鮮の二事例比較のみでは、従属変数と共

表9-1　スウェーデンとアメリカ

	福祉国家	労働組合	民主主義	経済発展
スウェーデン	高　度	強　い	発　展	高　度
アメリカ	低　度	弱　い	発　展	高　度

変している三つの独立変数のうちいずれが本当の独立変数なのか（あるいは、この三つすべてが必要なのか）を確認することはできない。第2章で事例の数（N）と説明の数（K）が同じになるために生じるN＝K問題を説明した。ここでは、二つの事例に対して三つの説明を行ってしまっており、さらに問題が大きい。KがNよりも多くなってしまい、どれが原因かを決められないという「不定（indeterminate）」な研究デザインになってしまうのである。

ただし、スウェーデンと比較的よく似た先進民主主義国であるアメリカとの比較でも、問題が完全に解決されるわけではない。アメリカとスウェーデンの間には、たとえば選挙制度や産業構造など多くの違いがまだ存在する。アメリカとスウェーデンという二つの分析単位の間に、単位同質性は完全には存在していない。比較事例研究の持つ宿命とも言える。しかし、少なくとも、北朝鮮との比較（表9-2）ではなくアメリカとの比較（表9-1）を選択することで、福祉政策の発展の違いをもたらす原因の探究へより近づいていけるだろう。

以下では、近年の比較事例研究を二つ取り上げて、差異法に基づく比較事例研究をさらに方法論的に改善しようとする試みを紹介しておこう。

理論による改善——ダン・スレーターの *Ordering Power*

表9-2　スウェーデンと北朝鮮

	福祉国家	労働組合	民主主義	経済発展
スウェーデン	高　度	強　い	発　展	高　度
北朝鮮	きわめて低度	不　在	不　在	きわめて低度

東南アジアの国々の第二次世界大戦後における政治制度の形成と民主化について分析を行ったダン・スレーターの *Ordering Power* は、比較歴史分析の手法をとる近年の好著として評価が高い（Slater 2010）。彼は、マレーシア、シンガポール、フィリピン、（旧）南ベトナム、タイ、インドネシア、ミャンマー（ビルマ）の東南アジア七カ国を対象に、それぞれの国における政治制度と権威主義体制の持続性の違いを説明する。それらの従属変数についてまとめたのが**表9-3**である（Slater 2010, p. 10）。

戦後、植民地支配から同じように脱したこれら東南アジアの国々の中には、強力な政治制度を形成して民主化を避け権威主義的体制を維持してきたマレーシアやシンガポールのような事例、その維持ができなかったフィリピン、南ベトナム、タイのような事例、そしてその中間的なインドネシアとミャンマーのような事例がある。そして、権威主義体制が続けられたところでは、強力な統治政党や一体的な軍が存在した。スレーターにとっての問いは、このような大きな違いが生じたのはなぜかである。各国における、この政治的多様性の原因を探ろうというのである。

彼の独立変数は、植民地支配からの解放後に、それぞれの国における支配諸集団がどの程度被支配者層からの抵抗を受けたかにある。この政治対立（contentious politics）が厳しいものであれば、支配諸集団は強力な国家体制を形成することで協

表 9-3　東南アジア 7 カ国の政治制度と権威主義体制の持続性の違い

	国家の能力	政党の強さ	軍の一体性	権威主義の持続性
マレーシア	高い	高い	高い	高い
シンガポール	高い	高い	高い	高い
フィリピン	低い	低い	低い	低い
南ベトナム	低い	低い	低い	低い
タイ	中間	低い	低い	低い
インドネシア	中間	中間	中間	中間
ミャンマー	低い	低い	高い	中間

［出典］ Slater 2010, p. 10.

力し、強力な統治政党やよくまとまった軍隊を作り上げることに成功する。しかし、このような政治対立が弱い場合には、支配諸集団は互いに協力することができずに結果として脆弱《ぜいじゃく》な統治制度しか持てず、権威主義体制の崩壊や民主化へと進むことになったというのである。

スレーターは、差異法に基づいた因果推論を行っている。しかし、ここでも他の変数をどのように統制するかが問題となる。同じ東南アジア諸国であっても、国ごとに異なる要因はたくさんある。単位同質性は存在しそうにない。スレーターは、ここで理論の力を借りようとする。幸いなことに、民主化の進展や権威主義体制の存続、あるいは強力な統治政党の形成や軍建設については多くの先行研究があり、さまざまな理論仮説が提示されている。いわば、スレーターが想定する独立変数以外に、彼の従属変数を説明する上で重要だと考えられるその他の変数がある程度わかっている。そこで彼は、これらの説明で七カ国の政治的多様性をどの程度説明できるかを確認する。対抗仮説を検証するのである。

たとえば、イギリスの植民地であった経験が民主主義を促進する、という仮説がある（Weiner 1987)。しかし、民主化していないミャンマー、マレーシア、シンガポールは、この仮説を反証する。強力な地主エリートの存在が、民主主義を阻害するというデートリッヒ・ルーシュマイヤーほか（Rueschemeyer et al. 1992）の仮説は、フィリピンには当てはまってもシンガポールには当てはまらない。近年民主化研究で注目される、資源大国は民主化が進まないという「資源の呪い仮説」（Ross 2001）では、シンガポールが説明できないなどである。

差異法に基づく比較事例研究を行う際に、事例の間で異なる変数は無数にあると言って過言ではない。しかし、理論的に考えてみたとき、必ずしもそれらすべてが同様に重要であるとは限らない。スレーターの例で考えれば、各国の料理の辛さであるとか、好まれる音楽の違いは、従属変数に影響を与えるとは考えられないだろう。統制すべきは、理論的に従属変数に影響を与えそうな変数ということになる。スレーターは、そのような変数を完璧に統制しているわけではないが、それらの理論的に独立変数となりうる変数が彼の観察のユニバースにおいて充分な説明力を持たないことを示して、変数のコントロールをある程度行うことに成功していると評価できるだろう。

このような対策は、計量分析においても実は重要である。重回帰分析を用いて因果関係の推論を行う際に、独立変数を無制限に投入できるわけではない。独立変数を多くすることで生じる計算の困難は、コンピューターの能力向上で大きく解消されたが、サンプルサイズと独立変数の数との関係ではN＝K問題が生じる（統計学的には、自由度の問題とされる）。そこで、投入すべき独立変数（あるいは、統制変数）を理論的に選択する必要がある。どのような研究スタイルをとるにせよ、先行研究の読み込みが非常に重要となるのはこのためでもある、と言えよう。

自然実験という方法

近年注目されるもう一つの解決法が、第7章でふれた自然実験である。すでに見たように、単位同質性の問題を解決する最善の方法はRCT実験であった。観察に基づく研究ではそれができない。しかし、研究デザインを工夫することで疑似実験的な状況を作り出そうというのが自然実験の発想である。

ダニエル・N・ポスナーが、アフリカにおける部族間対立に関して行った興味深い分析を例に見てみよう（Posner 2004）。アフリカにおいては、国家の内部における部族間の激しい対立が、しばしば政治の不安定や経済の停滞をもたらしてきたことが指摘される（コリアー 二〇〇八／コリアー 二〇一〇などを参照）。このような部族対立が、固有の文化的な違いに由来するのか（根源主義 primordialism）、人為的に生み出されたと見るのか（構成主義 constructivism）についてもさまざまな論争がある。それに対してポスナーは、根源的なものであろうと人為的に作られたものであろうと、部族間の文化的対立が政治的対立にいたるかどうかの原因は、その対立自体の実質的根深さにあるのではないとする。その対立が政治的に重大となるかどうかは、その国内における部族の人口動態学的な特徴によって決まると言う。対立する部族が、国内において大きな規模を占めるものであれば両者は激しく対立し、いずれも小規模であれば対立しない。部族が大規模であれば、それを動員して政治的影響を行使することができる。そのため、大規模部族は政治的動員の単位になる。しかし、部族が小規模であれば、いくら動員しても政治的に影響力を持ちえないので、そもそも動員の対象とされない。小部族同士であれば、平和裏に共存するというのである。

この仮説を実証するために、彼はザンビアとマラウィ両国を対象に、両国に存在するチェワ族とツンブカ族の村を比較する。ザンビアでは両部族は互いを民族的兄弟、政治的同盟者と考えているのに対して、マラウィでは両部族は激しく対立している。この「協調」か「対立」かが従属変数になる。彼が調査対象としたのは四つの村落である。図9-1に示されるように、両部族は、それぞれの国内に国境を挟んで存在している。分析の単位は、部族間関係である。すなわち、ザンビアにおけるチェワ族村とツンブカ族村の関係とマラウィにおけるチェワ族村とツンブカ族村の関係であり、国境を挟んだ二事例比較になっている。

この国境線は、他のアフリカ諸国の場合にもしばしば見られるように、植民地時代に民族構成を考慮することなく行政的な理由で人工的に画定されたものである。これが、実験と近い状況、まさに自然実験状況を作り出した。もともと存在していた二つの部族が、人為的に二つのグループに分割され、異なる国の中に投げ込まれたような状況である。ポスナーは、さらに慎重を期して国境を挟んだすぐ近くの村をそれぞれの部族地域から選び出す。そして、まずこの村々においても、チェワ族とツンブカ族が異なる文化的なアイデンティティーを持っていることを、フィールド調査やアンケート調査をも行って確認する。言葉やダンスの仕方、結婚に際しての結納《ゆいのう》の仕方（ツンブカ族では牛七頭を贈るの

図9-1　ザンビアとマラウィのチェワ族とツンブカ族

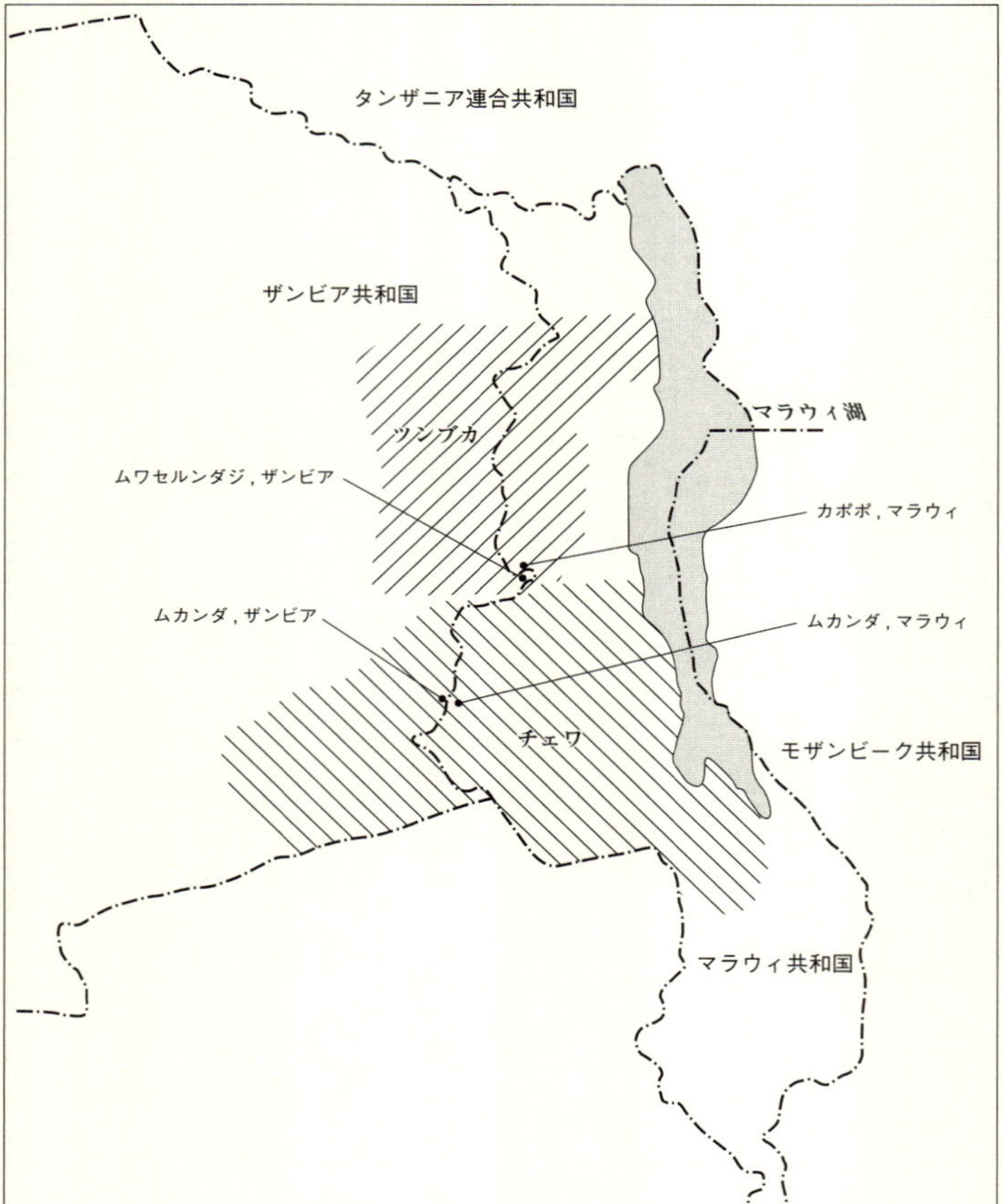

［出典］ Posner 2004.

に対してチェワ族では鶏一羽しか贈らない）など、多くの相違がある。アンケート調査結果も、いずれの事例でも両部族が互いに相手部族に対して同じようなイメージを持っていることを示している。

この部族間関係の二事例（ザンビアの部族間関係とマラウィの部族間関係）は、国境を挟んで違う国に属していること以外、他の変数においては差はほとんどないのである。しかし、すでに見たように部族間関係は、ザンビアでは友好的でマラウィでは敵対的である。両事例で異なっているのは、それぞれの国内での部族の相対的規模のみである。マラウィでは、それぞれの部族が充分に大きな集団であるだけに、政治的動員の対象になり、その結果として部族間の違いが政治的対立へと発展した。しかし、ザンビアでは部族規模の相対的小ささゆえに、このような対立が起こっていないのである。独立変数は、部族の相対的規模であるという推論がなされる。ここでは、慎重な事例選択を行うことによって、実験と近い程度の他変数の統制、単位同質性の確保がなされているのである。

以上、差異法に基づく比較事例研究での他変数コントロールについて、二つの対処法を見た。前者の理論に基づく対処法は、他変数のコントロールとしては、必ずしも充分なものにはなりにくい。その意味では、自然実験の方が望ましいとも言えよう。しかし、自然実験を採用できる比較事例研究の対象は、必ずしも多くないであろう。先に見た東南アジアの権威主義体制の存続について、自然実験を設計することは、ほぼ不可能であろう。しかし、質的研究は厳密な因果効果の検証をめざすものではない。研究対象に応じて柔軟に対応策をとることで、帰納的により本当らしい仮説を探求し、構築していくことが重要となる。

二　比較事例研究と合意法

では、もう一つの比較事例研究法である合意法に移ろう。合意法は、複数の事例に生じた共通の事象に注目して分析を行う。ここでも少し例を見ることにする。

合意法の名作『革命の解剖』

差異法で見たのと同じように、革命というマクロな現象を合意法に基づいて分析し、古典的名作とされているものに、クレイン・ブリントンの『革命の解剖』がある（ブリントン 一九五二）。彼は、イギリス清教徒革命、アメリカ独立革命、フランス革命、そしてロシア革命の四大革命を取り上げて、それらの間にある共通性を描き出し、その後の革命研究に大きな影響を与えた。そこでは、革命のライフ・サイクルとでも言うべき共通の発展が観察される。革命は、旧体制に生じた国家財政危機や内政問題を契機とする旧体制の崩壊に始まり、革命における穏健派から急進派への権力の移行、急進派による恐怖支配、そしてテルミドール反動へという経緯をたどるとされる。テルミドール反動というのは、フランス革命の急進化にともない独裁体制をとったロベスピエールが、フランス革命暦テルミドール九日のクーデタで失脚して革命が終結したことにちなんで、革命後の反動期のことをこのように呼ぶ。それはともかく、ブリントン自身が認めているように、このような経過が、彼の見た四つの革命すべてにおいて完全な形で確認されるわけではない。彼はこれらの比較を通して、革命に共通して見られるパターンを発見しようとしたのである。この著作から、革命研究は多くのインスピレーションを得てきた。

ここでは、革命に典型的に見られるパターンを記述し、革命とはいかなる現象かという共通理解を作り出すことがめざされている。マックス・ウェーバーの言葉を使えば、革命の「理念型」を示そうとしたと言えるだろうし、革命という概念の構築がめざされているとも言える。このようなパターンの認識は、合意法を採用する重要なメリットである。では、そのような記述的な作業を越えて、合意法を因果関係の推論に用いることはできるだろうか。

合意法に基づく因果推論

今、高度な福祉国家が、なぜ実現するのかに関心を持ったとしよう。そこで、高福祉国家として名高いスウェーデンとノルウェーに共通する要因を探す。その結果、労働者の組織率が両国で共に高く労働組合が強い力を持っていることに注目して、それを原因と推論した（表9-4）。先に見た、医者が患者の急性腹痛の原因を探すのと同じく、これは合意法に基づいた因果推論である。

表9-4　スウェーデンとノルウェーの労働組合

	福祉拡充度	労働組合
スウェーデン	高　度	強　い
ノルウェー	高　度	強　い

スコッチポルの比較革命研究

合意法に基づいて革命という現象に関する因果推論を行い、高い評価を得たのがシーダ・スコッチポルによる『国家と社会革命』である（Skocpol 1979）。彼女は、フランス革命、ロシア革命、そして中国の辛亥革命（一九一一年）を社会革命としてとらえ、それをもたらした原因を明らかにしようとした。ここでは、社会革命という共通の現象が従属変数とされる。では、これら三つの事例に共通する原因は何か。そこには、経済的に優位に立つ外国勢力からの圧力の下、専制君主体制と中央集権的な国家組織が力を失って政治的危機が生じ、さらにその変化とあいまって農村における社会関係に変動が生じ、農民が地主と国家に対して下からの攻勢を強めたという変化が生じていた。彼女は、これが社会革命をもたらした共通の原因と見るのである。スコッチポルは、社会革命が発生しなかった日本とプロイセンについて簡単に論じてはいるが（差異法）、同書の前半で展開される主要な分析はこの三つの成功した社会革命を分析するという合意法をとっている。

合意法の方法論的課題

合意法に基づいた比較事例分析によって因果推論をするときの方法論的課題は何だろうか。先ほどのスウェーデンとノルウェーにおける福祉国家の発展を、もう一度考えよう。確かに従属変数である福祉政策の拡充度が共通して高い両事例において、労働組合の力も共通して強いことが確認でき、そこに因果関係の存在を推定できそうに思える。しかし、同じ北欧に位置する両国の間で同じ値をとる変数は、ほかにもたくさんありそうである。左派政党の強さ、社会民主主義的なイデオロギー、選挙制度、同じように寒冷な気象条件、人口密度の低さ、いろいろ考えられるだろう。そうなると、この共通要因のどれが本当の独立変数であるかを判断することは難しくなる。ここでも、研究デザインは不定であるという批判を受けることになろう。

Most Different Systems Design

このような問題に対処するためには、再び事例選択の工夫が重要になる。差異法では、できるだけよく似た事例を取り上げて、よく似ているにもかかわらず違う結果になっている事例を選択した。これに対して合意法は、全く逆の選択を行う必要がある。すなわち、さまざまな側面で大きく異なっている複数の事例を選択した上で、それらの事例に共通の値をとる独立変数と従属変数が観察されれば、他の変数ではなくその独立変数が原因であることを推論できるだろう（**表9-5**）。このような方法は、Most Different Systems Design と呼ばれる（Przeworski & Teune 1970）。

スコッチポルの比較革命研究は、フランス、ロシア、中国という歴史や文化など多くの面で異なる国を事例としている。その上で、社会革命が共通して発生したことに注目し、それ以外の共通する数少ない要因を探索して原因として推定することで、研究デザインが不定のものとなることを避けよう

表9-5　合意法に基づくリサーチ・デザインの例

	福祉政策	労働組合	経済成長	選挙制度	気　候
スウェーデン	高　度	強　い	高　度	比例代表制	寒　冷
X　国	高　度	強　い	低　度	小選挙区制	熱　帯

としているのである。いわば、差異法とは異なる形で他の変数をコントロールしようとしている。さらに、独立変数である政治危機と農民蜂起は革命の前に生じており、独立変数の時間的先行という条件も満たしている。

しかし、ここでは因果関係が成立するための第一条件である、独立変数と従属変数の共変関係が確認されていない。この点に、方法論的な批判が集まることになる。キング＝コヘイン＝ヴァーバが合意法を原則として否定するのは、このためである。因果推論の目的は、従属変数の値の変化をもたらす独立変数を推定することであるのに、従属変数の値の変化が観察されていなければ、変化の原因を探ることなどそもそも行いようがないことは自明である、というのである（キング＝コヘイン＝ヴァーバ 二〇〇四、一五五頁／河野 二〇〇二）。この点をどのように考えるべきか。

従属変数の値に差がない合意法の最も極端なケースは、単一事例研究である。たとえば、明治維新の研究を志したとしよう。しかし、明治維新は歴史上一度しか起こっていない。明治維新の原因を探ることは不可能なのだろうか？　第10章では、単一事例研究の問題を手掛かりに、事例研究を用いる質的研究の意義についてさらに考えることにしよう。

コラム⑨　決定的分岐（critical juncture）と過程追跡――繁栄と貧困の別れ道を探す

ゲーム理論を用いた演繹的な分析（Acemoglu & Robinson 2005）で民主化研究に大きな貢献をしたダロン・アセモグルとジェイムズ・A・ロビンソンは、より広い読者をターゲットに『国家はなぜ衰退するのか――権力・繁栄・貧困の起源』を二〇一二年（邦訳は二〇一三年）に刊行して、大きな話題を呼んだ。世界にはなぜ貧しい国と豊かな国が存在するのか、というのがそこでの問いである。すなわち従属変数は、国の繁栄である。

では、繁栄をもたらす独立変数は何か。彼らは、しばしば先行研究で取り上げられてきた地理、気候、文化、あるいは政府の正しい政策などではなく、制度であると主張する。つまり、独立変数は、経済制度と政治制度である。経済の持続的な繁栄は、多様な人々が自由に経済活動に従事しうる「包括的」経済制度と、多様な人々の利益が反映される「包括的」政治制度があるところで可能になる。少数に権力が独占されている「収奪的」な政治・経済制度の下では、経済活動の果実を権力者に奪われるので、経済活動は活性化しない。包括的な経済制度があるのみで、政治制度が「収奪的」な場合は、経済活動は当初は活発になるが、その後この経済活動から利益を得ている人を脅かすイノベーション（シュンペーターの言う創造的破壊）を政治権力を用いて抑圧するようになり、経済の活力は削がれていく。そこでは持続的な経済繁栄は見込めない、というのである。因果関係のメカニズムはきわめて明瞭である。

彼らは同書の冒頭で、この因果関係に関する仮説を、アメリカ・メキシコ国境を挟んで位置するアメリカ側のノガレスとメキシコ側のノガレスを比較することによって確認する。前者の繁栄と後者の貧困という顕著な対照を示す二つのノガレスは、地理も気候も文化も共通している。異なるのは、前者に包括的政治・経済制度が存在してきたのに対して、後者にはそれがなかったことである。ここでは、差異法に基づいて政治経済制度が繁栄の度合いを決めるという因果関係に関する主張がなされている。

これは、まさに自然実験を用いた因果推論であり、独立変数の値の違いと従属変数の値の違いの対応関係（共変関係）を確認する、変数志向型のアプローチ（第10章）がとられる（ただし、厳密に言うならばこの違いは両ノガレスにおいて内生的に生じたのではなく、アメリカとメキシコという異なる経済体制が及ぼした外生的な結果かもしれない）。その後も彼らは、西欧と東欧で繁栄の差が生まれたのはなぜか、スペインやフランスではなくイギリスで産業革命が起こったのはなぜか、といった差異法に基づく比較事例分析を行う。

しかし、それらの分析は、ノガレスの分析に見られた事例間の静態的比較にとどまらない。繰り返し語られるのは、当初はそれほど大きくなかった制度の差が、決定的分岐に直面する中で差異を拡大させ、そしてついには繁栄の大きな格差を生み出すダイナミズムである。

たとえば、中世における黒死病（ペスト）の流行は、ヨーロッパの諸地域において労働力不足をもたらし、結果として農民や一般庶民の政治的・経済的影響力を高めた。この事情は西欧でも東欧でも同じであった。しかし、西欧ではこれが包括的政治制度への道を開いたのに対して、支配階級の力が西欧より少し強かった東欧では、危機感を持った支配階級が農民への支配を強め、農奴制を導入することになった。東欧におけるきわめて収奪的な制度の成立が、東欧のその後の経済繁栄を著しく阻害することになる。黒死病の流行は、繁栄する西欧と停滞する東欧を分ける決定的分岐となったとされるのである。

また、初期の制度の違いは、内戦でだれが勝利を収めたか、といったような偶然によってももたらされうることが主張されている。静態的な変数間の比較では見えてこない、ダイナミックな過程追跡（第10章）の醍醐味を、彼らは余すところなく示している。名著の呼び声高いこの書を読んで、比較事例研究の魅力を堪能してほしい。

ただし、このような興味深い主張は、彼らが二〇〇八年に経済学のトップジャーナル「アメリカン・エコノミック・レビュー」に発表した論文をふまえている（Acemogul et al. 2008）。そこでは、本書でも見た経済的豊かさと民主主義の間に観察されてきた強い相関関係について、操作変数法も利用した厳密な計量分析を行った結果、それらは見かけ上の相関であったことが示される。この作業をふまえて、彼らが提示する疑問は、それでは、なぜ現在豊かな国は民主的で、貧しい国はそうでないというクロスセクショナルな相関が観察されるのかである。所得の向上が民主主義を促すという単純な因果関係がなくとも、政治発展と経済発展の経路が相互に関連づけられており、何らかの要因群によってともに影響されているならばこのような観察がなされうるというのが彼らの答えである。そして、各国が過去五〇〇年間の間に経験した「決定的分岐点」（Critical Juncture）で「選択」された政治的経済的経路によってこの関連が生じてきているという彼らの主張が比較事例分析で提示されるのである。厳密な因果効果の確認とそれを踏まえた帰納的な仮説構築が見事に組み合わされているのである。アセモグルとロビンソンが、二〇二四年のノーベル経済学賞に輝いたのも納得である。

なお、同じく国の盛衰という大きなテーマを合意法に基づいて論じた書として、マンサー・オルソン『国家興亡論』（一九八二年、邦訳は一九九一年）も勧めておきたい。包括的政治制度が、逆に既得権益を守る役割を果たして国の衰退をもたらすというオルソンの主張は、アセモグルたちとは反対のように読める。作品が世に出た時代の雰囲気の違いを反映しているようにも思えるが、アセモグルたちの議論が繁栄している国の制度を、事後的に包括的と見てしまっているのではないかという、第6章で見た方法論的な問題点（ハロー効果や内生性）にも気づかせてくれるだろう。

第10章 単一事例研究の用い方

ＮＨＫの大河ドラマは、日本史上の人物や事件をテーマに、通常一年間にわたって放映される人気テレビシリーズである。一九六三（昭和三十八）年に始まり二〇二四（令和六）年までで、六三作品を数えている。扱われた時代は、戦国時代が二三回と最多であるが、それに次いで人気なのが幕末である。井伊直弼を扱った第一回「花の生涯」から、渋沢栄一を扱った第六〇作「青天を衝け」まで、一五作が幕末を扱っている。さまざまな役者が、坂本龍馬や西郷隆盛、勝海舟などを演じてきた。この幕末への関心の高さは、司馬遼太郎の作品に代表される歴史小説の世界でも、またテレビドラマ化され話題になった『ＪＩＮ―仁』のようなコミックの世界でも、見て取れる（村上 二〇〇〇―二〇一〇）。

近年、幕末・明治維新への関心がさらに高まっているようである。かつては世界を席巻した家電産業の低迷に象徴される日本の「衰退」が、アジアにおける日本の興隆をもたらした明治維新へのノスタルジックな思いをより強く掻《か》き立《た》てるのかもしれない。西欧列強に対して、停滞するアジアから立ち上がり、非西欧圏で初の近代国民国家を作り上げた壮大な民族的叙事詩はロマンの宝庫である。政治学を学びたいと考える人の中に、この明治維新のような歴史上一度しか起こっていない巨大な出来事を研究したいと思う人がいるのも当然である。

世界に広く目を向ければ、フランス革命、ロシア革命、キューバ・ミサイル危機、ソヴィエト連邦の崩壊などもすべて巨大な歴史的事件であり、知的な関心を掻き立てる。本章では、このような単一の事例をどのように分析するべきか、そしてその意義は何かについて考えることにしよう。

政治学における方法論争

実は、一九九〇年代から政治学の世界では、研究をどのように進めるかについての重要な論争が繰り広げられてきた。その論争の端緒となったのが、本書においても何度もふれてきたキング＝コヘイン＝ヴァーバによる『社会科学のリサーチ・デザイン』である。そこでは、歴史研究や事例研究のような質的研究も、計量分析を用いる定量的研究における同様の分析方法・ロジックをとらなければならないという主張がなされた。これに対して、質的研究を行ってきた政治学者からさまざまな反論がなされることになった。彼らは、キングたちが、計量分析のような分析するサンプルサイズNが大きいラージN型の定量的研究を、質的研究よりも望ましいものであり、サンプルサイズの小さいスモールN型の研究は前者ができない場合の次善の策であると主張しているとして、激しく反発したのである。世界の政治学の最前線を主導するアメリカ政治学会の年次大会においても、研究方法に関してさまざまな分科会が繰り返しもたれることになった。ヘンリー・ブレイディとデヴィッド・コリアーの編集になる『社会科学の方法論争』（ブレイディ＝コリアー編、二〇〇八）は、キングたちの主張への批判を幅広く収めた書として大きな反響を呼んだ。

この方法論に関する論争は主として、先に述べた質的研究の意義に関するものであった。本章が扱う単一事例研究は、スモールN型研究の中でも、Nが最小値である一をとる。その意味では、この方法論論争における対立の焦点となった。その論争からは、事例研究に関するさまざまな方法論的な考えを知ることができる。本章では、この論争をふまえて、単一事例分析の方法論的な課題と意義を説明していくことにしよう。

キング＝コヘイン＝ヴァーバの単一事例研究批判

単一事例研究に批判的な立場をとるキング＝コヘイン＝ヴァーバは、一度限りの出来事をそのまま観察している限り、因果関係の推論は不可能だと論じる。それでは第9章で見た合意法と同様に、共変関係を観察できない。フランス革命が起こった事例と起こらなかった事例を比較することなど、できない相談である。フランス革命を単一の出来事として観察する単一事例研究においては、その発生した原因をどんなに論じようとも、その原因がない場合にはフランス革命は起こらなかったという事実は観察しようがない。それでは因果関係の推論はできない、というのが彼らの立場である。

ただし、単一事例研究をあきらめろというのではない。彼らが提唱する二つの対処法を見ることとから本章をスタートしよう。

観察の数を増やす対処法

キングたちは、事例の数と観察の数とは異なると主張する。フランス革命という一度限りの出来事を分析する際にも、そこで行いうる観察は複数ありうるというのである。たとえば、フランス革命は人々が経済的に困窮していたからではなく、むしろ経済状況が改善する中で期待と現実のギャップが拡大して不満が高まった結果生じたという、「革命のJカーブ理論」をとったとしよう（Davies 1962）。この場合、フランスの各地域を分析の単位として、経済状況の改善していた地域は、そうでない地域と比べて革命的運動が盛り上っていたことを観察できれば、共変関係が確認できる。ここでは、事例はフランス革命ただ一つであるけれども、地域ごとに分けて複数の観察を行うことになる。あるいは、フランス一国を全体として対象とする場合でも、経済状況の変化を時期ごとに確認し、それと革命的状況の変化を突き合わせることでも観察の数は複数になる。

事例の数が一つであっても、このように観察数を複数にできれば、従属変数の値の異なる観察間で比較が可能になる。共変関係の確認が可能になるのである。彼らは、単一事例においても観察の数を増やすことを解決策として提案している。言い方を変えれば、観察数を複数にして、合意法の極限であった単一事例研究を差異法にせよというのである。

抽象概念の導入という対処法――社会革命としてフランス革命を見る

キング＝コヘイン＝ヴァーバが提唱するもう一つの解決策は、フランス革命を抽象的な概念である「社会革命」の一事例として位置づけることである。それにより、ロシア革命や中国革命などと並べて、フランス革命を分析することが可能になる。フランス革命を、一つのユニークな出来事と見るのではなく、同種の出来事（class of events）の一例としてとらえ、複数の出来事間の違いに注目して分析しようというのである。導入する抽象的概念は、社会革命でなくてもよい。政治的近代化という抽象的な現象を想定するならば、ロシア革命や中国革命に加えて、明治維新やプロイセンの近代化の事例と比較することもできる。

前者の方法が、いわば分析のレベルをフランスの地方レベルに引き下げたり、あるいは革命の時期を区分したりすることで観察数を増やしたのに対して、この対処法は、分析を社会革命というより抽象的なレベルに引き上げることで、観察の数を増やそうというのである。

では、この対処法は、どの程度受け入れられるだろうか。フランス革命をライフワークとして研究したいと思っている人に、同じ社会革命だからロシア革命と比較しなさいというアドバイスをしても、受け入れてもらえないこともあろう。マリー・アントワネットの悲劇に関心を持つ人は、断頭台に消えたそれ以外の人には関心がないかもしれない。では、観察を増やすことができない場合は、どうすればよいのだろうか。本当に一つの観察しかできない場合には、因果関係の推論はあきらめるしかないというのがキングたちの答えである（キング＝コヘイン＝ヴァーバ 二〇〇四、二五一頁）。潔いとも、狭量であるとも言えるだろう。それゆえに、すべての政治学者がこの結論に同意しているわけではない。この問題をもう少し考えていこう。

因果効果と仮説検証

キングたちが単一事例研究に対してこのような立場をとる理由は、先にも述べたように、そこで共変関係が確認できないことにある。共変関係を確認するということは、因果効果を確認することである。第1章で見た身長プレミアムの研究例では、独立変数である身長が高くなるにともなって所得の上昇が生じるかどうかを分析することで、身長が所得を決める一つの原因になっているかどうかを確認している。他の条件を等しく統制した上でなお、身長が高くなることによって生じる所得上昇が、身長の持つ因果効果である。身長プレミアム仮説が正しいかどうかの検証は、この因果効果が存在するかどうかを確認することで行われている。背が高いか低いかで、所得の高低が変わることが確認できてはじめて身長プレミアム仮説は証明される。共変関係を見ない研究デザインでは、この因果効果の確認のしようがないので、因果推論ができないということになる。推論のためには、少なくとも二つ以上の観察をして共変関係が確認されなければならないとされる。

仮説演繹法

このように因果効果の確認を手掛かりに仮説検証をめざす研究デザインは、社会科学を含め科学的な研究において広く採用されてきた標準的な手法である。本書もここまで、この研究デザインを念頭に置いて方法論的な説明を行ってきた。仮説演繹法《えんえきほう》（Hypothetico-deductive Method）とも呼ばれるその研究デザインを、あらためて整理して見てみよう。

仮説演繹法とは、以下のようなデザインをとる（Godfrey-Smith 2003, Chapters 4 & 5; 戸田山 二〇〇五、五四―五六頁）。

① 手持ちのデータから帰納《きのう》的に仮説を構築する。たとえば、先進国における福祉政策の拡充過程についての観察から、左派政党が勢力を拡大すると福祉政策が拡充するという仮説を設定する。このプロセスは、帰納的な推論に基づいている。

② 設定した仮説が正しければ、どのようなことが観察できるかを考える。戦後日本でも、左派政党が勢力を伸ばしたときに福祉が拡充していただろうという予想は、仮説から推論できるだろう。キングたちは、このような予想を、仮説が正しければ観察できる事象という意味で「観察可能な含意」と呼んでいる。この推論は、前提が正しければ結論も正しいという意味で真理保存的であり、演繹的な推論である（コラム⑤参照）。

③ この予想が当たっているかどうかを、実験や観察によって確認する。われわれの例では、実験はできないので戦後日本のデータを観察してこの確認をすることになる。

④ 予想が正しかったと確認できれば、遡って仮説自体を正しいと結論する。すなわち、左派政党

の勢力の拡大が福祉政策の拡充をもたらすという一般的な仮説を確証したことになる。

これが仮説演繹法のデザインである。ここでの推論は、予想どおりの因果効果が確認できれば、遡って予想のもとになった仮説自体が正しかったと確証されるという形になっている。つまり、仮説演繹法において重要なのは因果効果である。この因果効果は、ここでは戦後日本において左派勢力が弱い時期と強い時期における福祉政策の充実度を比較して確認される。少なくとも二つの観察が差異法に基づいてなされるのである。建林正彦の『議員行動の政治経済学』は、中選挙区制の下での議員行動に関する推論をふまえて観察可能な含意を引き出し、それを検証することによって因果推論を行った好例である（建林 二〇〇四）。

決定的事例研究

しかし、この因果効果を確認するという手法を、単一の観察に基づいて行うことは本当にできないのだろうか。決定的事例（crucial case）研究と呼ばれる方法は、それを可能にする手法であると考えられている。

それには二つのタイプがある。その第一は、仮説検証の際に、その仮説が成立するはずだと予想されるような事例を分析して、その仮説が当てはまらないことを示して仮説を否定する方法である。これは、Most Likely Case Method と呼ばれる。第二は、その逆に、その仮説が成立しそうにないような例を分析し、そこでも仮説が成立していることを示して、仮説の確からしさを確認する方法であり、Least Likely Case Method と呼ばれる（Eckstein 1975）。この場合、観察が一つであっても仮説の検証ができることになる。

Most Likely Case Method　例を考えよう。本書で見たように、民主化研究においては経済成長と民主化の間に強い相関があることが繰り返し示されてきた。さらに、単なる共変関係を越えて、経済成長が民主化をもたらすという因果関係に関する仮説も有力に主張されてきた。さて、ここで中国について研究するとしよう。中国は、今や日本を追い越して世界第二の経済大国になった。既存の理論仮説からすれば、民主化が起こっておかしくない事例である。しかし、現在の中国を民主主義体制とはとうてい言えない。他方、インドを研究することを考えよう。インドは近年になって、その経済成長が注目されるようになってきた。しかし、インドは経済発展の度合いが大変低かった時期から、民主主義体制を維持してきた。これも逸脱事例である。本来なら、民主化しそうでない事例において民主化が確認されていたからである。いずれの事例も、経済成長が民主化をもたらすという仮説に対する重要な反証と考えられる。これは、Most Likely Case Method をとった研究デザインになっている。

Least Likely Case Method　Least Likely Case Method を用いた研究としては、マシュー・エヴァンジェリスタの研究をあげておこう（Evangelista 1999）。彼は、冷戦期の米ソ軍縮交渉において、科学者のようなトランスナショナル（越境的）なアクター（行為主体）が影響力を持っていたことを、外交史料やインタビューを用いて明らかにした。このような軍事に関する交渉、ましてや冷戦時代の米ソ間のそれにおいては、国際関係論におけるリアリスト（現実主義者）が予想する国益をかけた国家間交渉が行われるはずである。しかし、このような事例においてすら、科学者のようなトランスナショナルなアクターの影響が高いことを示すことによって、非国家アクターが国際関係において果たす役割を強調するリベラリスト（国際協調主義者）の理論の妥当性を示したのである。最も不利な事例においても、理論が成立することを示すのがこの方法の特徴である（Bennett & Elman 2007）。

ところで、このような方法が成り立つ前提は、観察する対象が逸脱事例であることにある（ロガウスキー 二〇〇八、第5章）。一般的に観察できるだろうと考えられる事象とは異なる「奇異な事象」、まさに逸脱した事象が生じている事例を分析することで、この手法は因果関係に関する推論を行うのである。しかし、そこでの推論のロジックは仮説演繹法の論理にかなっている。理論的に予想される結果に対して、実際の観察結果が異なることを示して、因果効果の存在を検討しているからである。いわば、理論的に想定される結果と観察される結果のずれによって、因果効果を否定したり、確認したりしているのである。

決定的事例研究とパズル

決定的事例研究のこのようなアプローチは、広く信じられている理論や合理的・演繹的に推論される帰結とは異なる事象がなぜ起こっているのだろう，という問題（パズル）設定をともなうことがふつうである。経済成長をとげて民主化するはずの中国で民主化が生じないのはなぜか。支配者諸集団は体制変動から不利益を被るため，合理的に考えれば体制維持に協力するはずなのに，時として内部対立から体制崩壊を招くのはなぜか（境家 二〇一〇）。われわれに謎解きを迫る問い，すなわちパズルは多い。多くの研究が，このパズルを解こうとする努力の中から生まれてきた。

河野勝は，本来政党というものは議席を拡大し，政権獲得をめざすものであるにもかかわらず，戦後日本において長らく最大野党であった社会党が非現実的な非武装中立路線や左翼的な政策をとり続け，真剣に多数の国民の支持を得る努力をしなかったことはパズルであると考えた。このパズルの答えを，社会党議員のイデオロギーへの過剰なこだわりや労働組合活動家への依存に求める説明に対して，河野は社会党も他の政党と同様，自分たちの議席を最大化しようと合理的に行動したと主張する。それにもかかわらず社会党が左翼的偏向を改めなかったのは，中選挙区制の下でより左翼的な共産党の候補者と競わなければならなかったことに理由があるとした。政権を求めて中道へスタンスを変えれば，共産党に議席を奪われる恐れがあったがゆえに，左翼的政策をとらざるをえなかったという。イデオロギー的な性格が強いと考えられた社会党のような事例でも，実はその路線は合理的な計算によって決められていたというのである（Kohno 2001）。日本の政党政治を合理的選択論に基づいて解き明かしたパイオニア的な業績であった。ここには，Least Likely Case Method につながるパズル設定を見ることができるだろう。

真渕勝は、官僚の力、とりわけ財政赤字を嫌う財政当局（大蔵省、現在の財務省）の力がきわめて強いとされてきた日本において、財政赤字が先進国中で最大となったのはなぜか、というパズルから研究をスタートさせた。素直に考えれば、大蔵省の意向が働いて財政赤字は最小になるはずなのに、その予想を覆す逸脱が生じている。彼はその理由を、大蔵省が日本銀行や民間金融機関までを統制する大変強い力を持っていたがゆえに、ひとたび国債を発行して借金をすると決めれば、いともたやすくその借金額を増やせたからであるとした。いわば、大蔵省の強さが逆回転したというのである（真渕一九九四）。ここに Most Likely Case Method を見ることはたやすい。

筆者も、労働者の利益は労働組合が一枚岩で団結しているところで守られるという、労働政治研究において広く認められてきた理論をふまえ、日本を逸脱事例と考えて研究を行ったことがある。日本では労働運動は長らくイデオロギー的に分裂し、企業別労働組合が大きな力を持つため全国的なまとまりも弱かった。通説からすれば、労働者はきわめて不利な立場に置かれるはずである。しかし、日本の労働者の労働条件は戦後急速に改善しただけではなく、その雇用は他の先進国と比較して強く守られてきたのである。一九九〇年代以降も、日本経済の改革が「市場主義的」経済学者によって主張されるとき、その障害となる要因の一つとして正規雇用の労働者が手厚く守られすぎていることが指摘されてきた。このパズルは、労働者の利益がどれくらい守られるかを、労働組合の大きさやまとまり具合で説明する通説を否定し、労働者と経営者の間の連携のあり方や労働組合と政権政党との協力関係から説明する階級間連合理論を採用することで解ける（Kume 1998; 久米 一九九八）。ここにも、

Most Likely Case Method を見ることができる。ただ、真渕が現実の状況からの論理的な推論に基づいて考えたパズルを設定し、それを解くことに関心を集中しているのに対して、筆者は先行研究によって立つ理論からの逸脱にパズルを見出し、従来の理論の修正をめざしている点に違いがある、と言える。筆者の研究は、当時のアメリカ政治学界において階級間連合理論の立場から労働政治を理解する新しい理論展開に貢献する研究の一つとなった（この理論展開については、Swenson 2002 などを参照）。

理論検証としての決定的事例研究への批判

このような逸脱事例研究によって理論を検証するというアプローチに対しても、キング＝コヘイン＝ヴァーバはいくつかの理由で批判的である。まず、彼らは、従属変数に影響を与える独立変数がただ一つであることはめったになく、通常は複数あるため、観察が一つでは確定的なことは言えないという。福祉国家の成立に、労働組合の強さと左翼政党の強さが影響するという理論に対して、労働組合の弱いところでも福祉国家が成立している逸脱事例を示しても、左翼政党が強いために福祉国家が生まれた可能性は残り、この理論を充分に反証したことにはならないというのである。

さらに、観察には誤差が存在する。労働組合が弱いところでも福祉国家が成立していると一事例・一観察に基づいて主張しても、その観察は測定誤差によってまちがっているかもしれない。また、社会科学が扱う現実の世界は、理論仮説に対する反証が一つでも出ればその理論が否定されるような決定論的な世界ではなく、確率論的な世界であることが通常である。労働組合が強く、左翼政党が強いところでは、福祉国家が必ず生まれるという決定論的な理論ではなく、そのような場合福祉国家が生まれる可能性が高いという確率論的な理論を考えているならば、ある一事例においてその理論に対する反証が出ても理論を直ちに誤りとは言えないというのである。

理論の改善と決定的事例研究

これは、重要な指摘である。しかし、決定的事例研究が、理論仮説の厳密な検証に用いられることはむしろ稀である。それは仮説の構築や改善に用いられることが多いのである。逸脱事例研究の重要さを論じたロナルド・ロガウスキーは、ノーベル物理学賞を受賞したリチャード・ファインマンの言葉を引用する（Feynman 1965, p. 158; ロガウスキー 二〇〇八、八六頁）。

　実験者は、自らの理論が最も反証されそうな箇所をこつこつと、また最も力をいれて調べなければならない。言い換えれば、われわれは自らが間違っていることを潔く証明しようとするのである。なぜなら、そうすることによってのみ進歩が可能だからである。

二〇一二（平成二十四）年にiPS細胞の開発によってノーベル医学・生理学賞を受賞した山中伸弥も、実験で失敗したときこそ、おもしろい。われわれが知っていることはまだまだ少ないので、仮説が検証されないことで、新しい知識が生まれるのだと、あるインタビューで述べている（NHK「クローズアップ現代　ノーベル賞　山中教授が語る　iPS細胞の未来』二〇一二年十月十日放送）。ファインマンと、期せずして同じような発言となっているのである。

キングたちが言うように、複数の独立変数を含む理論について単一の観察で決定的な反証や確証を行うことはできない。さらに、確率論的な理論仮説であれば、その反証では不充分だろう。しかし、その仮説が最も妥当しそうな事例で、少なくともその一部分が予想と異なる結果を示すなら、それは理論仮説を改善する重要な手掛かりになるだろう。決定的事例研究の価値はそこにあるのである。この点を示す最近の研究を見ておこう。

『資源の呪い』と Crude Democracy

ピューリッツァー賞を三度受賞し『フラット化する世界』（増補改訂版 二〇〇八年）や『かつての超大国アメリカ』（二〇一二年）といった著作で大きな反響を得てきたトーマス・フリードマンは、二〇〇六年、*Foreign Policy* 誌に「石油政治の第一法則」と題する記事を発表し、「豊かな石油資源に恵まれた産油国では、石油価格と自由化の進展は逆の動きをする」と書いた（Friedman 2006）。本書でも紹介してきた民主化に関する研究は、中東の産油国では経済成長が生じても民主化が進まないことをしばしば指摘している。この問題を真正面から論じたのが、マイケル・ロスであった。彼は、石油のような資源を豊富に持つ国では、民主化が進まないことを統計的に示し、それを「資源の呪い」と評した（Ross 1999; 2001）。その後、この知見は、民主化研究者の間で広く共有された通説の位置を占めるにいたった。フリードマンの記事もその立場に立つ。資源に恵まれた国では、国家は資源からの収入（レント）を得られるため、徴税に励む必要が少ない。その結果、国民からの支持を調達したり、国民の声に耳を傾けたりする必要もなく、このような国家（rentier state）はなかなか民主化しない、とされるのである。

この理論仮説に対して、逸脱事例を用いてその修正をめざしたのがダニングである（Dunning 2008）。彼は、ラテンアメリカの産油国であるベネズエラに注目する。同国は、古くからの石油輸出国であるにもかかわらず、ラテンアメリカ随一の安定した民主主義国であり続けた。他のラテンアメリカ諸国で次々とクーデタが起こり、民主主義の後退が生じた時期も、ベネズエラの民主主義は生き延びた。民主主義の優等生である。さらに、ベネズエラの民主主義が後退するのは、フリードマンの法則とは逆に、石油からの収入が減り始めた一九八〇年代から九〇年代にかけてである。まさにベネズエラは逸脱事例であり、Most Likely Case Method を用いた分析の対象となりうる。

ダニングは、一九七〇年から二〇〇一年までの期間についての一五四カ国のデータ（クロスナショナル・タイムシリーズ・データ）を用いた統計分析と、ゲーム理論を用いたモデル構築も利用しつつ、資源への依存が民主主義に対して負の効果を持つことも、逆に正の効果を持つこともあると主張した。すなわち、ある国が全面的に資源からの収入に依存している場合は、「資源の呪い」が想定するような民主主義への負の効果が生じる。しかし、資源からの収入が国の経済の一部にすぎない、つまり他の産業セクターが発達しており、また国民の間の所得格差が大きい場合、資源の存在は民主主義に貢献すると論じる。資源以外のセクターで生じる所得格差は、国民からの再分配要求を生み、支配層との対立を深刻化させる。その先には、再分配を恐れる支配層による民主主義抑圧が生じやすい。しかし、そこに資源からのレントがあれば、それを利用して再分配を行うことで政治対立を緩和できる。これが、民主主義を存続させるメカニズムであると言う。ダニングはこのメカニズムを、ベネズエラに関する丁寧な事例研究で見事に示している。この一事例研究が、同書の最も重要な分析となっているのである。

ここで注目したいのは、ダニングが「資源の呪い」理論を反証するために、逸脱事例研究を用いているのではない点である。彼は、「資源の呪い」理論が働くことを否定しない。しかし、資源が民主主義に持つ効果は、状況によって変わってくると主張する。そこでは、まさに理論の改善、修正がめざされている。ベネズエラという逸脱事例は、資源と民主主義に関する新しい知識と理解をわれわれに与え、新たな仮説構築へと導いてくれるのである。

仮説構築の研究デザイン

ところが、キングたちには、仮説を構築するための方法論についての関心が、充分にない。これにはそれなりの理由がある。彼らは、仮説検証こそが研究の中心と考えているからである。質的研究を重視する多くの政治学者は、キングたちが因果効果に焦点を置いて仮説検証をすることのみを社会科学のほとんど排他的な目的としている、と批判することになる。

では、研究テーマや仮説の設定について、キングたちはどのように考えるのだろうか。実は、彼らは仮説設定についてはほとんど体系的な説明をしていない。仮説設定や研究テーマ発見については、特別な方法があるわけではないと考えている。この点は、カール・ポパーの立場とも一致する。ポパーは「新しいアイデアを手に入れる論理的方法、あるいはこの過程の論理的再構成なるものは存在しない、（略）すべての発見は「非合理的要素」あるいはベルグソン的意味での「創造的直感」を含んでいる」とするのである（ポパー 一九七一、三六頁）。厳密なテストは、仮説の検証の部分だけであり、仮説を設定する作業は、直感や思いつきにまかされる。仮説構築に対する方法論的検討はほとんどなされないのである。

仮説構築のための帰納的推論と仮説検証のための推論が厳密に区別されているのも、この点と関係している。キングたちは、仮説構築のための推論に用いたデータは、仮説検証に用いることはできず、仮説検証には新たなデータを収集しなければならないという主張を行う。また、データを観察した後で、仮説を修正することに対して、仮説をより非限定的なものに変更することは、仮説が反証にさらされる機会を増やすのでよいが、仮説を限定する方向に変えてはいけないと主張している。もとの仮説が、民主主義国は互いに戦争をしないというものだとしよう。ところが、この仮説を検証する際に仮説が支持されない事例に出合ったとする。この場合に、仮説を救うために、民主主義国は進んだ社会福祉システムを持っている場合には戦争をしない、というふうに仮説を限定することは望ましくないとされる（キング＝コヘイン＝ヴァーバ 二〇〇四、二五頁）。新しい仮説は、新しいデータによって検証されなければならないというのである。これらの主張は、仮説の検証に関する主張としては正論である。しかし、同じデータを用いて仮説の修正と再検証を行う研究方法は、仮説の構築や修正のために広く用いられる有用な方法である。キングたちは、このような仮説構築・修正方法への充分な関心を示していないのである。

しかし、仮説を帰納的に推論していく際の方法的吟味がなされなければ、その推論過程は結局、直感や思いつきに依存することになる。仮説演繹法における、手持ちのデータから帰納的に仮説を構築する第一段階において、比較事例研究や決定的事例研究は大きな役割を果たしうるのである。歴史学と社会科学の統合に関心を持つ保城広至も同様の議論を行っている（保城 二〇一五）。この点は、先に見たダニングの研究が雄弁に示しているところである。

変数志向型研究と因果メカニズム

ところで、因果効果を手掛かりに仮説を検証することを研究の中心と考えるアプローチが持つもう一つの問題に、因果関係のメカニズムを解明することへの相対的な軽視がある。因果効果に焦点を当て、独立変数と従属変数の関係を検証することで因果関係の推論を進めるアプローチは、経済学の一部に根強く見られる。その立場を、明示的に述べたのが新古典派経済学者であるミルトン・フリードマンである。彼は、『実証的経済学の方法と展開』において、「仮説はその仮説の含意もしくは予測と観察可能な現象との一致によってのみテストされる」という有名なフレーズを残している（フリードマン 一九七七、四二頁）。

経済学に対しては、推論の際に置かれる仮定が非現実的だという批判がよくなされてきた。市場には独占的なアクターは存在せず完全競争が実現しているであるとか、市場のアクターは完全な情報を持って自分の効用を最大化するために行動するとかいった非現実的な前提を置いて、市場における需要と供給の変化がどのように均衡するかを予測し、それが実際に生じたかを確認することにどのような意味があるのだ、という批判である。

たとえば、最低賃金が政府によって設定されたときに、雇用と賃金はどのように変化するか。まさに因果効果が推論され、それが実際に生じたかが検証される。その研究をふまえて、しばしば提示される主張は、最低賃金を高く設定してしまうと、企業は高い給料を支払って人を雇うのを嫌がり、結局雇用は減少するというものである。もちろん経済学における最低賃金研究は、第7章でも少し触れたようにこれほど単純ではないが（Neumark & Wascher 2008; 鶴 二〇一三)、最低賃金の引き上げを要求する人たちからは、このような主張に対して、それが前提とした仮定が非現実的であるがゆえに、最低賃金を引き上げることで雇用が減るという仮説も誤りであるという批判がなされる。

フリードマンは、このような批判を念頭において、「理論は、それがもたらす予測の正確さと独立に、その理論の仮定が現実的であるかどうかによってテストできるのだという信念がはびこっており、しかもそれが経済理論を非現実的であると非難する、多年にわたる多くの批判の源泉ともなっている」と論じる（フリードマン 一九七七、四三頁)。そして彼は、どれほど前提が非現実的であったとしても、そこから導かれる仮説によって現実が説明されるならば、何の問題もないと反論する。自民党を利益誘導と集票活動の視点から研究した斉藤淳の著書『自民党長期政権の政治経済学』でも、「分析を進める上で、いくつか大胆な仮定を置いている。仮定はあくまでも仮定であり、結論を導く上で有益であればその分析上の目的は達成されると考えられる」（斉藤 二〇一〇、一〇頁）として、フリードマンと同じ立場がとられている。このフリードマンの立場は、政策提言を考えるときには確かにきわめて正しいだろう。しかし、政治学的な研究がとるアプローチとしては大きな問題を孕《はら》んでいる。フリードマンの関心が因果効果にあり、途中の因果関係のメカニズム、すなわち独立変数が現実にどのようなプロセスを経て従属変数に影響を及ぼすか、にはないからである。まさに、因果関係の推論は因果効果の確認と同じこととされている、と言ってよいだろう。

もちろん、この独立変数と従属変数の関係をより細かく解析して、因果効果を確認することで因果関係内部のブラックボックスを明らかにするアプローチがとられれば、因果関係のメカニズムを解明することにつながる。実際は、そのような形で行われる経済学の研究も多い。とりわけ、近年のゲーム理論の発展とそれを取り入れた経済学研究は、ますますその方向に向かっているとも言えよう。また、実験経済学や経済心理学の隆盛もその方向を示していると言えるだろう。社会心理学などの領域で用いられることの多い構造方程式モデリングなどもそのような方向をめざしていると言えよう。しかし、そこには、政治学の関心と共通する部分とそうでない部分がある。

事例研究を重視する政治学者たちは、変数間の関係に関心を集中する研究を変数重視の研究と呼んで批判する（レイガン 二〇〇八、第8章）。政治学においては、民主主義が同じように崩壊するにしても、それがどのような過程を経てその結末へいたるかが大きな関心対象となる。トルストイは、『アンナ・カレーニナ』の冒頭で「幸福な家庭はすべて互いに似かよったものであり、不幸な家庭はどこもその不幸の趣が異なっているものである」と書いた。変数志向の研究は、どのような要因が不幸という結末をもたらすかを探ろうとする。それは、貧困かもしれないし病気かもしれない。しかし、政治学者の多くは、不幸をもたらす要因を統計的に解明することでは満足しない。同じ貧困からスタートしても、異なる経路で不幸にいたることは多々ある。政治学は、このさまざまな経路へ強い関心を持つ。これが、事例研究を志向する政治学者をして「過程追跡」に向かわせるのである（コラム⑨）。

政治学における過程追跡と事例内分析

単一あるいは少数の事例内部の詳細な分析（within-case analysis）による過程追跡を通して因果関係メカニズムを推論していく作業は、仮説構築と検証そして修正が連続的に反復（iteration）して行われるところに特徴がある（ブレイディ＝コリアー編 二〇〇八）。キングたちは、このような過程追跡も結局は因果効果を細かく確認していく中でしか解明できないとして、自らの因果推論の論理と変わりないことを主張している。そして、その場合の方法として、もしその独立変数が異なる値をとっていた場合にはどうなっていたかを想像する反事実的仮想によって、因果効果の推定が可能であることをも主張している。しかし、ここでは明らかに単一の観察が前提とされており、また、仮説設定の際に帰納的に用いられた証拠と仮説検証の際の証拠が別のものでなければならないという論理（Geddes

2003）からは大きくはずれてしまう。キングたちの本来の論理とは異なる推論が過程追跡と事例内分析では前提とされている，と考えなければならない（ブレイディ＝コリアー編 二〇〇八）。キングたちのこのような論理的混乱は，仮説構築と仮説検証の方法を充分に区別していないことにもよっている。

パットナムの研究に戻ってみよう。彼は，すでに見たように市民共同体意識が政府のパフォーマンスという従属変数に大きく影響することをイタリアの地方政治を対象に明らかにした（第1章参照）。そこでは，市民共同体の因果効果が分析される。しかし，同時にイタリアの地方政治において，市民共同体意識がどのように政策決定者の目的に影響し，決定への制約になっているかを，インタビューなどで確認しつつ解明する作業を行っている。これは，仮説検証の前段階の作業ではない。むしろ，因果関係が働くプロセスを追跡して，自らの仮説を確かなものとしていくのである。さらに，一つの事例の内部を丁寧に観察する事例内分析は，実際に生じている過程の観察によって因果的推論を行うことをめざす点に特徴がある。パットナムが，イタリアにおける社会関係資本の淵源を中世都市国家の経験に求めていく推論過程は，その好例である。ダニングによる，ベネズエラの事例研究もまさにそれである。

このような過程追跡を通した因果推論は，現実の世界では珍しいものではない。たとえば，裁判によって有罪を確定していくプロセスや推理小説で探偵が犯人を見出すプロセスでは，まさにこのような推論が行われている。さらに，このような場合も，刑事裁判における「合理的な疑いを差し挟む余地のない程度の立証（beyond a reasonable doubt）」といった証拠評価（公訴事実認定）の基準が用いられている。これは、キングたちの主張する因果効果の確認に基づく推論の論理とは異なっているが、重要な推論方法である（マキューン 二〇〇八）。定性的研究者は、このような点においても、事例研究が次善の策ではなく積極的な意味を持つと主張するのである。松沢裕作による『歴史学はこう考える』では、政治史研究における推論方法が、わかりやすく説明されている（松沢 二〇二四）。

過程追跡と研究デザイン

帰納的推論を積み上げて仮説を構築していく試みと、エピソードをつなぎ合わせて叙述するような単なる事例の記述とは、全く別の知的営みであることを、高根正昭の『創造の方法学』に戻って最後に強調しておきたい。そこには、興味深いエピソードが記されている。カリフォルニア大学バークレー校に留学していた高根が、日本の歴史を専攻するＢ助教授の研究助手をしていたころの思い出話である。

そのＢ氏がある日、新しい論文の抜刷を私にくれた。もちろんその論文は、典型的な社会学の論文とは異なっていた。つまり「原因」と「結果」とを明確に示し、仮説を実証するというような論文ではなかった。その上、私はその頃、数量的方法にこっていた。そのような社会学部の大学院の学生の眼からすると、あの歴史学の論文は、いかにも論理も、証拠もあいまいで平面的な、「記述的」研究と見えた。

しかし、B助教授は私の雇い主であり私と家族の生活は、氏の研究助手をつとめることによって成立している。それに社会学にこっているとはいえ、歴史学者は「説明」などにあまりこだわらないのだろう。そこで次の機会にB氏に意見を求められたとき、私は最大級の賛辞のつもりで、「あれは大変によい〝記述的〟論文だと思う」と言った。いや言い終らないうちに私は「しまった」と思った。B氏の顔から見る見る、血の気が引いていくのが見えたからである。（略）「たとえ歴史学者だからと言って、〝記述的〟と言われたら侮辱ですよ。あれは分析的な論文です。」私たちはそれ以上議論しなかった。（高根　一九七九、四二―四三頁）

気まずい場面を手に取るように想像できる。実は、筆者もコーネル大学の大学院生であったころ、ある日本研究者に論文のコメントを求められ、この論文の独立変数は何かがわからないと生意気なコメントをして、いやな顔をされたことがある。

しかし、ここまで読み進めてくれた読者ならば、高根のコメントも筆者のコメントも、歴史研究のように少数の事例を扱う質的研究に固有の欠点を批判したのではないことは理解してもらえるだろう。少数事例を扱い、その綿密な記述を特徴とする事例研究だからといって、「原因」と「結果」に関する仮説の検討を行わない論理のあいまいな研究に必然的になるのではない。

事例研究のような定性的研究においても、そこでめざされるべきは単なる「分厚い記述（thick description）」（Geertz 1973）ではなく、方法論的な自覚を持った研究態度である。それは、キングたちの立場に賛成する研究者も批判する研究者も、等しく認めるところである。『社会科学のリサーチ・

デザイン』を批判的に検討する論文集として出版された『社会科学の方法論争』に寄稿した論者たちも、キングたちが定性的研究を行う研究者の方法論的自覚を高めた点については一致して評価をしている。

これら二つの立場が対立するのは、政治分析の目的に関する強調点の違いにもよる。キング＝コヘイン＝ヴァーバに代表されるアプローチは、基本的に政治現象を説明する一般法則（covering law）の発見をめざしていると言える（Geddes 2003）。これに対して、キング＝コヘイン＝ヴァーバを批判する伝統的な定性的研究者は、政治現象が生じるプロセス自体にも関心がある。同じ結果が生じていても、そこにいたるプロセス自体に強い関心を持つと言ってよい。そこで、因果効果が測定される一方、因果のプロセスがブラックボックスのまま放置されることに不満を抱くのである。過程追跡は、その間を埋める試みであり、そこでは一般法則よりも具体的なコンテクストに注意が向けられる。めざされるのは対象を限定した中範囲の理論なのである（なお、合理的選択理論は、このブラックボックスを演繹的に解明しようとする試みともとらえられる一方、具体的な情報を単純化して因果関係を考察することで一般法則の解明をめざすとも見られる。前者はGeorge & Bennett 2005, 後者はGeddes 2003を参照）。

しかし、この過程追跡も、ある原因がいかにして結果へと導かれたのかという因果関係の推論をともなって行われる点は同じである。また、その原因や結果の記述に際して、本書の第4章で説明した記述的推論の方法が重要であることに違いはない。政治学的な説明とは、政治の物語を語ることや政治評論とは異なる自覚的で分析的な知的営為である。そして、それを特徴づけるものこそ方法論的な自覚である、というのが本書の主張である。

コラム⑩　モンティ・ホール問題、帰納的推論そしてベイズ統計学

アメリカのテレビショー番組“Let's Make a Deal”をめぐる話をしよう。この番組で、ドアの後ろに隠された商品を選ぶというゲームが行われたことがある。あなたが参加したと考えよう。目の前に三つのドアがあって、一つのドアの後ろには景品の新車がある。残り二つのドアははずれで山羊《やぎ》が隠れている。新車のドアを選ぶと新車を持って帰ることができる。あなたが一つのドアを選択した後（あなたはまだドアの後ろは知らない）、司会者であるモンティが、ヒントとして残りのドアの山羊が隠れているドアを開いて山羊を見せる（図⑪-1）。このヒントの後で、あなたは、最初に選んだドアを、残っている開けられていないドアに変更してもよいと言われる。さて、あなたはドアを変更すべきだろうか？

一九九〇年代のアメリカで、一般人に数学者も巻き込んで論争となった有名な、モンティ・ホール問題である。正解は、「ドアを変更する」である。新車が当たる確率は二倍になる。納得のいかない人も多いだろう。

そこで、回り道をして以下の数学の問題を考えよう。

「区別のつかない三つの袋の中に、それぞれ、赤・赤、赤・白、白・白の二つの球が入っている。いま、一つの袋を選んで、その中から一つの球を取り出したところ、それは赤球であった。残りのもう一つの球が白球である確率を求めよ」

ベイズの定理の理解を問う問題である。解答は次のようになる。Aの袋には（赤・赤）、Bの袋には（赤・白）、Cの袋には（白・白）の球が入っているものとする。ところで、Rは球が赤である事象を表し、Bは袋がBである事象を表す。

図⑩-1　あなたはドアを変更すべきだろうか？

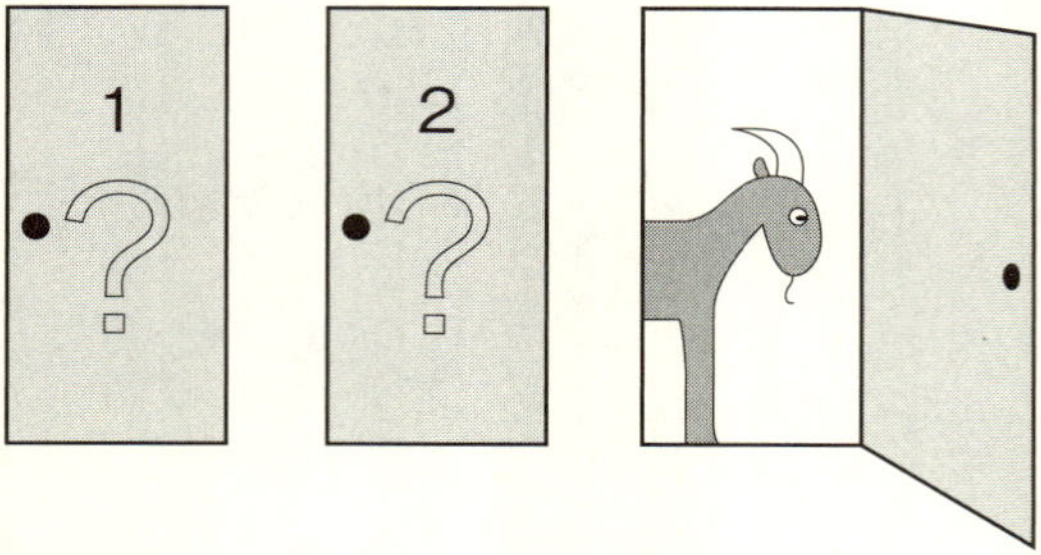

［出典］　Wikimedia Commons.

図⑩-2

$$
\begin{aligned}
P(B \mid R) &= P(B \cap R)/P(R) \\
&= P(B \cap R)/(P(A \cap R) + P(B \cap R) + P(C \cap R)) \\
&= (1/3) \cdot (1/2)/((1/3) \cdot 1 + (1/3) \cdot (1/2) + (1/3) \cdot 0) \\
&= 1/3
\end{aligned}
$$

最初に取り出した球が赤で、残った球が白であるということはBの袋を選ぶということを意味する。そこで、求める確率は、P(B｜R) となる。球が赤であるという条件の下で、Bという袋が選ばれる条件付確率である。

このとき、図⑪-2に示すように計算ができて、その確率は三分の一になる。

この確率問題は、質的研究における因果推論方法を考える一部の研究者の関心と関係している。ここでは、袋が一つ選ばれた。中に入っている球が赤・赤である確率はどれだけかという単純な問題に、一手間加わっている。つまり、袋を選んだ後に、その中の球の一つが赤色だったという情報が加わることで確率が変わる（事後確率）。この追加的情報をふまえて、残りの球の色を推論するのである。モンティ・ホール問題では、司会者がはずれのドアを一つ教えてくれた後での事後確率が問題になっている。

ダニングの研究で言えば、ベネズエラは産油国である。そこに、ベネズエラの非石油セクターは充分に大きく、かつ所得格差も大きいという情報を得た。ベネズエラが民主化する確率はこの情報によってより高くなると推論してよいか、という問題とモンティ・ホール問題は似た構造をとっている。それは、帰無仮説を有意性検定によって検証する「頻度主義」統計学とは異なる、ベイズ統計学の世界につながっている（Gelman et al. 2013）。また、近年、機械学習やビッグ・データへの関心が高まる中で、それらと親和性の高いベイズ統計学の有用性に注目が集まっている（照井 二〇一八）。事例研究者の一部は、ベイズ統計学を自分たちの研究と帰納的な推論の論理を共有していると考えている（マキューン 二〇〇八／George & Bennett 2005. 批判的検討は、Geddes 2003, pp. 114–117）。

さて、モンティ・ホール問題。納得のいかなかった方、続きは、ウェブで！

ウィキペディアですが……（https://ja.wikipedia.org/wiki/モンティ・ホール問題）。

終章

政治学と方法論

「哲学者たちは世界をさまざまに解釈したにすぎない。大切なことはしかしそれを変えることである」（カール・マルクス「フォイエルバッハに関するテーゼ」）

「見るまえに跳べ」（W. H. Auden・大江健三郎・岡林信康）

Look before you leap.（ことわざ）

本書では、因果関係を推論するための方法、説明の方法について考えてきた。そこで論じている内容自体は、ほとんどが政治学に固有のものではなく、むしろ社会科学、場合によっては科学全般にかかわる共通の方法論的問題である。しかし、書名ではあえて「原因を推論する――政治分析方法論のすゝめ」としている。説明においても、選挙や民主化など政治学の対象である例を、多く用いた。これは、筆者が政治学者であり、社会科学、ましてや科学の方法論であると大上段に構えて、本書を売り出すような厚顔さも勇気もなかったためでもある。また、マーケティング上、読者としては、主として政治学を学ぼうとする人や政治に関心を持つ人を想定しているからでもある。

しかし、そのような消極的な理由を越えて、あえて本書を政治分析方法論の書として強調したい理由がある。それは、政治学の世界における実証的な研究が固有の困難を抱えており、それだけに自覚的に分析の方法を意識しなければならないと筆者が考えるからである。この点を、戦後日本における実証的な政治学の発展を少し振り返りながら、最後に論じておきたい。

戦後日本政治学

政治学の世界では、戦後日本の政治体制が当然ながら重要な研究対象であり、そこでは自民党の一党優位体制が多くの関心を集めてきた。では、この自民党長期政権を可能にした原因は何であったのだろう。因果関係に関する問いである。一九七〇年代以降、この問いに対して、多元主義的な立場から答える実証的な研究が多く生まれた。日本は、自由な選挙が行われる民主主義国であり、政権党である自民党は選挙民の声に応えて政治を行うことで安定的な支持を維持してきた、という説明である(大嶽 一九七九/村松 一九八一/猪口 一九八三/Calder 1988 など)。

しかし、これらの研究は、当初学界で大きな批判を呼ぶこととなった。なぜ批判されたのかを理解するためには、戦後日本における政治学の特徴を理解しておく必要がある。悲惨な敗戦へと国民を導いた戦前の政治体制への反省をふまえて、戦後日本の政治学は、政治の現状に対して全面的に批判することを当然としてきた(阿部 一九八九)。このような政治学のあり方に対して新しい政治学を提唱することを目的として、猪口孝・大嶽秀夫・村松岐夫によって創刊された政治学専門雑誌『レヴァイアサン』はその「発刊趣意」において、伝統的な政治学についての批判を明確に打ち出した（『レヴァイアサン』一号、一九八七年）。彼らは、日本政治が正面から本格的に分析されることなく、歴史や思想史あるいは外国研究の片手間に、評論的・印象主義的に論じられてきたと批判した。その評論の世界では、日本の政治を「遅れた」特殊なものとして、批判・改革の対象として論じることが通例であった。民主主義国の仲間入りができない日本政治をどのように実践的に変革するかが意識される一方で、日本政治に対する通説的理解自体が批判的に検証されることはなかった、と言うのである。

このような伝統的政治学の文脈においては、自民党の長期政権を選挙における政権党の戦略の成功例として客観的に分析することは、日本の遅れた民主主義を肯定するものだと批判されたのである。阿部齊は、一九八六（昭和六十一）年の衆参同日選挙での自民党圧勝という事態を観察しつつ、「自由民主党の半永久的長期政権の背後には、政治学の保守化がみられる」と書いた。彼の言う保守化とは、戦後日本の経済成長と社会的安定を「日本の政治が卓越しているからだという前提に立って、日本の政治を肯定的に評価しようという傾向のことであ」り、そこにおける批判的態度の後退が指摘されたのである（阿部 一九八九／渡部 二〇一〇、一九頁）。

しかし、阿部がこのように論じたまさにその年、一九八九（平成元）年に、自民党は参議院で過半数を失い、自民党優位体制の終わりが始まった。戦後政治は大きく変貌をとげ始めた。政治学の世界でも、『レヴァイアサン』に代表される新しい政治学が存在感を高めていく。日本政治分析の世界で、経験的・実証的な分析が主流となり始めたように見えた。

ところが、ことはそれほど単純、単調には進まなかった。筆者は、かつて『レヴァイアサン』での座談会において、「現代日本政治分析の罠《わな》」とでも言うべきものがあるのではないか、と指摘したことがある（『レヴァイアサン』臨時増刊号、一九九八年）。日本人が日本政治を研究対象とするとき、研究者は観察者であると同時に、同時代を生きる市民でもある。当然、現在進行形の政治や社会現象に対してさまざまな意見を持っている。そのため客観的であるはずの分析に、自身の規範的意見が影響を与えることがあるかもしれない。大嶽は、啓蒙主義政治学にこの傾向がとりわけ強かったと論じた。啓蒙主義政治学は、研究課題の選択には価値判断がかかわるというきわめてまっとうな主張を超えて、研究課題の選択は（日本政治の改革という）価値判断に基づいて行われるべきだという主張を行っていたとする。それは、啓蒙主義派が一九五〇年代は、戦後民主改革を逆転させようとする戦前の支配者層と戦後の民主主義を守ろうとする人々がせめぎ合う「政治の時代」であり、中立の立場はないと認識していたからだというのである（大嶽 一九九四）。

ここまで極端ではないとしても、ふつうはどのような研究課題を選ぶか自体に、分析者の価値判断が反映するだろう。そうであれば、研究が客観性を失う危険性はたえず存在する。現代日本政治研究の発展を、政治学の方法との関連で興味深く論じた渡部純も言うように、経験的・実証的な研究が、政治学の世界で地歩を固める一方、規範的あるいは現状を改革していこうとする「啓蒙的」政治学との間の対立、行き違いは繰り返し生じてきた（渡部 二〇一〇）。その背景には、このような現代政治分析自体の特徴が影響しているのかもしれない。いくつか例を見よう。

政官関係と政治主導

戦後の啓蒙的な政治学と新しい経験的・実証的な政治学の間の重要な争点の一つに、政官関係がある。啓蒙主義的な戦後政治学においては、日本の政治過程は官僚が支配しているという理解が通説であった。これに対して、経験的・実証的な新しい政治学は、自民党一党優位体制の下で、政治家が専門的知識を蓄え、また選挙で選ばれたという自らの正統性を根拠として、政策への影響力を高めてきたことを明らかにしてきた。啓蒙主義派は、当初このような分析に対して反論を試みたが、その後徐々に、そのような事実に対する反論は影を潜めることになり、官僚に対する政治の優位は、政治学における通説の地位を占めるようになったかと思われた。

しかしながら、この論争には新たな展開が訪れた。イラクのクウェートへの侵略に対して国際連合が多国籍軍を派遣した湾岸戦争（一九九一年）で、日本はお金は出したものの積極的な貢献ができなかった。このことへの批判などをきっかけに、日本における政治的リーダーシップの弱さが問題とされるようになる。これを一つの契機として、政治主導の確立が政治課題として論じられるようになった。現在まで続く大きな問題である。

この問題に関しても、当然さまざまな政治的議論がなされている。たとえば、行政学者新藤宗幸の著書である『政治主導』は、民主党政権が追求した「官僚主導から政治主導へ」という試みがなぜ失敗したかを、政策決定システムや人事制度についての興味深い知見をふまえて説得的に論じている（新藤 二〇一二、序章）。しかし、そこでは新しい実証的な政治学が検証しようとした政治優位か官僚優位かという問いは、「つまらない問題」であったとされる（新藤 二〇一二、二五頁）。政治優位とされる現象は、政治家が個別利益配分に大きな影響を発揮しただけの「つまらない」現象であり、より重要なトップリーダーたる首相による政治主導を論じていなかったと揶揄《やゆ》するごとき記述となっているように読める。そんな細々したことは考えずに、より政治的に重要な政治主導を実現する方策を考えよう、という趣旨であろう。そこでは、官僚優位であったか政治家優位であったかという事実認識は、あたかも大した問題ではないかのように無視される。しかし、啓蒙主義政治学は、日本政治が官僚主導であることを、まさに遅れた日本政治の中心的特性として批判してきた。これが事実でなく、政治家が大きな影響力を持っているという指摘を、「つまらない」指摘ということは、日本政治の実態が官僚優位であるかどうかという事実認識よりも、何はともあれ日本政治を変革すべきだという主張をすることが目的であった、と告白するようなものであろう。しかし、政治の理解にとって、官僚優位か、族議員のような政治家が力を持つか、さらには、そのような政治家の影響力がどのようにトップリーダーたる首相の下に集約、統合されるかは、理論的にも、実証的にも切り離せない問題である。そこを「つまらない問題」と言い切ってしまったところに、政策提言や規範的評価を優先するあまり、実証的な分析を軽視してきた傾向を見ることができる。この問題を理論的かつ実証的に充分に検討しない結果、二〇一四年安倍内閣の下で公務員幹部人事が内閣人事局で一元的に管理されることになったことをとらえ、これが官邸へ忖度する「ヒラメ官僚」を生んだとして一面的に批判する風潮も生むことになった（政治改革の体系的な分析については、待鳥 二〇二〇）。

選挙制度改革と政治改革

このような対立・行き違いをめぐる興味深いやりとりを、もう少し見ておこう。政治評論や政治実践に今も積極的にかかわる政治学者の山口二郎は、一九九七年に『日本政治の課題』と題する著書を公刊している（山口 一九九七）。同書は、一九九〇年代により大きな政治改革を進める上での最重要課題として選挙制度改革を唱道した著者の反省と、それをふまえた新たな提言の書である。一九九〇年代に入ると、冷戦の終結や追い付き型近代化の終了といった新しい時代状況において、従来型の利益配分政治や調整型リーダーシップが機能不全を起こしているという議論が強まった。政治改革の論議が大いに盛り上がることになったのである。そこでは、選挙制度を小選挙区制に変革することで、政権交代可能な二大政党制と個別利益配分ではない政策的対立による政党間競争が実現し、日本政治は大きく変化しうるという主張が熱く語られることにもなった。山口はこの議論を主導した一人である。しかし、その後このような期待された結果は実現しないと見た山口は、反省の意を込めてこの書を著したのである。バブルを煽《あお》ったエコノミストたちが、バブル崩壊後も何の反省もなく日本経済の進むべき道を自信たっぷりに語る姿に比べて、清々しさを感じるのは確かである。

因果関係推論と政策提言

しかし、この著作を書評した建林正彦は、山口の問題点として、因果関係の推論、すなわちいかなる原因がいかなる結果をもたらすのかという理論的検討を充分に行わずに、政策提言をし続けることを指摘する（建林 一九九九）。少し長くなるが引用しよう。

〔本書は、〕様々な制度改革を提言している。ところが他方で著者は、制度改革の限界を強調する。二大政党制が機能したイギリスの社会経済的背景について論じ、日本における小選挙区制への改革の無意味さを主張するのである。そして「われわれが学ぶべき最大の教訓は、制度を変えることが自動的によい政治をもたらしてくれるわけではないという単純な事実である。」と結論づけ、国民の「共和主義精神」の重要性を説くのである。

では制度、社会経済的要因、政治文化といった諸要因の関係はいったいいかなるものなのだろうか。本書でさらに提言される併用制（ドイツ式比例代表制）、地方分権、規制緩和は、いったいどのような効果を持つのか。

政治を変革するには、制度改革では不充分であり、共和主義精神が重要であると言いながら、その同じ著書において新たな制度改革を主張するという論旨の混乱を指摘する厳しい批判である。そして、このような論旨の混乱は、因果関係の推論が適切に行われておらず、政策提言の理論的根拠が明らかでないがゆえである、というのが建林の見立てである。規範的議論、政策提言に前のめりになる結果、経験的・因果的分析が軽視されるという問題を、ここに見ることができる。

入れ替わる攻守

ところで、山口二郎は、民主党政権の下でのねじれ国会に起因する政治の停滞状況の中で、急激な国民的支持を集め始めた大阪維新の会を率いる橋下徹に対して、テレビでの数度の直接対決をはじめとして、積極的な批判を行った。そこでは、改革の方向性・内容をめぐって激しい論戦がなされた。しかし、それ自体は興味深いものであるが、本書の関心ではない。ここで関心を引かれるのは、その論争のスタイルである。一例をあげよう。

二〇一二年三月五日にテレビ朝日系列で放映された「ビートたけしのTVタックル」は、橋下徹率いる大阪維新の会が導入を主張する首相公選制が一つのテーマであった。山口は、小泉純一郎内閣時代に設置された「首相公選制を考える懇談会」のメンバーとして提案をまとめており、この問題についてその考察をふまえた議論を展開した（その成果は、大石・久保・佐々木・山口編 二〇〇二としてまとめられている）。そこでは、首相公選制というものが、橋下が必要と考える「決められる政治」を実現するという目的にとって適切な手段ではないことを、山口は論理的に説明した。国会の多数派が首相を選ぶ議院内閣制では、立法府と執政府が同じ多数党によってコントロールされ、理論的には強い首相のリーダーシップが実現するのに対して（福田康夫内閣以来の政治の混乱は、衆議院と参議院のねじれ現象に求められる）、首相公選制では立法府と執政府が異なる政治勢力にコントロールされる可能性を生み、期待した効果とは逆の効果が生まれる可能性が高いと力説したのである。さらに、世界の国々を見ても、唯一首相公選制を導入したイスラエルは、結局政治がその後混乱して制度を撤回したことも指摘した。

これに対して、出演していた元横浜市長で大阪市顧問として橋下を支える中田宏（その後、日本維新の会衆議院議員）は、「どこの国でも採用されていないからといって、それを導入しない理由にするのはやめましょうよ」と発言し、山口の議論を封じようとした。この発言は、出演者の共感をかなり得たようであるが、山口は負けずに、どこの国でも行われていないのであれば、あえてその制度を導入しようとする側に、その制度が望ましいことを示す挙証責任があるのだと、きわめてまっとうな反論を行った。理論的かつ実証的に、首相公選制の効果が分析されなければならないというのである。

説明の方法論

この番組での山口の立場こそ、本書が採用する立場であると同時に、建林が山口の著書に欠けていると批判したポイントでもあったのは皮肉である。しかし、このことの教訓は、同時代人として現実の政治について分析する際に、その現状に対してそれを変革すべきであるといった強い規範的主張を同時に持っている場合、分析の不充分なまま、前のめりに結論を急ぐまちがいを犯すことが往々にしてある、ということである。その傾向は、左派的な志向を強く持っていた啓蒙主義政治学に固有のものではないことも、上記のやりとりから明らかであろう。このことは、現実の政治に対して規範的立場をとるべきではないということではない。また、政策提言をすべきではないというのでももちろんない。規範的判断と経験的・実証的分析とは、独立の知的営為であり、後者のためには独自の方法論的自覚が必要であるということである。そして政策提言のためにも，このことはきわめて重要である。政策提言が，期待された効果を生まなかったときに，その提言のどこが誤っていたかを知ることは，それが前提とした因果関係のどこにまちがいがあったかを検証することなしには不可能である。それをしなければ，提言と反省を無限に繰り返すことになるだろう。

事実証拠に基づく政策提言

広い意味では同じような関心から，近年「事実証拠に基づく（evidence-based）政策」の重要性が語られ始めた。もともとは，医学の世界において主張されたEvidence Based Medicineという考え方に影響されたものである。医療行為は，本当に治療効果を持つかどうかの厳密な検証を経て実施されるべきである，という考えである。たとえば，新薬の認可においては，新薬と偽薬（プラシボ）をランダムに処方して実験群と統制群を作る。その際に，薬を投与する医師にも新薬を誰に与えたかがわからないようにする。これを，二重盲検法というが，このような厳密な実験で検証してから新薬を認可するといったやり方が，ここではめざされるのである。

政策の世界でも，これと同じように可能な限り客観的なデータの厳密な分析をふまえようというのが，発想の基本である。そのような考え方は，ブレア政権下のイギリスで大きな力を持った（Parsons 2002）。たとえば，一九九九年のイギリス政府白書『政府の近代化』では，政策は短期的な要請ではなく科学的な証拠に基づいて立案されるべきである，と主張されている。日本の文脈でも，政府や公的機関が集める統計データを公開して政策効果の分析を可能にし、それを政策形成に利用すべきである、という主張が強くなされている。本書で紹介した方法論が必要な世界が、政策形成の領域でもさらに増えてくるだろう。

残る問題①——政治との関係

ただし、証拠に基づいて科学的に政策立案を行うには、困難も予想される。実は、証拠に基づいた政策形成という考え方自体は、目新しいものではない。そして、そのような提案や主張が、実際には批判されてきたのも事実である。確かに、科学的な証拠に基づく政策は重要である。しかし、科学的な政策立案を求める人たちは、しばしば政治から独立したテクノクラティックな政策形成の重要性と望ましさを主張してきた。ブレア政権が、イデオロギーとは切り離された実務的な政策決定を行うと主張したことが、その点を見事に示している。これは、行政学の世界で批判されることになった「政治・行政二分論」の焼き直しと見ることもできる。政治の世界における価値をめぐる争いから離れて、技術合理的な政策形成がどこまで可能かという問題は残るだろう。ケインズ主義経済学に基づいて、経済を微調整（fine tuning）するという試みが、結局、賢者による政策決定という「ハーヴェイロードの前提」を満たせず失敗に終わったと評されるように、証拠に基づく政策形成も同じような困難に直面することも多いだろう。さらには、ハイエクが危惧したような科学的な装いをとりつつ、自らの政策的主張を押し付ける改革派経済学者に見られる「設計主義的」思考の危うさにも注意が必要だろう（小谷 二〇〇四）。

残る問題②——不確実性

いま述べた問題は、因果関係推論に基づく知見を応用して政策形成に用いる際に生じる問題である。その意味では、さまざまなデータを「見た」後の、「跳び方」の問題である。しかし、因果関係の推論自体に関する困難な問題も残っている。データを「見る」こと自体の困難である。

二〇〇七年夏のサブプライムローン問題に端を発する世界経済の大混乱は、われわれの世界が抱える不確実性への関心を高めた。フランク・ナイトによって指摘された問題であり、ナイトの不確実性とも呼ばれる（Knight 1971 [Reprint ed. 1985]）。彼は、確率的に予測できるリスクと確率的な予測のできない不確実性とを区別したことで有名である。ケインズも述べたように、「長期的にはわれわれはみな死んでしまう」のであるが、自分がいつ死ぬかはわからない。しかし、今年二十歳になる日本人がこの一年間に死ぬ確率は、過去のデータから予測できる。これは確率的に予測できるリスクである。だからこそ生命保険業界は商売を続けられるのである。

しかし、ナイトの不確実性は異なる。過去のデータが将来予測に利用できない世界である。ナイトは、このような例として企業の意思決定が直面する状況をあげた。これから売り出す新製品が売れるかどうかは、確率的にはわからない。まさに、アニマル・スピリットが必要なビジネスの世界である。政治の世界には、このようなケースが溢れている。たとえば、ロシアのウクライナへの突然の侵略や二〇二三年のハマスによるイスラエルへの奇襲テロ攻撃を、過去のデータをふまえて予測することはできなかっただろう。たくさんの観察をすれば、そのような事象の起こる確率がわかる「大数の法則」が働く世界ではない。政治において「決断」の重要性が語られることには、充分な理由があるのである。

さらに言うならば、困難はたくさんのデータが利用可能な世界にも残る。本書でふれたような統計的検証では、正規分布の存在が前提とされることが多い。しかし、金融現象を正規分布を前提にモデル化してきた金融工学は、それゆえにアジア経済危機やロシアの金融危機を予測できなかったという批判もなされている（タレブ 二〇〇九／マンデルブロ＝ハドソン 二〇〇八）。これが、残るもう一つの大きな問題である。そして、この問題関心は、第9章や第10章で扱った少数事例をどのように研究するかという方法論的問題ともかかわってくる。このような世界が存在することは、分析にとって大きな課題である。しかし、そうかといって分析をあきらめることはできない。本書で紹介したいろいろな分析手法を工夫して用いることによって、そのような場合においても因果関係の推論を行うほかはないのである。

数理統計学と応用統計の大家であったデイヴィッド・フリードマンは、数学的に洗練された統計モデルを用いた研究と靴底をすり減らして一軒一軒を訪問してデータを集める疫学研究（shoe-leather epidemiology）とを対比して、後者の研究スタイルの重要性を繰り返し指摘した。分析対象についての深い知識を得て、分析対象に適した研究デザインを構築し、それに基づいた研究を行うことこそが原因の探求にとって重要であるというのが彼の主張であった（Freedman 2010）。あらゆる研究テーマに通用するマニュアル化された研究方法は存在しない。

本書が紹介してきた多様な方法を応用して研究や分析を重ねることで習得する熟練の意義は、たいへん大きいと言えよう。

キング＝コヘイン＝ヴァーバの『社会科学のリサーチ・デザイン』がアメリカで出版された直後、筆者は大学院時代の指導教員であり、その後アメリカ政治学会会長を務めることになるピーター・カッツェンシュタイン教授と、シアトルの国際会議で同席した。ドイツ系アメリカ人で、寄らば切るぞという凄みすら感じさせる知性の持ち主である彼は、こちらが何歳になっても怖い師匠である。出版前から話題になっていた同書についての感想を聞いたときの答えが忘れられない。「これは、よくできたクッキング・マニュアルだよ」であった。その後、会議のメンバーとシアトルの有名なレストランへ行き、絶品のシーフードに舌鼓《したつづみ》を打ちつつ、このコメントを思い返した。クッキング・マニュアルは重要だけれど、それを使いこなす熟練がなければこの料理は作ることができない。方法論とはそのようなものなのだろう。

コラム⑪　政策提言に求められるもの

多くの政治学者は、世界を変革するという志向性を多かれ少なかれ持っているように見える。しかし、私自身は、世界を解釈する「安楽椅子の政治学者」であることに満足してきた「黒い羊」である。個人的な趣味の問題もあるが、こうすれば世の中が良くなると声高に勢いよく唱道される処方箋に不信感を覚えてきたこともその背景にある。

しかし、エビデンスに基づく政策提言がめざされるようになると事情は少し変わる。政策介入の効果を内的妥当性の高い統計的因果推論で厳密にとらえられれば、外的妥当性の問題は残るとは言え、有意義な政策提言が可能になるかもしれない。

ただ、政策提言の「目的」はいかに設定されるのか。「ナッジ」とか「メカニズム・デザイン」とか言われるとパターナリズムや設計主義の気味悪さを本能的に感じるところがある。めざされる目的も、複数あるならば、その間のトレードオフや優先順位はどうするのかといった疑問がわく。さらに、政策目的は、ワクチン接種率の向上のような単純明快なものとは限らない。時間的制約のある中で複雑な政策決定を行う困難は、コロナ・パンデミックへの政策対応全体を思い起こせば明らかである。

危機における決定はその極限ケースである。福島第一原発事故に際して、菅直人総理の命に抗して炉心への海水注入を続けた吉田所長の決断は、Fukushima50の活躍を代表するエピソードとして語られてきた。トップの思いつきには従わず、現場での情報と知識を可能な限り動員し事故の拡大を防いだ英雄的な決断とされた。しかし、NHKメルトダウン取材班による労作『福島第一原発事故の「真実」』（NHKメルトダウン取材班 二〇二一）は、注入されていた海水は原子炉にほとんど届いていなかったという衝撃の事実を明らかにした。では、あの極限状況でどのような決断がありえたのか。取材陣も決して後知恵の批判をしてはいない。

この事例は、組織理論家のカール・ワイクが、何度も言及したスイスの陸軍小隊の話を想起させる（Weick 1969）。小隊はアルプスの冬山行軍中に遭難しパニックに陥る。しかし、隊員が地図を持っていたことを思い出し、それを頼りに下山に成功する。ところが、地図はピレネー山脈の地図であったという落ちになる。この話は、実はチェコの詩人で免疫学者の詩を剽窃《ひょうせつ》したものではないかとの疑惑があるが、それはともかく、ワイクは誤った地図であっても、それを正しい地図と信じることで小隊がパニックに陥らずに帰還できたことを重視する。福島の現場で吉田所長が示す「地図」がなければ、それと同じく危機は乗り越えられなかったとも考えられる。

だが、スイスの小隊が見出した地図が、サハラ砂漠の地図であったならば事態は異なったであろう。吉田所長の提示した事故の「見取り図」は、いくつもの事実の断片から論理的に推論を重ねて作り上げられ共有されたものであったからこそ、現場は彼の指示の下で動いたとも言えよう。

政治における決定は、このような危機的状況での決定に類するものも多い。その際に、機能する「地図」はどのように作りうるのだろうか。方法論的自覚に基づいた論争に耐えるものでなければ、結局は勢いだけの提言と自己満足に堕するだろう。原因を探る作法や推論方法をさまざまな立場から批判的に論じあい、改良していく意義はきわめて大きい。

補章

原因を推論するトレーニング

本章では、メディアやネット上にある論考を取り上げて、本書の推奨する作法の観点からどのような改善がなされるべきかを考えることにしよう。本書では既に各章の説明の際にさまざまな研究や言説を取り上げてきた。それらは、各章のテーマを説明するためであった。この補章においては、各節において一つの論考を題材に、批判的な検討を行うことで、本書が示してきた重要な作法の意味を再確認してもらうことをめざすことにする。その意味で、本章はトレーニングと名づけている。それでは、早速スタートしよう。

一　最初の一歩　それって見かけ上の相関では？

ある現象をもたらした原因を推論するとき、最初の一歩はその現象と共変する要因を探すことである。しかし、そのような共変を示す要因を原因と推論するには慎重に手順をふむ必要がある。相関関係は因果関係ではないと言われるのはそのためである。

『「原因と結果」の経済学』（中室・津川 二〇一七）では、二つの変数の関係が因果関係なのか相関関係なのかを確認する三つのチェックポイントとして、一．「まったくの偶然」ではないか、二．「第三の変数」は存在していないか、三．「逆の因果関係」は存在していないかをあげている（二九頁）。二、三は本書が言うところの因果関係が存在するための、第二、第三の条件と対応している。では、「まったくの偶然」をどう考えるか。

同書では、「地球温暖化が進むと、海賊の数が減る」という共変関係を例としてあげて、これが観察されていても、そこには因果関係はないとする。では、その理由は何か。常識的に考えにくいとされるのみである（三三頁）。確かに、世の中には偶然としか思えないような相関関係が多くある。同書も紹介している米軍の情報アナリスト、タイラー・ヴィーゲンが運営しているＷＥＢサイト“spurious correlations”（見かけ上の相関）では、そのような例がたくさん紹介されていて楽しめる（https://www.tylervigen.com/spurious-correlations）。

「心理学の修士号授与数」と「Benny と名づけられる新生児数」や「マーガリンの一人当たり消費量」と「メイン州における離婚率」、「アメリカにおける喫煙率」と「一〇万人当たりの放火件数」など共変関係が観察されるいろいろな例があげられている。時系列データではこのような関係を発見しやすいということはある（コラム⑥参照）。いずれにせよ、これらは単なる偶然の結果と思われる。ただ、同サイトでは、ＡＩにこの関係を無理矢理説明させている。喫煙率と放火件数については、ＡＩは「タバコを吸う人が減ったことで、偶然に火をつけてしまう可能性が大幅に減少しました。それに、喫煙があまり行われなくなったことで、放火をしようという〝燃える〟ような欲望も大幅に減ったのです」と答えている（https://www.tylervigen.com/spurious/correlation/2601_cigarette-smoking-rate-for-us-adults_correlates-with_arson-in-united-states）。

そう言われると少し心が動く人もいるかもしれない。では、「居住地と幹線道路の距離」と「認知症発症率」はどうだろう。実は、この関係は医学領域のトップジャーナル、ランセット誌の研究論文で報告されている。カナダで実施された大規模調査で主要な道路から五〇メートル以内に住む人が認知症を発症した場合、そこでは交通量の多さが原因になっている可能性が示唆されている。著者たちは、幹線道路沿いに住む人に認知症が多いという観察をふまえて、その間に因果関係があるのではと疑い、この調査を始めている。偶然と考えなかったのは、認知症をめぐる研究からそこに因果関係がある可能性を予想したからである。（https://www.thelancet.com/journals/lancet/article/PIIS0140-6736(16)32399-6/abstract）

相関関係が偶然であるかどうかを判断するためには、その間に想定される因果メカニズムを検討するという作業が必須である。それは因果効果の確認に先立つ、仮説構築作業の重要性を示している（第１章参照）。

二　聖書がわかれば世界が見える　共変関係は確認していますか？

しかし、この共変関係を確認せずに結論を急ぐ例も多い。

池上彰は、多様なトピックについてわかりやすく解説することで人気であり、テレビ出演を多くこなすと同時に精力的に図書も世に出している。そこから教えられることも多いが、わかりやすく説明しようとするゆえに勇み足に見えるものも多い。二〇二二年に出版された『聖書がわかれば世界が見える』（池上 二〇二二）では、「国際情勢を理解する上で、『聖書』の知識が必須である」として、聖書に「何が書かれているか解説する」ことがめざされる。そのような教養が国際情勢を理解する上で役に立つことは明らかである。しかし、そこから因果関係の主張が行われるとき、慎重さに欠ける議論が展開されている。プレジデント・オンラインに掲出されたその一部を見よう。そこでは、アメリカにおいてなぜ富豪が慈善団体や大学などに莫大な寄付をするのかが、聖書を手がかりに説明される。『マタイによる福音書』には、ある金持ちの青年がイエスに対して「永遠の命を得るには、どんな善いことをすればよいのでしょうか」と尋ねたエピソードがある。イエスは掟（十戒）を守りなさいと告げる。青年は、「そういうことはみな守ってきました。まだ何か欠けているでしょうか」と再度尋ねる。イエスは、次のように諭す。「もし完全になりたいのなら、行って持ち物を売り払い、貧しい人々に施しなさい。そうすれば、天に富を積むことになる。それから、わたしに従いなさい」。青年はこの言葉を聞き、悲しみながら立ち去った。たくさんの財産を持っていたからである。イエスは弟子たちに言われた。「はっきり言っておく。金持ちが天の国に入るのは難しい。重ねて言うが、金持ちが神の国に入るよりも、らくだが針の穴を通る方がまだ易しい」。

池上は、聖書のこのエピソードに基づいて、「金持ちのまま死んだら、天国に行けない。これは衝撃的な記述です。そこで金持ちになった敬けんなキリスト教徒は、死ぬまでに自分の財産を処分してしまおうと考えます。結果、寄付の文化が生まれるのです」と結論づける（引用はすべて池上二〇二三、八三―八四頁）。これがアメリカの富豪たちの寄付をもたらしているというのである。

この説明ではキリスト教徒であることが原因で寄付をすることが結果であるとされる。しかし、ここでは明示的な共変関係が検討されていない。アメリカには、多くのユダヤ系の富豪がおり、彼らも多額の寄付をすることが知られている。また、よく知られているアメリカの税制における寄付控除の役割も検討されていない。他の変数の検討がなされないのである。「○○がわかれば世界がわかる」という、単純明快な主張は、しばしば方法論的な課題を抱えている。

三　コミュ力重視が若者の保守化の原因　時間的先行は大丈夫？

共変関係の観察から、原因を推測する際には、原因が結果に先行していることを確認しなければならない。

二〇一三年から一九年の第二次安倍内閣時代、読売新聞社の全国世論調査の年平均で見ると「若者支持率は53〜71％で、全体より3〜16ポイント高かった」（『読売新聞』二〇二三年三月十七日付）。他社の世論調査でも同じ傾向が見られた。このような事態をとらえて若年層の保守化に注目が集まり、さまざまな議論がなされた。その一つを取り上げてみよう。ウェーバー研究者として著名な野口雅弘は、WEBマガジン『現代ビジネス』（講談社）において「「コミュ力重視」の若者世代はこうして「野党ぎらい」になっていく」と題する論考を発表している。そこでは、「いまの「若者」は、物心がついたときから「コミュ力」（コミュニケーション能力）が強調されてきた世代」であることに注目する。確かに、昔と異なり高校教育や、大学のAO入試、企業・公務員の就職試験でグループディスカッションが取り入れられることも増えてきた。主張をもう少し聞いてみよう（https://gendai.media/articles/-/56509?imp=0#goog_rewarded）。

「コミュ力」と称されるものの測定基準は、コミュニケーションの軋轢《あつれき》、行き違い、齟齬《そご》とそれが生み出す気まずい雰囲気を巧妙に避け、会話を円滑に回すことである。逆に、「コミュ障」と呼ばれる人がそう呼ばれるのは、会話がすれ違ったり、お互いの言い分が感情的に対立したりして、それを調整するのに骨が折れるような「面倒臭い」事態を招くからである。

もしコミュニケーションの理想がこうしたものになりつつあるとすれば、ここに「野党」的なものの存在の余地はほとんどまったくない。

野党がその性質上行わざるをえない、いま流れているスムーズな「空気」を相対化したり、それに疑

図補-1　日本経済新聞各紙における「コミュニケーション能力」を含む記事件数の推移

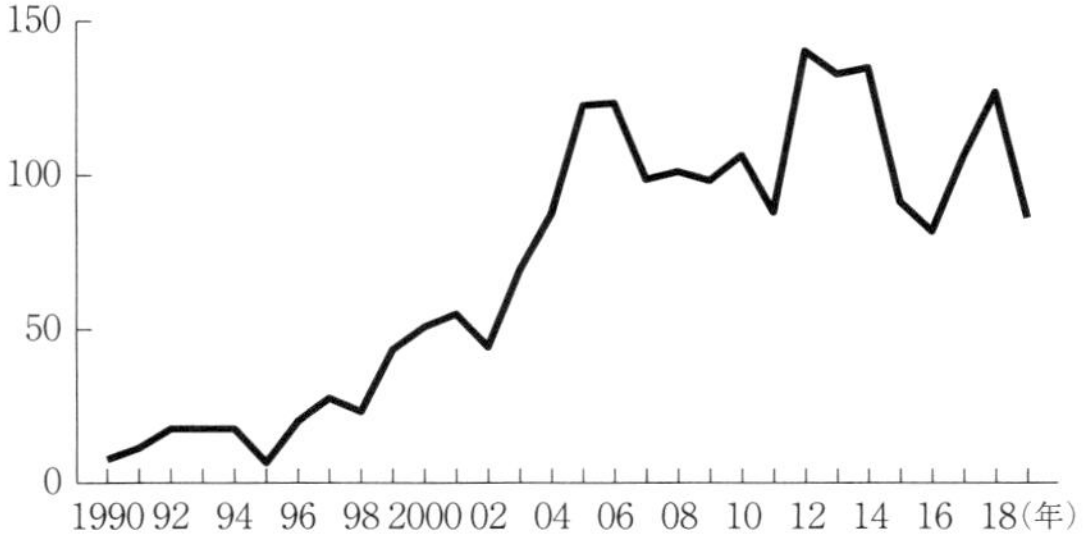

問を呈したり、あるいはそれをひっくり返したりする振舞いは、「コミュ力」のユートピアでは「コミュ障」とされてしまいかねない。

ここでは、若者が野党嫌いになっている（保守化している）という現状を、コミュニケーション能力が重視されるようになったことに求めている。中高年にはそのような要請はなかったが、若年層にはあったこと、そしてそれに対応して若年層は中高年に比して野党嫌いが強くなるという共変関係に注目が置かれる。ここでの共変関係は世代間のクロスセクショナルな比較に基づいて観察される。

この共変関係は、果たして堅牢なものだろうか。安倍内閣に限っても、第一次安倍内閣時代（二〇〇六—〇七年）は若者の支持は中高年層に比べてむしろ低かった（金子智樹・逢坂巌「安倍支持の中心は若年男性層」WEBRONZA, 2018/12/21, https://webronza.asahi.com/journalism/articles/2018121100002.html?paging=all）。その時点での若者はコミュ力を求められていなかったのだろうか。試みに、日本経済新聞社データベース（日経テレコン）を使って、一九九〇年から二〇一八年までの各年に日経各紙において「コミュニケーション能力」という単語を含んだ記事数を調べた結果のグラフが**図補-1**である。一九九〇年代からコミュ力が着実に強調されてきたことがわかる。時間軸を含めて見ると共変関係はかなり怪しい。他方、竹中佳彦は、二〇一九年参議院選挙の分析から、

高年層には、自民党に投票する人が多いが、立民党にも投票する人がいるのに対して、若年層は、自民党に投票するか、棄権するかという選択となる傾向があるため、自民党ばかりに投票しているように誤解されているようである。イデオロギー分布を見ると、若年層は、「やや保守的」な人だけでなく、他の年齢層よりも「やや革新的」な人が多く、分化しており、かつ自己イデオロギーの位置を「わからない」と答える人も3割以上いるため、他の年齢層と比べて、著しく「保守化」していると断じることはできない。（『中央調査報』第七六四号「若年層の「保守化」を検証する」）

としている。若者の「保守化」という従属変数もかなり怪しいことになる。その後、与党自民党と公明党が過半数を割った二〇二四年総選挙では、若年層の方がその変化に貢献した（『日本経済新聞』二〇二四年十一月三日付）。思いつきから因果関係の仮説へといたる距離は大きいのである。

四　スマホが学力を破壊する　他の変数は見てますか？

ある現象を引き起こしている原因を推論する際には、他の変数が本当の原因である可能性を検討し

なければいけない。

スマホへの依存が身体の不調を生むという話がしばしばメディアを賑わす。二〇一九年二月十九日のＮＨＫクローズアップ現代では、「〝スマホ脳過労〟記憶力や意欲が低下!?」と題する番組が放映された。番組ホームページでは以下のように紹介されている。

スマホに依存すると30～50代の働き盛りでも、もの忘れが激しくなり判断力や意欲も低下するというのだ。患者の脳では前頭葉の血流が減少。スマホから文字や映像などの膨大な情報が絶えず流入し続け、情報処理が追いつかなくなると見られている。「スマホによる脳過労」「オーバーフロー脳」などと呼ぶ脳神経外科医も現れ、脳の異常は一時的なのか、認知症の初期症状なのか、議論が始まっている。（https://www.nhk.or.jp/gendai/articles/4249/）

そこでは、スマホの使用が子どもの学力に与える影響も懸念の対象である。東北大学加齢医学研究所は仙台市教育委員会と共同で二〇一〇年度から小中学生を対象とした大規模調査を行った。その研究成果に基づいて川島隆太は『スマホが学力を破壊する』（川島 二〇一八）と題する新書を発表して警鐘を鳴らしている。彼らは、スマホの使用時間が長い児童・生徒は成績が悪いことを発見した。ただし、これだけではスマホが原因で成績が悪くなるとは言えない。「スマホ等使用時間と学力の間に相関関係があることが明らかになりました。しかし、……関係を一時期だけ調べても因果関係までは完全には理解できません」（五四頁）と川島は書く。そこには逆の因果関係が、すなわち、学力の低い子どもがスマホにハマっているということが示されているのかもしれない。そこで、川島たちは、調査対象にID番号を振り、年度を超えての追跡調査を行った。初年度のスマホ使用の有無が、次年度以降の成績にどう影響したかが調べられる。このため、原因の時間的先行条件が満たされているかが検証できるのである。その延長上に二〇一二年度に小学校五年生から中学校一年生だった一万四三六七名について、スマホの所持の有無と成績（国語、算数（数学）、理科、社会四教科の平均偏差値）との関係を三年間追跡している。その結果が、**図補-2**である。三年間所持していなかったグループ（無-無-無）は、継続的に成績が上昇しているのに対して、途中で持つようになったグループ（無-無-持）と（無-持-持）は所持すると成績が下がるという予想通りの結果である。「スマホ等を使用したことにより成績が低下するという因果関係が、経年変化を追った調査によってはっきりとしました。（中略）決着はつきました」（七一頁）と結論づけられる。

はたして、この結論はどうだろう。共変関係と時間的先行という二つの条件はクリアしている。残るは、その他の変数の統制という第三の条件である。グラフを再度見てみると、期間中にスマホを持たなくなったグループでは成績が向上している。川島は、これもスマホ使用のネガティブな効果を支持すると考えている。しかし、いったん使用した子どもに、使用をやめさせるような家庭は（子どもはきっと激しく抵抗するだろう）、子どもの生活をコントロールする力が強いとも考えられる。そうであれば、家庭環境というその他の変数の影響が検討されなければ、そう簡単に決着がついたとは言えないだろう。

なお、川島は、決着はつきましたと書いた後に、「もちろん生物学的な理由は全く不明のままです

図補-2　スマホ等所持・無所持（平成 27 年度無所持群）

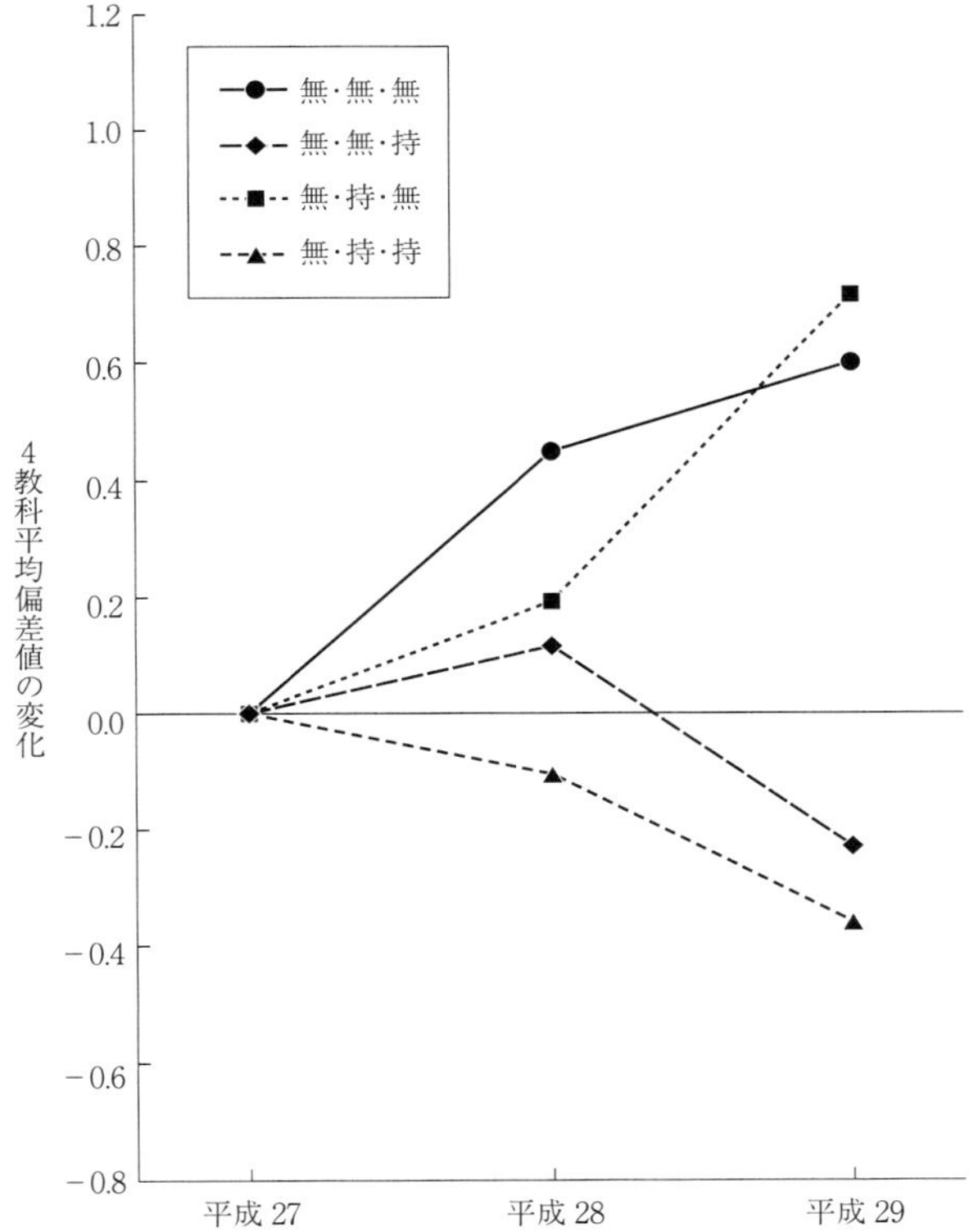

［注］　平成 27 年度の成績を起点（0）として表示。
　　　3 年間スマホ等を所持しなかった群（●）は成績が向上。
　　　期間中にスマホ等を所持した群（◆，▲）は成績が低下。
［出典］　川島 2018，67 頁。

し、心理学的な解釈もまだ結論は出ません。生物学的な理由を突き詰めるには、動物実験を行い、遺伝子発現の解析や、タンパク質レベルや分子レベルの解析が現代の科学では求められますが、実験動物がスマホを操作することはあり得ませんので、永遠に不可能でしょう」(七一―七二頁)と続けている。子どもに無作為にスマホを与える実験ももちろんできないだろう。因果推論の根本問題に直面する。他の変数の統制の重要さは充分に認識されているようである。そうであるならば、そう簡単に「決着がついた」と言うべきではなかっただろう。

なお、中国において携帯電話会社と大学からのデータ提供を受けた上で、統計的因果推論の手法を用いてこのチャレンジを乗り越えようとする研究が生まれている。そこでは、中国政府による未成年者のゲーム規制の実施と大ヒットしたRPGゲーム「原神」の発売というイベントを疑似的実験状況ととらえて、スマホ利用が学業や卒業後の賃金へ与える影響の検証がなされ、明確な負の影響があることが示されている(Barwick et. al. 2024)。

五　民主主義はコロナに負けた？　統計的因果推論、使い方は慎重に

統計的因果推論は、他の変数をコントロールして原因を推論する有用な武器になる。でも、使い方は慎重にしなければ宝の持ち腐れになる。

世界を苦しめたコロナ・パンデミックであるが、そこには国ごとに深刻度の違いが存在した。クロ

スナショナルな差異は、社会科学者の「職業的興味」を掻《か》き立てる。差異を生み出す原因の探求が続いている。

感染が最初に生じた中国が、感染を抑え込む一方、アメリカや西ヨーロッパの国々がパンデミックに苦しんだ経緯から、政治体制に注目が向くのは自然な流れではあった。人権を考慮せず強権的に政策を実施できる権威主義体制と、そうはいかない民主主義体制で感染の抑え込みの成否に違いが出るだろうという直感的推論が出てくる。メディアの格好のテーマとなった。しかし、当初、社会科学的な分析の結論は慎重なものが多かった。権威主義国家でも失敗している例がある一方、民主主義国家で成功する例もあったからである。

そのような中で、本格的にデータを分析した上で、民主主義が感染状況を悪化させる原因だという主張（民主主義の呪い）を明確に打ち出した一人が、イェール大学助教授の成田悠輔である。『朝日新聞』への寄稿（二〇二一年四月十四日）は、大きな話題を呼んだ。元の未査読共著論文で使われる従属変数は、各国の人口当たりのコロナ死者数であり、独立変数は、フリーダムハウスの民主主義指標である（Narita & Sudo 2021）。しかしながら、民主主義とコロナ死者数の間には、交絡変数が介在している可能性がある。たとえば、民主化については経済的豊かさとの間に強い相関があることが示されてきた。そして、ある国の経済的豊かさは、コロナでの死者数に影響を与える可能性が高い。他の変数を統制する必要がある。

この問題を解決するために、分析では、統計的因果推論の手法である操作変数法が用いられている。

民主主義の程度には影響するが、コロナ死者数には影響しそうにない変数を用いて民主主義の純粋の影響を見ようというのがこの手法である。成田は、近年の民主化研究をふまえてそのような操作変数を複数見出し、因果効果の確認を試みている。「この相関関係は因果関係であると判明した」という強気な言明はその自信から来るのだろう。しかし、よく知られるように、操作変数をどのように見出すかは実はそう簡単ではない。彼らが用いた変数の中には、Hall and Jones の研究に基づく「英語話者およびヨーロッパ言語話者の人口比率」がある（Hall & Jones 1999）。英語話者やヨーロッパ言語話者の数が多いところで、民主主義は発展したが、コロナ死者とは関係ないだろうというのがそこでの前提である。しかし、パンデミックの初期には、英語やヨーロッパ言語の発声方法のゆえに飛沫が飛びやすく、それがコロナの蔓延に影響しているという議論もあった。彼らは、複数の操作変数を設定して議論の堅牢化を行ってはいる。しかし、操作変数法の使い方に慎重さが必要であることを示す例である。

それはともかく、このような現在進行形の事態について、最新の統計的因果推論の手法を用いた分析が可能なのは、急速に進行しているさまざまなデータの構築と公開のおかげである。コロナ関連のデータは、毎日ネット上でアップデートされ、公開されていた。世界各国の民主主義指標も過去から現在まで各年の値がすぐに分析可能な形で公開されている。民主主義指標などが客観的に測定できるかという疑問はありうる。筆者は、そのような指標の一つである V-Dem の日本エキスパートとして立ち上げの時期に参加したことがある（なお、政治学では近年フリーダムハウスの指標はあまり用いられなくなっている。成田も、『日本経済新聞』の経済教室へ寄稿した際にはV-Demを用いている）。そこでは、当然複数のエキスパートによる判定を行い可能な限り客観性を確保する努力がなされている。加えて、エキスパート自身のイデオロギーを測る多くの質問への回答が求められた。それが判定結果の補正に用いられ指標の客観性の担保が試みられている周到さには驚いた。相当の精度は期待できよう。

成田の分析では、問題は民主主義指標ではなく、むしろコロナの指標に大きな問題がある。ロシアにおいて、統計局の発表するコロナ死者数に対して政府の発表数が顕著に少ないことがたびたび報道されてきた。中央アジアの権威主義体制を分析する気鋭の政治学者、東島雅昌は、権威主義体制では政策パフォーマンスにかかわる情報が操作されやすいことを指摘し、成田を批判する（『日本経済新聞』「経済教室」二〇二一年八月十九日付）。安中進は、データの透明性指標をコントロールすると、権威主義国の優位性が消えることを見事に示している（『中央公論』二〇二一年九月号）。データの質が悪ければ、どんなに洗練された統計手法も助けにならないということだろう。しかし、データの蓄積が、ともすれば規範的負荷の高い論争になりそうなテーマで、エビデンスに基づいた冷静な議論を可能にしていることは特筆すべきだろう。

ただ、成田論文は、民主主義の因果効果の確認を主戦場とする。では、民主主義のいかなる側面が、どのような因果メカニズムを通して呪いとなるのか。東島は、権威主義の優位を生み出さない複雑な政治的メカニズムを提示して成田を批判した。これに対して、成田が想定する民主主義の呪いのメカニズムは平板な衆愚論にとどまるように見える。それは、彼が依拠する統計的因果推論が、因果効果の確認を重視して、因果メカニズムの推論自体を軽視している帰結のように思われる。

六　推論を論文にする　「文学国語」よさようなら、「論理国語」よこんにちは？

ある現象をもたらした原因について仮説を立てて、それを検証した結果、これだという結論にたどり着いたとする。それを世に問うためには自らの主張を文章化して発表する必要がある。ところが、このような論文の書き方について高校までの学校教育で学ぶことはあまりないようだ。

戸田山和久『最新版　論文の教室』（戸田山 二〇二二）は、そのような訓練を積んでこなかった大学生に論文の書き方を基本から教えてくれる救いの書である。戸田山は、論文の三つの柱として、

一　与えられた問い、あるいは自分が立てた問いに対して、

二　一つの明確な答えを主張し、

三　その主張を論理的に裏づけるための事実的・理論的な根拠を提示して主張を論証する。

ことをあげている（四五頁）。そこでは、曖昧さやはぐらかしは厳禁であり、「問い、答え、論証」以外のことを書いてはいけないとする。読書感想文でも卒業文集の作文でもない。大学入試によく出た『朝日新聞』天声人語も論文の体は成していないという。

実は、筆者は小学生のころ、国語が好きだった。高校生になっても現代国語が得意科目だった。半世紀前のことである。起承転結を意識して作文を書いた。難解な文章を解読して、下線部の意味する

ものは何かを必死に考えた。しかし、筆者もこのような国語教育は論文を書く段になってほとんど無意味だという印象を持った。それを思い知ったのは、アメリカの大学院に留学してペーパーを書かされたときであった。日本語での文章作成にそれなりに自信を持っていたので、それを英語にしてやればよいだけだと思っていた筆者は見当違いを実感することになる。そこで求められたのは、パラグラフライティングといわれる書き方であった。現在の日本では高校で小論文対策として学ぶこともあるかもしれない。しかし、当時の日本では、いや少なくとも筆者の周りではそのような機会はなかった。

パラグラフライティングの基本は、一つのパラグラフにおいて扱うトピックは一つにすること、パラグラフの最初の文章、トピック・センテンスでそのパラグラフの主張を示し、続く文章でその主張をサポートしていくことにある。そして、エッセイ全体においても冒頭のパラグラフでエッセイの主張が示され、それを支えるパラグラフが続き、最終パラグラフで再び主張が示される。課題として提出を求められるペーパーで、下線部の意味するところは何かと問われるような複雑な文章を書いたり、起承転結の転で文意を一変させることは御法度であった。そこでは別の努力が求められる。トピック・センテンスをサポートするには、レトリックを駆使するのではなく、エビデンスを示すことが必須である。自分の主張をサポートする説得的なエビデンスをどう示すかを考えないといけない。パラグラフライティングは、問い、答え、そして論証を提示していく論文作成の心強い伴走者となる。

二〇二〇年に高校の教育指導要領が改定され、従来の「現代文」がなくなり、「文学国語」と「論理国語」が選択科目として導入された。これをめぐって多くの論争が起こった。従来の現代国語の授業では論理的な文章を書くトレーニングがなされなかったという問題意識がその改革の背景にある。その指摘は重要である。実証分析の論文を「文学国語」で書いてもらっては困るというのが、上記の趣旨である。ただ、このことは文学国語の重要性を否定するものでないことは言うまでもない。夏目漱石も村上春樹もぜひ読んでほしい。

ちょっと長い、少し個人的な、あとがき

一九八四（昭和五十九）年にフルブライト奨学生として、コーネル大学に留学した筆者を待っていたのは、体系的で密度の濃いカリキュラムだった。筆者は、すでに京都大学で政治学の修士号を得て博士後期課程に進学していたが、当時の日本の文科系大学院にはそのような体系的なカリキュラムはなかったため驚くことが多かった。アメリカのPh. D.コースでは、最初の三年はコースワークを行う。そこでは、自分の専門以外の幅広い領域について授業を受けることが求められる。当時のコーネル大学の政治学大学院では、アメリカ政治、比較政治、国際関係論、政治理論という四つの領域から自分の専攻領域に加えて二つを選んで、それぞれから複数の授業を受けた上で、A examと呼ばれる領域修了試験に合格しなければならなかった。それによって、専門的な研究に入る前に政治学を広く俯瞰《ふかん》させようというのが目的であった。一つの授業ごとに、一週あたり数百頁のリーディングが課され、全員がそれを読んできたことを前提に討論中心の授業が行われるのが基本である。自分が研究したいと思うテーマに関する本や論文だけを勝手に読んで、一学期に一、二度報告すればよい授業がほとんどだった、自由気ままな日本の大学院とは全く異なる世界であった。

もう一つ大きな違いと感じたのは、方法論の位置づけであった。入学してすぐの秋学期には、基本的な統計学について学ぶことを主たる内容とする「リサーチ・メソッド」の授業があり、全員それを受けることが義務づけられていた。筆者にとってこの授業はある意味で救いであった。渡米したばかりで、大量の英語文献を読むことが大変だった上、ヒアリングやスピーキングにはそれ以上に苦しんでいた身には討論中心の授業は厳しかったが、数式や統計理論が主役のこの授業は相対的に御しやすかったからである。それはともかく、政治思想や地域研究を志望する学生にも必修として統計学の初歩を学ばせることで、その背後にある方法論的な思考を身に付けさせようとするカリキュラムには新鮮さを強く感じた。

当時の日本の政治学の大学院では、選挙研究や投票行動研究を志す一握りの大学院生以外には、統計学を学ぶ者はほとんどいなかったと思う。筆者の日本での指導教員であった村松岐夫教授は、官僚や政治家に対するサーベイ調査に基づいて研究を行うパイオニア的な仕事をされていたため、たまたま、先生の周りの院生には、とりあえず統計学を勉強しておこうというムードがあった。「リサーチ・メソッド」の授業で一息つけたのは、そのおかげであった。

統計学を少し齧《かじ》っていた筆者は、この授業のカリキュラム上の意義について感銘は受けたものの、内容的にはさして目新しさを感じなかった。それは当時、政治学の世界で用いられる統計学が、まだそれほど高度ではなかったことにもよるだろう。また、当時のコーネル大学の政治学部が、一九七〇年代にその研究を最もよく引用された政治学者でアメリカ政治研究の泰斗《たいと》であるセオドア・ロウィ教授、一九八〇年代に比較政治経済学研究を牽引したピーター・カッツェンシュタイン教授、東南アジア研究を基礎にナショナリズム研究に巨大な足跡を残したベネディクト・アンダーソン教授、日本研究のT・J・ペンペル教授などなど錚々《そうそう》たる陣容を誇るとともに、その質的研究への志向で際立っており、「リーサーチ・メソッド」で扱う統計を初歩的なものにとどめていたためであったのかもしれない。

むしろ、方法論教育としてより重視されていたのが、各領域に置かれていたフィールド・セミナーと呼ばれる授業である。それぞれの領域の研究発展を概観するとともに、方法論的な観点から主要な研究を検討するものであった。中でも、筆者が大きな影響を受けたのが、社会運動研究で有名なシドニー・タロー教授の「比較政治学」フィールド・セミナーである。そこでは、統計分析的なロジックをふまえつつ、質的な比較研究の手法がさまざまに、かつ実践的に講じられた。研究対象への実体的関心だけではなく、研究デザインの持つ意味を実感させてくれるすばらしい授業であった。そこで味わった知的な興奮は、長い時を経て本書を完成に導いてくれたのだと、今あらためて思う。

日本に帰国して神戸大学で教え始めてから、同じような方法論の講義ができないかとさまざまな試みを行った。その後、早稲田大学に移ると大学院改革が待っていた。文部科学省肝煎《きもい》りの大学院教育改革イニシアティブで、新しい大学院教育プログラムが募集されたのである。筆者には、これが政治学教育を変えるチャンスに思えた。志を共にする同僚と、時に深夜まで新カリキュラムの構想を練ったのはよい思い出である。幸い改革案は文科省に採択され、政治学研究科では方法論三科目（経験的方法、規範理論、数理的分析）が全員必修となった。筆者は、行き掛かり上、経験的分析のための方法論を教えることになる。

方法論の講義というと、どうしても無味乾燥な内容や、マニュアル本的な内容が連想されてしまう。自分で蒔《ま》いた種とはいえ、必修科目として大学院生にむりやり受講してもらうとなると、さらなる工夫の必要を感じた。何とか、おもしろくて、かつ重要な論点を逃さない講義ができないか。さらに試行錯誤を重ねることになった。そうした中で、方法論に関する書籍には大変お世話になった。中でもきわめて有用だったのが、本書で繰り返しふれた、高根正昭『創造の方法学』とキング＝コヘイン＝ヴァーバ『社会科学のリサーチ・デザイン』であった。ただ、前書は一九七九年に出版されたものであり、いかに名著とはいえアップデートされる必要を感じた（残念なことに、高根正昭教授は同書を出版された二年後に逝去されている）。後書は、質的分析の多様な方法に対して必ずしも充分な目配りがなされていない。講義においては、アップデートや追加的説明をさまざま加えてきた。その結果、ようやくそれなりの完成形ができたかなと思えるようになった。

そうすると少し欲が出てくるものである。政治学において経験的な議論をする際の方法論の重要さを、もう少し広く訴えたいと思い始めたのである。その思いを強める、ちょっとしたきっかけもあった。文科省は、一九九〇年代以降、先にふれた大学院改革も含めさまざまな改革を矢継ぎ早に促してきた。それらには、日本の高等教育が国際的な競争力を持っていない、という批判への対応という面がある。大学教員の一人として、このような批判に内心忸怩《じくじ》たる思いもある。しかし、改革案には正直言って違和感を感じるものも多い。その一つに英語へののめり込みがある。

筆者も、日本の政治学ひいては社会科学がもっと国際的な発信を行うべきである、という主張には何の異論もない。日本の大学がより多くのグローバル人材を養成すべきである、という意見にも賛成である。そのためには、英語での授業も必要だろう。大学一年生から博士号取得まで、英語だけで教育するコースを増やすという方針もよいかもしれない。しかし、このような改革論が語られる際にしばしば、英語で学ぶことと論理的に思考する能力を身に付けることとが等値される傾向がある。はたしてそうだろうか。日本語だと論理的な思考や研究ができないのだろうか。そんな馬鹿なことはない（齊藤誠「英語で講義すると失われるもの」『中央公論』二〇一三年二月号も同旨であり、意を強くした）。論理的でない、突っ込みどころ満載の記事や論文は、英語でもたくさん書かれている。必要なのは、英語であろうと日本語であろうと、論理的に思考し表現する能力であろう。原因を推論するための方法論を学ぶことが、そのような能力を高めると筆者は確信している。本書がその一助になれば、望外の喜びである。

本書を書き上げるに際して、多くの方にお世話になった。先に名前をあげたコーネル大学の諸先生、そして村松岐夫先生の存在なしには、本書は書かれることはなかっただろう。

共著で研究論文を出版するという作業は、自らの立論を方法論的に再考する貴重な機会を与えてくれる。今や比較歴史分析の世界でのトップスターになった感のあるキャスリーン・セーレン・マサチユーセッツ工科大学教授（なお、二〇一七年にアメリカ政治学会会長に就任）と、国際政治経済学の世界で売り出し中の直井恵カリフォルニア大学サンディエゴ校准教授とは、それぞれ何作もの共著論文を書き、その中で多くを学ばせてもらった。

河野勝教授と早稲田大学で同僚になり、おしゃれなワインバーでも粋な蕎麦《そば》屋でもついつい政治学について熱く語ってしまえる環境を得たことは、幸せなことであった。毎年、軽井沢で行う大学院方法論クールセミナーをお手伝いいただいている西澤由隆同志社大学教授との濃密なディスカッションも、本書の構想を練る上で不可欠であった。何かあるとついつい頼りにしてしまう京都大学の建林正彦教授と神戸大学の曽我謙悟教授には、忙しい中、草稿に目を通してもらい多くの有益なコメントをいただいた。早稲田大学グローバルCOEのメンバー、とりわけ田中愛治教授と清水和巳准教授には、政治経済学における実験研究方法について学び考える機会を与えていただいた。現在、ミシガン州立大学に留学中の東島雅昌君にも、大学院で利用される最近の政治学文献についてアドバイスを受けた。文献やデータの探索・整理には、いつもながら樋口恵子さんの力をお借りした。また、早稲田大学から研究休暇を得て、ブリティッシュ・コロンビア大学の客員研究員として研究に集中できたことは、本書の完成に大きく役立った。最初の研究書出版以来、長い付き合いである有斐閣の青海泰司さんには、今回もさまざまなサポートをいただいた。同社期待の新人、岡山義信さんには、最初の仕事として編集を担当していただいた。お世話になったみなさんの名前をすべてあげることはできないが、深く感謝申し上げたい。

本書は、試行錯誤しながら一〇年以上行ってきた政治分析方法論にかかわる講義の成果である。対象は学部の一年生からゼミの学生、そして大学院生まで講義によって異なったが、いずれにおいてもかなり厳しい教育を行った。それに付き合ってくれた神戸大学と早稲田大学の学生・院生諸君に、本書を捧げたい。

二〇一三年九月二十日

バンクーバーの美しい夜景をのぞむ書斎にて

久米　郁男

新版あとがきにかえて

「比較政治学と日本政治」についての備忘録

最近、政治学者が自らを語るオーラルヒストリーに、ちょっとした流行の感がある。筆者よりも一世代上の自分語りには、研究者のあるべき姿についていろいろ考えさせられるところも多い。その中で『戦後政治学の展開 機会と挑戦の50年――村松岐夫オーラルヒストリー』(河野編 二〇二四)と『大嶽秀夫オーラル・ヒストリー――日本政治研究事始め』(大嶽 二〇二一)は日本の政治学の来し方行く末を考えさせるという点で、大変興味深いものであった。

村松と大嶽が、戦後の日本政治研究に大きな貢献をしてきた政治学者であるという評価には異論は出ないだろう。ここで、注目しておきたいのは、両者の研究が日本の政治を先進国の中の一事例として比較の視点を持って実証的に分析する嚆矢《こうし》となったことである。

村松オーラルには、海外留学や国際研究集会への参加を通じて、彼が日本をそのように分析するモチベーションを高めていった経緯がビビッドに記されている。村松は政官関係や地方政治の実証的研究を精力的に行い、日本語で多くの業績をあげただけでなく、それを海外の研究コミュニティーで積極的に発表していった。英語の研究書への寄稿のみならず、政治学の海外トップジャーナルへの投稿は、後進に刺激を与えるものであった。その延長上に、村松自身が組織する国際研究プロジェクトも多く企画された。筆者もそのようなプロジェクトへの参加を通して国際的研究活動の土地勘をつかむという大きな恩恵を受けた。

大嶽の日本政治分析の特徴も、『アデナウアーと吉田茂』（大嶽 一九八六）にみられるように日本政治を比較の視座においてみるところにある。確かに、それ以前にも日本政治を論じる際に他国に言及するものはあった。しかし、その際には外国政治をある種の規範的モデルとして、日本政治の遅れや歪《ゆが》みを指摘するものが主流だったと大嶽は批判する。他方で、外国研究者が、日本を片手間に論評の対象とすることにも批判の矛先を向けた。

では大嶽にとって比較の目的は何だったのだろう。それは、日本特殊論のようなものを他国との比較によって相対化し、新たな日本政治理解を実証的に提示することにあったように思える。それは村松と共通の志向であった。大嶽の場合、その性格のゆえか、日本についての先行研究の「物語」に異論を唱え、自らの「物語」をポレミカルに提示することに快感を覚えてきたのではないか。それが、時として現状肯定の保守的な議論だと批判されたのも時代を感じさせる。方法論的には日本と比較対象国の違いを記述するパターン認識がめざされた。それを超えてその異なるパターンを生み出す原因の推論というところには踏み込まない。理論ではなく「固有名詞」に関心があったというフレーズが出てくるが、素直な心情だろう。村松の場合も、「パターン化された多元主義」として日本を特徴づけることで、「遅れた日本」であるとか日本特殊論的な議論を強く批判することになったが、それがどのように生み出されたのか、あるいはどのような帰結をもたらすのかには必ずしも分析の中心を置いていないように見える。

しかし、近代化論的で啓蒙主義的な日本政治批判が、少なくとも学問的には意味を失って以後、日本の政治学における比較の地平は村松や大嶽が想定したところを超えて広がっている。そのような方向へと政治学を変えたのが、研究を通してパズルを解くという発想だった。そこでは、関心は記述的な推論から因果的な推論へと向かうことになる。日本の政治に見られるさまざまな特徴がなぜ生じるのか、理論と比較を通して原因が推論されることになった。合理的選択制度論や歴史的制度論などが大きな注目を集めたのはそのような文脈であった。日本の高度経済成長、政治的安定、あるいは派閥政治や利益誘導型政治が規範的に論じられるのではなく、それをもたらした原因が理論的、実証的に探求された。事例研究の章で触れた日本政治研究にその一端を見ることができるだろう。筆者もそのような方向をめざした一人である。そして、このような研究によって国際的な政治学コミュニティーに入っていくことが容易な時代でもあった。日本経済の隆盛が、日本の政治や経済に対する国際的かつ学術的な関心を高めていたからである。村松がかかわった国際プロジェクトも、筆者自身の国際的な学術活動も、このような時代の恩恵を受けていたと思う。一九九〇年代ごろからアメリカ政治学会やヨーロッパ政治学会（ＥＣＰＲ）の年次研究大会に参加し、報告をする日本人も急増していった。

日本の経済的衰退とともに、このような追い風は失われてきた。国際学術誌に日本を対象とする研究を投稿しても、なぜこのテーマで日本を対象とするのかというレフェリーからのコメントに出合うことも多くなった。比較政治学の世界で、日本という事例を選択する理由が問われることが増えてきたのである。アメリカの大学において、日本政治を扱う講義が減少してきたのも同じ理由だろう。バブルを生きた世代としては残念な思いも持つ。

しかしながら、日本を直接には扱わない比較政治学の研究で大きな成果をあげる日本の若手研究者が近年続々と生まれている。

たとえば、中井遼は、『欧州の排外主義とナショナリズム』において、ヨーロッパにおける排外主義政党の台頭を、貧困にあえぐ、置き去りにされた人々の怒りの現れとする通俗的な理解の誤りを、ヨーロッパにおける世論データの実証的分析を通じて明らかにした。その原因は、移民によって自国の文化が損なわれるといったアイデンティティー上の不安感や欧州統合への反発、あるいは伝統や自由を重視するという非経済的な要因であったというのがそこでの結論である（中井 二〇二一、一四頁）。

東島雅昌は、『民主主義を装う権威主義』を権威主義体制のもとでなぜ選挙が行われるのかという問いからスタートする。権威主義体制国の間でも、選挙不正の度合いに大きな違いがある。選挙不正を自制する独裁者もいれば、露骨な不正を行うものもいる。彼がそこに見るパズルは、選挙不正を抑制する仕組みの存在しない権威主義体制において選挙不正の程度に差が生じるのはなぜかである。権威主義体制における選挙不正の度合いを、独裁者の合理的な選択の結果として説明する仮説が理論的に提示され、計量分析と事例研究によってその仮説が検証される（東島 二〇二三、一〇六頁）。まさに、実証政治学の王道の研究である。

彼ら二人は、自らの研究を国際的に発信して高い評価を得ている。日本から、日本を材料としない比較政治研究がこのような成果を発信し始めたことは、我が国の政治学の新たな発展ととらえられるだろう。日本の国際的地位の低下は悲しいが、「日本」というアドバンテージなしで、世界に評価される実証政治研究が生まれてきたことは大変に感慨深い。

筆者は、長く大学に勤めながら、その能力のゆえか、性格が災いしたのか、はたまたオーラに欠けていたためか、指導教授として後進の研究者を育てるという大学教員に期待される役割を果たすことができなかった。忸怩たる思いもなくはない。本書の読者から実証政治分析を志す研究者が一人でも生まれるなら望外の喜びである。

二〇二五年二月四日

震災から三十年、生まれ変わる神戸のまちにて

久米 郁男

◉引用参考文献

◆日本語文献

青木昌彦／瀧澤弘和・谷口和弘訳、二〇〇三年『比較制度分析に向けて〔新装版〕』NTT出版。

赤川学、二〇〇四年『子どもが減って何が悪いか！』ちくま新書。

浅野正彦・矢内勇生、二〇一八年『Rによる計量政治学』オーム社。

アセモグル、ダロン＝ジェイムズ・A・ロビンソン／鬼澤忍訳、二〇一三年『国家はなぜ衰退するのか――権力・繁栄・貧困の起源』上・下、早川書房。(Daron Acemoglu and James A. Robinson, *Why Nations Fail: The Origins of Power, Prosperity, and Poverty*, Crown Business, 2012.)

阿藤誠、二〇〇〇年『現代人口学――少子高齢社会の基礎知識』日本評論社。

阿部齊、一九八九年『現代政治と政治学』岩波書店。

アーレント、ハンナ／大久保和郎訳、一九六九年〔新装版、一九九四年〕『イェルサレムのアイヒマン――悪の陳腐さについての報告』みすず書房。

飯田健、二〇一三年「東北大学プレスリリースについての疑問と再分析」(http://txpolisci.sakura.ne.jp/replication.pdf)。

池上彰、二〇二二年『聖書がわかれば世界が見える』SB新書。

伊勢田哲治、二〇〇三年『疑似科学と科学の哲学』名古屋大学出版会。

市川伸一、二〇〇二年『学力低下論争』ちくま新書。

伊藤公一朗、二〇一七年『データ分析の力——因果関係に迫る思考法』光文社新書。

猪口孝、一九八三年『現代日本政治経済の構図——政府と市場』東洋経済新報社。

猪口孝・大嶽秀夫・村松岐夫、一九八七年「『レヴァイアサン』発刊趣意」『レヴァイアサン』第一号。

今井耕介／粕谷祐子・原田勝孝・久保浩樹訳、二〇一八年『社会科学のためのデータ分析入門（上・下）』岩波書店。

海野弘、二〇〇二年『陰謀の世界史——コンスピラシー・エイジを読む』文藝春秋。

エスピン-アンデルセン、G／岡沢憲芙・宮本太郎監訳、二〇〇一年『福祉資本主義の三つの世界——比較福祉国家の理論と動態』ミネルヴァ書房。（Gøsta Esping-Andersen, *The Three Worlds of Welfare Capitalism*, Polity Press, 1990.）

NHK「爆笑問題のニッポンの教養」制作班監修／主婦と生活社ライフ・プラス編集部編、二〇一一年『名門大学の「教養」——東京大学 慶應義塾大学 京都大学 早稲田大学 東京藝術大学（NHK爆問学問 爆笑問題のニッポンの教養）』主婦と生活社。

NHKメルトダウン取材班、二〇二一年『福島第一原発事故の「真実」』講談社。

大石眞・久保文明・佐々木毅・山口二郎編、二〇〇二年『首相公選を考える——その可能性と問題点』中公新書。

大江健三郎、二〇〇〇年『見るまえに跳べ』新潮文庫。

大嶽秀夫、一九七九年『現代日本の政治権力経済権力』三一書房（増補新版、一九九六年）。

大嶽秀夫、一九八六年『アデナウアーと吉田茂』中公叢書。

大嶽秀夫、一九九四年『戦後政治と政治学』東京大学出版会。

大嶽秀夫／酒井大輔・宗前清貞編、二〇二一年『日本政治研究事始め——大嶽秀夫オーラル・ヒストリー』ナカニシヤ出版。

大竹文雄、二〇〇五年a『経済学的思考のセンス——お金がない人を助けるには』中公新書。

大竹文雄、二〇〇五年b『日本の不平等——格差社会の幻想と未来』日本経済新聞社。

岡部恒治・戸瀬信之・西村和雄編、一九九九年『分数ができない大学生——21世紀の日本が危ない』東洋経済新報社。

小谷清、二〇〇四年『現代日本の市場主義と設計主義』日本評論社。

オルソン、M／加藤寛監訳、一九九一年『国家興亡論——「集合行為論」からみた盛衰の科学』PHP研究所。(Mancur Olson, *The Rise and Decline of Nations: Economics Growth, Stagflation, and Social Rigidities*, Yale University Press, 1982.)

加藤淳子・川人貞史・久米郁男、一九九八年「座談会 日本政治学の課題と展望」『レヴァイアサン』臨時増刊一九九八年冬号。

金子勇、二〇〇〇年『社会学的創造力』ミネルヴァ書房。

神永正博、二〇〇八年『学力低下は錯覚である』森北出版。

川島隆太、二〇一八年『スマホが学力を破壊する』集英社新書。

北山俊哉・久米郁男・真渕勝、二〇〇九年『はじめて出会う政治学〔第3版〕』有斐閣アルマ。

キング、G＝R・O・コヘイン＝S・ヴァーバ／真渕勝監訳、二〇〇四年『社会科学のリサーチ・デザイン——定性的研究における科学的推論』勁草書房。(Gary King, Robert O. Keohane, and Sidney Verba, *Designing Social Inquiry: Scientific Inference in Qualitative Research*, Princeton University Press, 1994.)

久米郁男、一九九八年『日本型労使関係の成功——戦後和解の政治経済学』有斐閣。

久米郁男・川出良枝・古城佳子・田中愛治・真渕勝、二〇一一年『政治学〔補訂版〕』有斐閣 New Liberal Arts Selection。

河野勝、二〇〇二年「比較政治学の方法論——なぜ、なにを、どのように比較するか」河野勝・岩崎正洋編『アクセス 比較政治学』日本経済評論社。

河野勝・西條辰義編、二〇〇七年『社会科学の実験アプローチ』勁草書房。

河野康子編、二〇二四年『戦後政治学の展開 機会と挑戦の50年——村松岐夫オーラルヒストリー』東洋経済新報社。

コリアー、デヴィッド＝ジェイムズ・マホニー＝ジェイソン・シーライト、二〇〇八年「事例選択バイアスに関する定量的見解の行き過ぎた主張」ヘンリー・ブレイディ＝デヴィッド・コリアー編／泉川泰博・宮下明聡訳『社会科学の方法論争——多様な分析道具と共通の基準』勁草書房。(David Collier, James Mahoney, and Jason Seawright, "Claiming Too Much: Warnings about Selection Bias," in Henry E. Brady and David Collier, eds., *Rethinking Social Inquiry: Diverse Tools, Shared Standards*, Rowman & Littlefield, 2004.)

コリアー、ポール／中谷和男訳、二〇〇八年『最底辺の10億人——最も貧しい国々のために本当になすべきことは何か?』日経BP社。(Paul Collier, *The Bottom Billion: Why the Poorest Contries Are Failing and What can Be Done about It*, Oxford University Press, 2007.)

コリアー、ポール／甘糟智子訳、二〇一〇年『民主主義がアフリカ経済を殺す——最底辺の10億人の国で起きている真実』日経BP社。(Paul Collier, *Wars, Guns, and Votes: Democracy in Dangerous Places*, Harper, 2009.)

コリンズ、ジェームズ・C＝ジェリー・I・ポラス／山岡洋一訳、一九九五年『ビジョナリーカンパニー——時代を超える生存の原則』日経BP出版センター。(James C. Collins and Jerry I. Porras, *Built to Last: Successful Habits of Visionary Companies*, HarperBusiness, 1994.)

近藤康史、二〇一七年『分解するイギリス——民主主義モデルの漂流』ちくま新書。

斉藤淳、二〇一〇年『自民党長期政権の政治経済学——利益誘導政治の自己矛盾』勁草書房。

齊藤誠、二〇一三年「英語で講義すると失われるもの——文部省グローバル人材育成推進事業への疑問」『中央公論』二〇一三年二月号。

境家史郎、二〇一〇年「政治体制変動の合理的メカニズム——幕藩体制崩壊の政治過程」『レヴァイアサン』第四六号。
佐藤信、一九六八年『推計学のすすめ――決定と計画の科学』講談社ブルーバックス。
ジョンソン、チャーマーズ／矢野俊比古監訳、一九八二年『通産省と日本の奇跡』TBSブリタニカ。(Chalmers Johnson, *MITI and the Japanese Miracle: The Growth of Industrial Policy, 1925-1975*, Stanford University Press 1982.)
新藤宗幸、二〇一二年『政治主導――官僚制を問いなおす』ちくま新書。
砂原庸介、二〇一七年『分裂と統合の日本政治――統治機構改革と政党システムの変容』千倉書房。
曽我謙悟、二〇一三年『行政学』有斐閣アルマ。
ソーカル、アラン＝ジャン・ブリクモン／田崎晴明・大野克嗣・堀茂樹訳、二〇一二年『「知」の欺瞞――ポストモダン思想における科学の濫用』岩波現代文庫。(Alan D. Sokal and Jean Bricmont, *Fashionable Nonsence: Postmodern Intellectuals' Abuse of Science*, Picador, 1998.)
高根正昭、一九七九年『創造の方法学』講談社現代新書。
建林正彦、一九九九年「書評 山口二郎『日本政治の課題』」『年報行政研究』第三四号。
建林正彦、二〇〇四年『議員行動の政治経済学――自民党支配の制度分析』有斐閣。
建林正彦、二〇一七年『政党政治の制度分析――マルチレベルの政治競争における政党組織』千倉書房。
ダール、ロバート・A／河村望・高橋和宏監訳、一九八八年『統治するのはだれか――アメリカの一都市における民主主義と権力』行人社。(Robert Dahl A., *Who Governs?: Democracy and Power in an American City*, Yale University Press, 1961.)
タレブ、ナシーム・ニコラス／望月衛訳、二〇〇九年『ブラック・スワン――不確実性とリスクの本質』上・下、ダイヤモンド社。(Nassim Nicholas Taleb, *The Black Swan: The Impact of the Highly Improbable*, Random House, 2007.)
鶴光太郎、二〇一三年「経済教室 最低賃金、上昇の影響は?」『日本経済新聞』二〇一三年一月二十二日付。

デーゲン、ロルフ／赤根洋子訳、二〇〇三年『フロイト先生のウソ』文春文庫。(Rolf Degen, *Lexikon der Psycho-Irrtuemer*, Piper Verlag Gmbh, 2004.)

デュベルジェ、モーリス／岡野加穂留訳、一九七〇年『政党社会学――現代政党の組織と活動』潮出版社。(Maurice Duverger, *Political Parties: Their Organization and Activity in the Modern State*, English translation by Barbara North and Robert North, Wiley, 1954.)

デュルケーム／宮島喬訳、一九八五年〔原書、一八九七年〕『自殺論』中公文庫。(Emile Durkheim, *Le Suicide: Étude de Sociologie*, Presses Universitaires de France, 1960.)

照井伸彦、二〇一八年『ビッグデータ統計解析入門――経済学部／経営学部で学ばない統計学』日本評論社。

戸田山和久、二〇〇五年『科学哲学の冒険――サイエンスの目的と方法をさぐる』ＮＨＫブックス。

戸田山和久、二〇二二年『最新版　論文の教室――レポートから卒論まで』ＮＨＫブックス。

中井遼、二〇二一年『欧州の排外主義とナショナリズム――調査から見る世論の本質』新泉社。

中沢孝夫、二〇〇八年『すごい製造業――日本型競争力は不滅』朝日新書。

中室牧子・津川友介、二〇一七年『「原因と結果」の経済学――データから真実を見抜く思考法』ダイヤモンド社。

西村和雄・平田純一・八木匡・浦坂純子、二〇一二年「高等学校における理科学習が就業に及ぼす影響――大卒就業者の所得データが示す証左」(RIETI Discussion Paper Series 12-J-001) 経済産業研究所。

秦郁彦、二〇一二年『陰謀史観』新潮新書。

パットナム、ロバート・D／河田潤一訳、二〇〇一年『哲学する民主主義――伝統と改革の市民的構造』ＮＴＴ出版。(Robert D. Putnam, *Making Democracy Work: Civic Traditions in Modern Italy*, Princeton University Press, 1993.)

バロー、R・J／大住圭介・大坂仁訳、二〇〇一年『経済成長の決定要因――クロス・カントリー実証研究』九州大学出版会。(Robert J. Barro, *Determinants of Economic Growth: A Cross-country Empirical*

Study, MIT Press, 1997.）

ハンチントン、S・P／坪郷實・中道寿一・藪野祐三訳、一九九五年『第三の波——20世紀後半の民主化』三嶺書房。（Samuel P. Huntington, *The Third Wave: Democratization in the Late Twentieth Century*, University of Oklahoma Press, 1991.）

東島雅昌、二〇二三年『民主主義を装う権威主義——世界化する選挙独裁とその論理』千倉書房。

ヒース、ジョセフ／栗原百代訳、二〇一二年『資本主義が嫌いな人のための経済学』NTT出版。（Joseph Heath, *Filthy Lucre: Economics for People Who Hate Capitalism*, HarperCollins, 2010.）

ピーターズ、トム＝ロバート・ウォータマン／大前研一訳、二〇〇三年『エクセレント・カンパニー——超優良企業の条件』英治出版。（Thomas J. Peters and Robert H. Waterman, Jr., *In Search of Excellence: Lessons from America's Best-run Companies*, Harper & Row, 1982.）

福元健太郎・堀内勇作、二〇一二年「ヤバい政治学——「政治不信が高まると投票率が低くなる」は本当か 第1回 詳細なデータ分析から浮かび上がる意外な事実」『日経ビジネスオンライン』二〇一二年六月六日。

フリードマン、M／佐藤隆三・長谷川啓之訳、一九七七年『実証的経済学の方法と展開』富士書房。（Milton Friedman, *Essay in Positive Economics*, The University of Chicago Press, 1953.）

ブリントン、C／岡義武・篠原一訳、一九五二年『革命の解剖』岩波現代叢書。（Crane Brinton, *The Anatomy of Revolution*, by Crane Brinton revised ed., Vintage Books, 1965［First edition, 1938］.）

ブレイディ、ヘンリー＝デヴィッド・コリアー編／泉川泰博・宮下明聡訳、二〇〇八年『社会科学の方法論争——多様な分析道具と共通の基準』勁草書房。（Henry E. Brady and David Collier, eds., *Rethinking Social Inquiry: Diverse Tools, Shared Standards*, Rowman & Littlefield, 2004.）

保城広至、二〇一五年『歴史から理論を創造する方法——社会科学と歴史学を統合する』勁草書房。

ポパー、カール・R／大内義一・森博訳、一九七一・一九七二年『科学的発見の論理』上・下、恒星社厚生閣。（Karl Popper, *The Logic of Scientific Discovery*, 2nd ed. Harper & Row, 1968.）

前田健太郎、二〇一四年『市民を雇わない国家——日本が公務員の少ない国へと至った道』東京大学出版会。

マキューン、ティモシー、二〇〇八年「事例研究と定量的世界観の限界」ヘンリー・ブレイディ＝デヴィッド・コリアー編／泉川泰博・宮下明聡訳『社会科学の方法論争——多様な分析道具と共通の基準』勁草書房。

待鳥聡史、二〇二〇年『政治改革再考——変貌を遂げた国家の軌跡』新潮社。

松沢裕作、二〇二四年『歴史学はこう考える』ちくま新書。

松林哲也、二〇二一年『政治学と因果推論——比較から見える政治と社会』岩波書店。

真渕勝、一九九四年『大蔵省統制の政治経済学』中公叢書。

マルクス、カール「フォイエルバッハに関するテーゼ」（エンゲルス／松村一人訳『フォイエルバッハ論』岩波文庫、一九六〇年所収）。

丸山健夫、二〇〇六年『「風が吹けば桶屋が儲かる」のは0.8%!?——身近なケースで学ぶ確率・統計』PHP新書。

丸山眞男、一九六四年『現代政治の思想と行動〔増補版〕』未來社。

マンデルブロ、ベノワ・B＝リチャード・L・ハドソン／高安秀樹・雨宮絵理・高安美佐子・富永義治・山崎和子訳、二〇〇八年『禁断の市場——フラクタルでみるリスクとリターン』東洋経済新報社。

ムーア、バリントン・Jr／宮崎隆次・森山茂徳・高橋直樹訳、一九八六・一九八七年『独裁と民主政治の社会的起源——近代世界形成過程における領主と農民』1・2、岩波現代選書。(Barrington Moore, Jr., *Social Origins of Dictatorship and Democracy: Lord and Peasant in the Making of the Modern World*, Beacon Press, 1966.)

村上もとか、二〇〇〇—二〇一〇年『ＪＩＮ—仁』集英社。

村松友視、二〇〇一年『村松友視の東海道中膝栗毛』講談社。

村松岐夫、一九八一年『戦後日本の官僚制』東洋経済新報社。

村松岐夫、一九八八年『地方自治』（現代政治学叢書15）東京大学出版会。

村松岐夫、一九九四年『日本の行政——活動型官僚制の変貌』中公新書。

村松岐夫、二〇〇三年「政治学の窓から——若い学徒へのアドバイス」①—⑩、『書斎の窓』一・二—十二月号。

森川友義、二〇〇九年『若者は、選挙に行かないせいで、四〇〇〇万円も損してる!?』ディスカヴァー携書。

森田果、二〇一四年『実証分析入門——データから「因果関係」を読み解く作法』日本評論社。

山口一男、二〇〇五年「女性の労働力参加と出生率の真の関係について——ＯＥＣＤ諸国の分析」RIETI Discussion Paper Series 05-J-036。

山口二郎、一九九七年『日本政治の課題——新・政治改革論』岩波書店。

ランガム、リチャード／依田卓巳訳、二〇二〇年『善と悪のパラドックス——ヒトの進化と〈自己家畜化〉の歴史』ＮＴＴ出版。

リドレー、マット／大田直子・鍛原多恵子・柴田裕之訳、二〇一〇年『繁栄——明日を切り拓くための10万年史』早川書房。(Matt Ridley, *The Rational Optimist: How Prosperity Evolves*, Harper, 2010.)

レイガン、チャールズ、二〇〇八年「事例志向型研究からの5つの挑戦——変数志向型研究はどう応えるか」ヘンリー・ブレイディ＝デヴィッド・コリアー編／泉川泰博・宮下明聡訳『社会科学の方法論争——多様な分析道具と共通の基準』勁草書房。

レヴィット、スティーヴン・Ｄ＝スティーヴン・Ｊ・ダブナー／望月衛訳、二〇一〇年『超ヤバい経済学』東洋経済新報社。(Steven D. Levitt and Stephen J. Dubner, *Superfreakonomics: Global Cooling, Patriotic Prostitutes, and Why Suicide Bombers Should Buy Life Insurance*, William Morrow, 2009.)

ロガウスキー、ロナルド、二〇〇八年「社会科学の推論はいかに逸脱事例を見落としているか」ヘンリー・ブレイディ＝デヴィッド・コリアー編／泉川泰博・宮下明聡訳『社会科学の方法論争——多様な分析道具と共通の基準』勁草書房。

ローゼンツワイグ、フィル／桃井緑美子訳、二〇〇八年『なぜビジネス書は間違うのか——ハロー効果という妄想』日経ＢＰ社。(Philip M. Rosenzweig, *The Halo Effect: ...and the Eight Other Business Delu-*

sions That Deceive Managers, Free Press, 2007.)
渡部純、二〇一〇年『現代日本政治研究と丸山眞男——制度化する政治学の未来のために』勁草書房。

◆欧語文献

Acemoglu, Daron and James A. Robinson, 2005, *Economic Origins of Dictatorship and Democracy*, Cambridge University Press.

Acemoglu, Daron, Simon Johnson, James A. Robinson and Pierre Yared, 2008, “Income and Democracy,” *American Economic Review*, vol. 98, no. 3.

Angrist, Joshua D. and Jörn-Steffen Pischke, 2010, “The Credibility Revolution in Empirical Economics: How Better Research Design is Taking the Con out of Econometrics,” *Journal of Economic Perspectives*, vol. 24, no. 2.

Angrist, Joshua D. and Victor Lavy, 1999, “Using Maimonides’ Rule to Estimate the Effect of Class Size on Scholastic Achievement,” *Quarterly Journal of Economics*, vol. 114, no. 2.

Barwick, Panle Jia, Siyu Chen, Chao Fu, and Teng Li, 2024, “Digital Distractions with Peer Influence: The Impact of Mobile App Usage on Academic and Labor Market Outcomes,” NBER WORKING PAPER SERIES, Working Paper 33054.

Begum, Fahema, “Mapping Disease: John Snow and Cholera,” Royal College of Surgeons of England, 09/12/2016. https://www.rcseng.ac.uk/library-and-publications/library/blog/mapping-disease-john-snow-and-cholera/ 2024/9/7

Bennett, Andrew and Colin Elman, 2007, “Case Study Methods in the International Relations Subfield,” *Comparative Political Studies*, vol. 40, no. 2.

Berkowitz, Roger, 2013, “Misreading ‘Eichmann in Jerusalem’” *New York Times*, July 7.

Boix, Carles, 2003, *Democracy and Redistribution*, Cambridge University Press.
Boix, Carles and Susan Carol Stokes, 2003, "Endogenous Democratization," *World Politics*, vol. 55, no. 4.
Calder, Kent E., 1988, *Crisis and Compensation: Public Policy and Political Stability in Japan, 1949–1986*, Princeton University Press.
Card, David and Alan B. Krueger, 1994, "Minimum Wages and Employment: A Case Study of the Fast-Food Industry in New Jersey and Pennsylvania," *American Economic Review*, vol. 84, no. 4.
Case, Anne and Christina Paxson, 2008, "Stature and Status: Height, Ability, and Labor Market Outcomes," *Journal of Political Economy*, vol. 116, no. 3.
Cox, Gray, 1997, *Making Votes Count*, Cambridge University Press.
Cox, Gary W. and Mathew D. McCubbins, 1993, *Legislative Leviathans: Party Government in the House*, University of California Press.
Dahl, Robert A., 1958, "A Critique of the Ruling Elite Model," *American Political Science Review*, vol. 52, no. 2.
Davies, James C., 1962, "Toward a Theory of Revolution," *American Sociological Review*, vol. 27, no. 1.
Diamond, L., 2015, "Facing up to the Democratic Recession," *Journal of Democracy* vol. 26 no. 1.
Dore, Ronald P., 1969, "Making Sense of History," *Archives européenes de sociologie*, vol. 10, no. 2.
Downs, Anthony, 1957, *An Economic Theory of Democracy*, Harper & Row.
Dunning, Thad, 2008, *Crude Democracy: Natural Resource Wealth and Political Regimes*, Cambridge University Press.
Eckstein, Harry, 1975, "Case Study and Theory in Political Science," in F. I. Greenstein and N. W. Polsby, eds., *Handbook of Political Science*, vol.7, Addison-Wesley.
Evangelista, Matthew, 1999, *Unarmed Forces: The Transnational Movement to End the Cold War*, Cornell

University Press.

Fenno, Richard F. Jr., 1978, *Home Style: House Members in their Districts*, Little Brown.

Feynman, Richard, 1965, *The Character of Physical Law*, MIT Press.

Freedman, David A. (Edited by David Collier, Jasjeet S. Sekhon, and Philip B. Stark), 2010, *Statistical Models and Causal Inference: A Dialogue with the Social Sciences*, Cambridge University Press.

Friedman, Thomas L., 2006, "The First Law of Petropolitics," *Foreign Policy*, no. 154.

Fukuyama, Francis, 2012, *The Origins of Political Order: From Prehuman Times to the French Revolution*, Farrar Straus & Giroux (Reprint ed.).

Geddes, Barbara, 2003, *Paradigms and Sand Castles: Theory Building and Research Design in Comparative Politics*, University of Michigan Press.

Geddes, Barbara, 2009, "What Causes Democratization?" in Carles Boix and Susan C. Stokes, eds., *The Oxford Handbook of Comparative Politics*, Oxford University Press.

Geertz, Clifford, 1973, *The Interpretation of Cultures: Selected Essays*, Basic Books.

Gelman, Andrew, John B. Carlin, Hal S. Stern, David B. Dunson, Aki Vehtari, and Donald B. Rubin, 2013, *Bayesian Data Analysis*, 3rd ed., Chapman and Hall/CRC.

George, Alexander L. and Andrew Bennett, 2005, *Case Studies and Theory Development in the Social Sciences*, MIT Press.

Godfrey-Smith, Peter, 2003, *Theory and Reality: An Introduction to the Philosophy of Science*, University of Chicago Press, Chapter 4–5.

Gowin, Enoch Burton, 1915, *The Executive and His Control of Men: A Study in Personal Efficiency*, Macmillan.

Guiso, Luigi, Paola Sapienza, and Luigi Zingales, 2006, "Does Culture Affect Economic Outcomes?" *Jour-*

nal of Economic Perspectives, vol. 20–2.

Haggard, Stephan, 1990, *Pathways from the Periphery: The Politics of Growth in the Newly Industrializing Countries*, Cornell University Press.

Hall, Peter A., 1986, *Governing the Economy: The Politics of State Intervention in Britain and France*, Oxford University Press.

Hall, Peter A. and David Soskice eds., 2001, *Varieties of Capitalism: The Institutional Foundations of Comparative Advantage*, Oxford University Press.

Hall, Robert E. and Charles I. Jones, 1999, "Why Do Some Countries Produce So Much More Output Per Worker Than Others?" *Quarterly Journal of Economics*, vol. 114, no. 1.

Harrison, Glenn W. and John A. List, 2004, "Field Experiments," *Journal of Economic Literature*, vol. 42, no. 4.

Herndon, Thomas, Michael Ash, and Robert Pollin, 2013, "Does High Public Debt Consistently Stifle Economic Growth?: A Critique of Reinhart and Rogoff," Political Economy Research Institute, University of Massachusetts, Working Papers Series no. 322, April 15.

Holland, Paul W., 1986, "Statistics and Causal Inference," *Journal of the American Statistical Association*, vol. 81, no. 396.

Horiuchi, Yusaku, 2005, *Institutions, Incentives and Electoral Participation in Japan: Cross-Level and Cross-National Perspectives*, Routledge.

Hunter, Floyd, 1953, *Community Power Structure: A Study of Decision Makers*, University of North Carolina Press.

Kato, Junko, 2003, *Regressive Taxation and the Welfare State: Path Dependency and Policy Diffusion*, Cambridge University Press.

Katzenstein, Peter J., 1985, *Small States in World Markets: Industrial Policy in Europe*, Cornell University Press.

Knight, Frank H., 1985 [1971], *Risk, Uncertainty, and Profit*, Midway Reprint ed., University of Chicago Press.

Kohno, Masaru, 2001, "Why Didn't the Japanese Socialists Moderate their Policies Much Earlier to Become a Viable Alternative to the Liberal Democratic Party?" in Bernard Grofman ed., *Political Science as Puzzle Solving*, University of Michigan Press.

Krehbiel, Keith, 1991, *Information and Legislative Organization*, University of Michigan Press.

Kume, Ikuo, 1998, *Disparaged Success: Labor Politics in Postwar Japan*, Cornell University Press.

Kwoh, Leslie, 2013, "Want to Be CEO? What's Your BMI? New Research Suggests Extra Pounds, Large Waists Undermine Perceptions of Leadership Ability," *Wall Street Journal*, January 16.

Lipset, Seymour Martin, 1959, "Some Social Requisites of Democracy: Economic Development and Political Legitimacy," *American Political Science Review*, vol. 53, no. 1.

Lipset, Seymour M. and Stein Rokkan eds., 1967, *Party Systems and Voter Alignments: Cross-national Perspectives*, Free Press.

Mills, C. Wright, 1956, *The Power Elite*, Oxford University Press.

Naoi, Megumi and Ikuo Kume, 2011, "Explaining Mass Support for Agricultural Protectionism: Evidence from a Survey Experiment During the Global Recession," *International Organization*, vol. 65, no. 4.

Naoi, Megumi and Ikuo Kume, 2015, "Workers or Consumers? A Survey Experiment on the Duality of Citizens' Interests in the Politics of Trade," *Comparative Political Studies*, vol. 48, no. 10.

Narita, Yusuke and Ayumi, Sudo, 2021, "Curse of Democracy: Evidence from 2020," RIETI Discussion Paper 21-E-034.

Neumark, David and William L. Wascher, 2008, *Minimum Wages*, MIT Press.

Parsons, Wayne, 2002, "From Muddling Through to Muddling Up-Evidence Based Policy Making and the Modernisation of British Government," *Public Policy and Administration*, vol. 17, no. 3.

Persico, Nicola, Andrew Postlewaite, and Dan Silverman, 2004, "The Effect of Adolescent Experience on Labor Market Outcomes: The Case of Height," *Journal of Political Economy* vol. 112, no. 5.

Peters, Thomas, 2001, "Tom Peter's True Confession," *Fast Company*, November, 30.

Posner, Daniel N., 2004, "The Political Salience of Cultural Difference: Why Chewas and Tumbukas Are Allies in Zambia and Adversaries in Malawi," *American Political Science Review*, vol. 98, no. 4.

Przeworski, Adam, 2019, *Crises of Democracy*, Cambridge University Press.

Przeworski, Adam and Henry Teune, 1970, *The Logic of Comparative Social Inquiry*, Wiley-Interscience.

Przeworski, Adam, Michael E. Alvarez, Jose Antonio Cheibub, and Fernando Limongi, 2000, *Democracy and Development: Political Institutions and Well-Being in the World, 1950–1990*, Cambridge University Press.

Reed, Steven R., 1993, *Making Common Sense of Japan*, University of Pittsburgh Press.

Reinhart, Carmen M. and Rogoff, Kenneth S., 2010, "Growth in a Time of Debt," *American Economic Review*, vol. 100, no. 2.

Riker, William H. and Peter C. Ordeshook, 1968, "A Theory of the Calculus of Voting," *American Political Science Review*, vol. 62, no. 1.

Robinson, W. S., 1950, "Ecological Correlations and the Behavior of Individuals," *American Sociological Review*, vol. 15, no. 3.

Roehling, Mark V., 2002, "Weight Discrimination in the American Workplace: Ethical Issues and Analysis," *Journal of Business Ethics*, vol. 40, no. 2.

Ross, Michael, 1999, "Political Economy of the Resource Curse," *World Politics*, vol. 51, no. 1.

Ross, Michael S., 2001, "Does Oil Hinder Democracy?" *World Politics*, vol. 53, no. 3.

Rueschemeyer, Dietrich, Everlyne Huber Stephens, and John D. Stephens, 1992, *Capitalist Development and Democracy*, University of Chicago Press.

Samuels, Richard J., 1987, *The Business of the Japanese State: Energy Markets in Comparative and Historical Perspective*, Cornell University Press.

Sidel, John T., 2008, "Social Origins of Dictatorship and Democracy Revisited: Colonial State and Chinese Immigrant in the Making of Modern Southeast Asia," *Comparative Politics*, vol. 40, no. 2.

Skocpol, Theda, 1973, "A Critical Review of Barrington Moore's Social Origins of Dictatorship and Democracy," *Politics & Society*, vol. 4, no. 1.

Skocpol, Theda, 1979, *States and Social Revolutions: A Comparative Analysis of France, Russia, and China*, Cambridge University Press.

Slater, Dan, 2010, *Ordering Power: Contentious Politics and Authoritarian Leviathans in Southeast Asia*, Cambridge University Press.

Solms, Mark, 2003, *The Brain and the Inner World: An Introduction to the Neuroscience of the Subjective Experience*, Other Press.

Someko, H., N. Yamamoto, T. Ito, T. Suzuki, T. Tsuge, H. Yabuzaki, E. Dohi, and Y. Kataoka, 2024, "Misleading Presentations in Functional Food Trials Led by Contract Research Organizations Were Frequently Observed in Japan: Meta-epidemiological Study," *Journal of Clinical Epidemiology*, vol. 169, 111302.

Swenson, Peter A., 2002, *Capitalists against Markets: The Making of Labor Markets and Welfare States in the United States and Sweden*, Oxford University Press.

Tilly, Charles, 1998, *Durable Inequality*, University of California Press.

Uscinski, Joseph E. ed., 2018, *Conspiracy Theories and the People Who Believe Them*, Oxford University Press.

Weick, Karl E., 1969, *The Social Psychology of Organizing*, Addison-Wesley.

Weiner, Jonathan M, 1976, "Review of Reviews: Social Origins of Dictatorship and Democracy. Lord and Peasant in the Making of the Modern World by Barrington Moore," *History and Theory*, vol. 15, no. 2.

Weiner, Myron, 1987, "Empirical Democratic Theory and the Transition from Authoritarianism to Democracy," *PS: Political Science & Politics*, vol. 20, no. 4.

World Bank, 1993, *The East Asian Miracle: Economic Growth and Public Policy*, World Bank.

Zysman, John, 1983, *Governments, Markets, and Growth: Financial Systems and Politics of Industrial Change*, Cornell University Press.

◉事項索引◉

●サ　行

●タ　行

●ナ　行

●ハ　行

●マ　行

●ヤ　行

●ラ　行

●ワ　行

◉人名索引◉

●ア 行

●カ 行

●マ　行

●ヤ　行

●ラ　行

●ワ　行

著者紹介　　久米 郁男（くめ いくお）

1957 年，大津市に生まれる。
1981 年，京都大学法学部卒業。1994 年，コーネル大学大学院博士課程修了。神戸大学大学院法学研究科教授などを経て，
現　在，早稲田大学政治経済学術院教授（政治学専攻），Ph. D.（政治学）。
著作に，*Disparaged Success: Labor Politics in Postwar Japan*（Cornell University Press, 1998），『日本型労使関係の成功――戦後和解の政治経済学』（有斐閣，1998 年），『労働政治――戦後政治のなかの労働組合』（中公新書，2005 年），『政治学〔補訂版〕』（共著，有斐閣 NLAS，2011 年），『なぜ自由貿易は支持されるのか――貿易政治の国際比較』（編，有斐閣，2023 年）など。

原因を推論する〔新版〕
政治分析方法論のすゝめ　量的方法と質的方法

Causal Explanation and Political Analysis, New Edition

2013 年 11 月 25 日 初版第 1 刷発行
2025 年 3 月 30 日 新版第 1 刷発行

著　者　久米郁男
発行者　江草貞治
発行所　株式会社有斐閣
〒101-0051 東京都千代田区神田神保町 2-17
https://www.yuhikaku.co.jp/
装　丁　高須賀優
印　刷　株式会社理想社
製　本　牧製本印刷株式会社
装丁印刷　株式会社亨有堂印刷所

落丁・乱丁本はお取替えいたします。定価はカバーに表示してあります。

Printed in Japan. ISBN 978-4-641-14957-1